基督教经典译丛

何光沪 主编
副主编 章雪富 孙 毅 游冠辉

A Commentary on St. Paul's Epistle to the Galatians

《加拉太书》注释

[德] 马丁·路德 著
李漫波 译

三联书店

Simplified Chinese Copyright ©2011 by SDX Joint Publishing Company All Rights Reserved.

本作品中文版权由生活·读书·新知三联书店所有。
未经许可，不得翻印。

图书在版编目（CIP）数据

《加拉太书》注释／（德）路德著；李漫波译．—北京：生活·读书·新知三联书店，2011.11（2025.3 重印）

（基督教经典译丛）
ISBN 978－7－108－03807－4

Ⅰ.①加… Ⅱ.①路…②李… Ⅲ.①圣经－书信－研究②加拉太书－注释 Ⅳ.① B971.2

中国版本图书馆 CIP 数据核字（2011）第 167680 号

丛书策划	橡树文字工作室
特约编辑	许国永
责任编辑	张艳华
责任校对	何　敏
装帧设计	罗　洪
责任印制	董　欢

出版发行	生活·讀書·新知 三联书店
	（北京市东城区美术馆东街22号）
邮　　编	100010
网　　址	www.sdxjpc.com
经　　销	新华书店
印　　刷	北京隆昌伟业印刷有限公司
版　　次	2011 年 11 月北京第 1 版
	2025 年 3 月北京第 13 次印刷
开　　本	635 毫米 × 965 毫米 1/16 印张 17.25
字　　数	227 千字
印　　数	45,001－48,000 册
定　　价	39.00 元

（印装查询：01064002715；邮购查询：01084010542）

基督教经典译丛
总　　序
何光沪

在当今的全球时代,"文明的冲突"会造成文明的毁灭,因为由之引起的无限战争,意味着人类、动物、植物和整个地球的浩劫。而"文明的交流"则带来文明的更新,因为由之导向的文明和谐,意味着各文明自身的新陈代谢、各文明之间的取长补短、全世界文明的和平共处以及全人类文化的繁荣新生。

"文明的交流"最为重要的手段之一,乃是对不同文明或文化的经典之翻译。就中西两大文明而言,从17世纪初以利玛窦(Matteo Ricci)为首的传教士开始把儒家经典译为西文,到19世纪末宗教学创始人、英籍德裔学术大师缪勒(F. M. Müller)编辑出版五十卷《东方圣书集》,包括儒教、道教和佛教等宗教经典在内的中华文明成果,被大量翻译介绍到了西方各国;从徐光启到严复等中国学者、从林乐知(Y. J. Allen)到傅兰雅(John Fryer)等西方学者开始把西方自然科学和社会科学著作译为中文,直到20世纪末叶,商务印书馆、生活·读书·新知三联书店和其他有历史眼光的中国出版社组织翻译西方的哲学、历史、文学和其他学科著作,西方的科学技术和人文社科书籍也被大量翻译介绍到了中国。这些翻译出版活动,不但促进了中学西传和西学东渐的双向"文明交流",而且催化了中华文明的新陈代谢,以及中国社会的现代转型。

清末以来,先进的中国人向西方学习、"取长补短"的历程,经历了两大阶段。第一阶段的主导思想是"师夷长技以制夷",表现为洋务运动之向往"船坚炮利",追求"富国强兵",最多只求学习西方的工业技术和物质文明,结果是以优势的海军败于日本,以军事的失败表现出制度的失败。第二阶段的主导思想是"民主加科学",表现为五四新文化运动之尊崇"德赛二先生",中国社会在几乎一个世纪中不断从革命走向革命之后,到现在仍然需要进行民主政治的建设和科学精神的培养。大体说来,这两大阶段显示出国人对西方文明的认识由十分肤浅到较为深入,有了第一次深化,从物质层面深入到制度层面。

正如观察一支球队,不能光看其体力、技术,还要研究其组织、战略,更要探究其精神、品格。同样地,观察西方文明,不能光看其工业、技术,还要研究其社会、政治,更要探究其精神、灵性。因为任何文明都包含物质、制度和精神三个不可分割的层面,舍其一则不能得其究竟。正由于自觉或不自觉地认识到了这一点,到了20世纪末叶,中国终于有了一些有历史眼光的学者、译者和出版者,开始翻译出版西方文明精神层面的核心——基督教方面的著作,从而开启了对西方文明的认识由较为深入到更加深入的第二次深化,从制度层面深入到精神层面。

与此相关,第一阶段的翻译是以自然科学和技术书籍为主,第二阶段的翻译是以社会科学和人文书籍为主,而第三阶段的翻译,虽然开始不久,但已深入到西方文明的核心,有了一些基督教方面的著作。

实际上,基督教对世界历史和人类社会的影响,绝不止于西方文明。无数历史学家、文化学家、社会学家、艺术史家、科学史家、伦理学家、政治学家和哲学家已经证明,基督教两千年来,从东方走向西方再走向南方,已经极大地影响,甚至改变了人类社会从上古时代沿袭下来的对生命的价值、两性和妇女、博爱和慈善、保健和教育、劳动和经济、科学和学术、自由和正义、法律和政治、文学和艺术等等几乎所有生活领域的观念,从而塑造了今日世界的面貌。这个诞生于亚洲或"东方",传入了欧洲或"西方",再传入亚、非、拉美或"南方"的世界第一大宗教,现在因为信众大部分在发展中国家,被称为"南方宗教"。但是,它本来就不属于任何一"方"——由于今日世界上已经没有一个国家没有其存在,所以它已经不仅仅在宗教意义上,而且是在现实意义上展现了它"普世宗教"的本质。

因此,对基督教经典的翻译,其意义早已不止于"西学"研究或对西方文明研究的需要,而早已在于对世界历史和人类文明了解的需要了。

这里所谓"基督教经典",同结集为"大藏经"的佛教经典和结集为"道藏"的道教经典相类似,是指基督教历代的重要著作或大师名作,而不是指基督徒视为唯一神圣的上帝启示"圣经"。但是,由于基督教历代的重要著作或大师名作汗牛充栋、浩如烟海,绝不可能也没有必要像佛藏道藏那样结集为一套"大丛书",所以,在此所谓"经典译丛",最多只能奢望成为比佛藏道藏的部头小很多很多的一套丛书。

然而,说它的重要性不会"小很多很多",却并非奢望。远的不说,只看看我们的近邻,被称为"翻译大国"的日本和韩国——这两个曾经拜中国文化为师的国家,由于体现为"即时而大量翻译西方著作"的谦虚好学精神,一先一后地在文化上加强新陈代谢、大力吐故纳新,从而迈进了亚洲甚至世界上最先进国家的行列。众所周知,日本在"脱亚入欧"的口号下,韩国在其人口中基督徒比例迅猛增长的情况下,反而比我国更多更好地保存了东方传统或儒家文化的精粹,而且不是仅仅保存在书本里,而是保存在生活中。这一事实,加上海内外华人基督徒保留优秀传统道德的大量事实,都表明基督教与儒家的优秀传统可以相辅相成,这实在值得我们深长思之!

基督教在唐朝贞观九年(公元635年)传入中国,唐太宗派宰相房玄龄率宫廷卫队到京城西郊欢迎传教士阿罗本主教,接到皇帝的书房让其翻译圣经,又接到皇宫内室听其传讲教义,"深知正真,特令传授"。三年之后(公元638年),太宗又发布诏书说:"详其教旨,玄妙无为;观其元宗,生成立要。……济物利人,宜行天下。"换言之,唐太宗经过研究,肯定基督教对社会具有有益的作用,对人生具有积极的意义,遂下令让其在全国传播（他甚至命令有关部门在京城建造教堂，设立神职，颁赐肖像给教堂以示支持）。这无疑显示出这位大政治家超常的见识、智慧和胸襟。一千多年之后，在这个问题上，一位对中国文化和社会贡献极大的翻译家严复，也显示了同样的见识、智慧和胸襟。他在主张发展科学教育、清除"宗教流毒"的同时，指出宗教随社会进步程度而有高低之别，认为基督教对中国民众教化大有好处："教者，随群演之浅深为高下，而常有以扶民性之偏。今假景教大行于此土，其能取吾人之缺点而补苴之，殆无疑义。且吾国小民之众，往往自有生以来，未受一言之德育。一旦有人焉，临以帝天之神，时为耳提而面命，使知人理之要，存于相爱而不欺，此于教化，岂曰小补！"（孟德斯鸠《法意》第十九章十八节译者按语。）另外两位新文化运动的领袖即胡适之和陈独秀，都不是基督徒，而且也批判宗教，但他们又都同时认为，耶稣的人格精神和道德改革对中国社会有益，宜于在中国推广（胡适：《基督教与中国》；陈独秀：《致〈新青年〉读者》）。

当然，我们编辑出版这套译丛，首先是想对我国的"西学"研究、人文学术和宗教学术研究提供资料。鉴于上述理由，我们也希望这项工作对于中西文明的交流有所贡献；还希望通过对西方文明精神认识的深化，对于中国文化的更新和中国社会的进步有所贡献；更希望本着中国传统中谦虚好学、从善如流、生生不已的精神，通过对世界历史和人类文明中基督教精神动力的了解，对于当今道德滑坡严重、精神文化堪忧的现状有所补益。

尽管近年来翻译界出版界已有不少有识之士，在这方面艰辛努力，完成了一些极有意义的工作，泽及后人，令人钦佩。但是，对我们这样一个拥有十几亿人口的千年古国和文化大国来说，已经完成的工作与这么巨大的历史性需要相比，真好比杯水车薪，还是远远不够的。例如，即使以最严格的"经典"标准缩小译介规模，这么一个文化大国，竟然连阿奎那（Thomas Aquinas）举世皆知的千年巨著《神学大全》和加尔文（John

Calvin)影响历史的世界经典《基督教要义》，都尚未翻译出版，这无论如何是令人汗颜的。总之，在这方面，国人还有漫长的路要走。

本译丛的翻译出版，就是想以我们这微薄的努力，踏上这漫长的旅程，并与诸多同道一起，参与和推动中华文化更新的大业。

最后，我们应向读者交代一下这套译丛的几点设想。

第一，译丛的选书，兼顾学术性、文化性与可读性。即从神学、哲学、史学、伦理学、宗教学等多学科的学术角度出发，考虑有关经典在社会、历史和文化上的影响，顾及不同职业、不同专业、不同层次的读者需要，选择经典作家的经典作品。

第二，译丛的读者，包括全国从中央到地方的社会科学院和各级各类人文社科研究机构的研究人员，高等学校哲学、宗教、人文、社科院系的学者师生，中央到地方各级统战部门的官员和研究人员，各级党校相关教员和有关课程学员，各级政府宗教事务部门官员和研究人员，以及各宗教的教职人员、一般信众和普通读者。

第三，译丛的内容，涵盖公元1世纪基督教产生至今所有的历史时期。包含古代时期（1—6世纪）、中古时期（6—16世纪）和现代时期（16—20世纪）三大部分。三个时期的起讫年代与通常按政治事件划分历史时期的起讫年代略有出入，这是由于思想史自身的某些特征，特别是基督教思想史的发展特征所致。例如，政治史的古代时期与中古时期以西罗马帝国灭亡为界，中古时期与现代时期（或近代时期）以17世纪英国革命为界；但是，基督教教父思想在西罗马帝国灭亡后仍持续了近百年，而英国革命的清教思想渊源则无疑应追溯到16世纪宗教改革。由此而有了本译丛三大部分的时期划分。这种时期划分，也可以从思想史和宗教史的角度，提醒我们注意宗教和思想因素对于世界进程和社会发展的重要作用。

中国人民大学宜园
2008年11月

目　录

中译本导言 …………………………………………… 1
英译者序言 …………………………………………… I
第一章 ………………………………………………… 1
第二章 ………………………………………………… 35
第三章 ………………………………………………… 75
第四章 ………………………………………………… 133
第五章 ………………………………………………… 173
第六章 ………………………………………………… 213
译后记 ………………………………………………… 228

中译本导言

俞翠婵

（一）这是一本跨时代的作品

马丁·路德（1483—1546）的《〈加拉太书〉注释》原是16世纪在德国发表的作品，但到了五个世纪后的今天，它的译本仍然绵亘不断地在不同国家出版，主要在于它对于现代的欧洲文明及基督教发展曾经带来极深远的影响，这种深邃的影响至今还没有停止过。甚至有史学家称马丁·路德的《〈加拉太书〉注释》是整个改教过程最重要的根基之一。它不但是一部精彩的古典文学作品，亦是一部鼓舞现代心灵的乐章。

古书今读，我们仍然能够感受到路德当年的一言一语如何刺激思维，搅动人心，翻转传统。此中文译本非常有效地捕捉了路德当年澎湃激昂的情怀，以及他为真理雄辩滔滔的风韵，我们读着读着似乎已被带回16世纪的维腾堡，嗅到"城堡教会"（Castle Church）[①]内清淡的木香味，听见路德在维腾堡大学课堂内抑扬顿挫的教学声，目睹路

[①] 1517年路德将《九十五条论纲》钉在此教堂的大门上，后来可能也在此教堂讲解《加拉太书》。

德如何震撼当时基督教的基础。

单就此书的内容本身，它是所有的文人雅士必读、必思、必省之读物。基督徒应当常读此书，崇尚理性思维的人也当常读此书。身为一位敬虔的罗马天主教修士，路德不吝批评攻击当时的教皇及宗教习俗；他的攻击激烈又不留余地，以至于在1520年6月的教皇诏令（*Exsurge Domine*）里，教皇利奥十世称路德为"一只摧毁神之葡萄园的野猪"。身为一位拥有高度理性分析能力的神学博士及大学教授，他称理性为"江湖郎中"，在信心的事上他鼓励学生"不要咨询理性那个江湖郎中"；这是因为他对理性思维抱持一种非常深邃的理解，知道其贡献与界限，他深知信心有它自身的理性，却是理性无法理解的（Faith has its reason which reason cannot understand）。可见路德并不是反对理性，也不是反对天主教，他乃是一位极为理性又热爱教会的人士，他反对的乃是对理性和宗教的误解及滥用。路德将其高度的自省能力和一生的奋斗努力，引入到了宗教的更新中，带动了理性分析的跃进。借着他的这本《〈加拉太书〉注释》，我们现在得以一瞥路德深邃的心思和敏感的良知，目睹路德所看见的那一片更广阔的天空，一个阴晦腐败却又满载希望的天地，一个崇尚理性却又超越理性的思考模式，一个热爱宗教却又突破宗教苦框的心田。因此，此书具有跨时代的价值，它反映了每一个时代对自己认真的人士都会拥有的挣扎、深思与心动，娓娓道出人心底最深处的灵性、理性和感性需求。

欲了解此书跨时代的魅力，就必须从保罗讲起。生活在第一世纪的使徒保罗在传道的初期写下了一封给加拉太人的信，② 后来成为了圣经新约正典的一部分。原文只有大约两千四百多个字的《加拉太书》，充满了火药味、感情用语和细腻缠绵的犹太拉比式辩证法。《加

---

② 对于《加拉太书》成书的日期，学者持不同的意见，但晚近越来越多的学者相信此书是保罗在第一次宣教旅程后写成的，亦是保罗最早期的著作之一。

拉太书》不只诞生在一个充满了争议性的时空中，也在较后的历史舞台中引发了许多的争议。戴维·波森（David Pawson）声称此书常能把人分成两大阵营。有人对此书非常反感，称此书为"钉死人的书信"、"荆棘丛林"、"炸药"，并认为信中的每一句话都含有霹雳雷电。③相反地，有人却对此书赞不绝口。欧德曼称《加拉太书》为"世上永恒的属灵自由《大宪章》"（*Magna Carta of Spiritual Liberty*）。萨巴蒂尔（Sabatier）教授说："古今中外没有任何文献可与这书信相媲美。保罗全部的心智能力，在这区区小笺上表露无遗。远大的眼光、周密的逻辑、辛辣的讽刺，凡辩论中的铿锵有力、反应中的正气凛然、情绪中的热忱温柔全都汇集在一起，化成一股不可抵御的巨大能力，而这作品正是这能力的结晶。"④

这种引人入胜又分裂人群的能力也许来自保罗所处理的课题本身，《加拉太书》在揭开历史处境的表层下，会刺伤人心最痛之处，使人无法不放下人性骄傲的外壳，寻找更好的藏身之处，最令人难以忘怀的是它在刺伤后却转回给予温柔的包扎，提供痊愈的妙丹。因此，极为怕痛的人憎嫌它，极想痊愈的人爱惜它。如波森所说的："《加拉太书》剥开了人类属灵的外饰，直捣人性傲慢的核心。如果你还想保留一点点的傲气，最好不要读《加拉太书》，因为你在读完之后，可能连一点都没有了。它确实直捣要害，超越你的脑袋和心田，深入骨髓。它就是神两刃的利剑，刺透人心。"⑤

我非常欣赏菲利普·雷肯（Philip Ryken）用超越时空的方式来描绘《加拉太书》的读者对象：

《加拉太书》是一封写给正在痊愈途中之法利赛人的信。在

---

③ David Pawson, *Unlocking the Bible* (London: Collins, 2003), 976.
④ 陈希曾：《〈加拉太书〉浅释——在基督里的自由》，台南，活道出版社，2011年。
⑤ Pawson, 978.

基督及较后时期的法利赛人多是非常敬虔的。他们有固定的敬拜生活，正统的神学，美尚的道德行为。但是，还缺少一样东西。虽然神在他们的脑子里，也在他们的行动里，但他却不在他们的心里。因此，他们的宗教行为只不过是一种假冒为善。

这些法利赛人是伪君子，因为他们以为神必会按他们为神所做的工作而替他们服务。因此，他们读圣经、祷告、奉献，并持守安息日，似乎他们的得救依赖的就是这些东西。而他们却不晓得神的恩典是不能赚取的；它只能免费提供。

欲逃离法利赛主义，只有一个方法。这方法叫福音，就是基督耶稣已经做完了我们救恩所需的一切工作之福音。如果我们相信他，他要赐给我们免费的恩典，叫我们与神和好。当我们拒绝立自己的义，并接纳基督的义时，我们就成了前法利赛人。

但是，多数的前法利赛人都有一个问题。他们很难脱离过去的律法主义。虽然他们已接受了神免费的恩典，可是他们却不断地自动要求额外加费。他们相信神爱他们，但是又暗地里怀疑他的爱是有条件的，是建立在他们是多好的基督徒之条件上。最终他们相信的是一种以表现为基础的基督教，因此弃绝了神的恩典。用神学的词汇来描述的话，他们是把称义建立在成圣之上。

纵观人类现有的宗教，虽然崇拜方式和对象各有不同，但它们内含的宗教观念都有一类似之处，就是各都展现出这一种法利赛式的与神利益交换、彼此互惠的理念。人凭着自然的宗教感来到福音面前时，仍然会被此根深蒂固又典型的宗教观所主使，无法真正活在福音所展现的新关系中。

路德曾经就是一位被这种典型宗教观所捆绑的人，一位虔诚追求神又得不到神的前法利赛人。虽然曾经被恩典所拯救，却不懂得如何在恩典中生活。福音不过是他过去曾经接受过的东西，却不是他现在生活的方式,也不是他现在所呼吸的空气。《加拉太书》就是写给这样的人的。

每一个时代都有许多这样的人,路德就是其中一位。难怪当他发掘《加拉太书》的真义时,就好像如获至宝,不能抗拒地爱上了它,他后来称说:"这是属于我的书信,我娶了它,它是我的凯蒂。"⑥(马丁·路德娶了一位名叫凯瑟琳的修女为妻,她的小名就叫凯蒂)意味着《加拉太书》是路德的最爱。因为他在此书中看见了自己的愚昧和致命伤,痛定思痛,从此顺服福音生活,不再执迷不悟。所以,此书(连同圣经中其他的书卷,特别是《罗马书》)彻底改变了他的一生。

接下来,路德的人生就与《加拉太书》结下了不解之缘,特别是在大学执教的日子中,路德曾多次钻研并讲授《加拉太书》。在他的一生岁月中不少于七个不同版本的《〈加拉太书〉注释》陆续出版。其中五本都是以拉丁文书写的,两本是德文的。⑦目前这个中文译本是源自路德1531年上课的记录,于1535年以拉丁文面世,1539年以德文出版,并于1949年经过筛选压缩翻译成英文出版(参看英译者序言),是目前最为简洁易读的一个译本。

论到马丁·路德之《〈加拉太书〉注释》,阿加·比特(Agar Beet)博士说:"我认为马丁·路德是古今中外最能掌握并且表达《加拉太书》个中深意的人。"⑧路德在16世纪所面对的处境与保罗在第一世纪所面对的处境虽截然不同,但是他们俩心底对宗教的追寻,对神的律法和福音的领悟却似同饮于一源泉的两口井,同出一师门的两

---

⑥ Jaroslav Pelikan, "Introduction to Volume 26", in Jaroslav Pelikan & Helmut T. Lehmann (ed.), *Luther's Works* (55 vols, Philadelphia: Muhlenberg, 1955—1976), 26: 9.

⑦ 分别于1519年、1523年、1525年、1534年、1535年、1538年及1539年出版。除了1525年及1539年的版本外,其他都是拉丁文的。对比 Kenneth Hagen, *Luther's Approach to Scripture as Seen in His "Commentaries" on Galatians 1519—1538* (Tubingen: JCB Mohr, 1993), vii 及此书的英译者序言。

⑧ www.christianassemblyhall.org/church_news/info/…/GalatiansSynopsis.doc

兄弟。

　　有人说《加拉太书》"像溪中的石子，而马丁·路德就像大卫一样迎向巨人，并且用这颗石子重击巨人的前额"。[9]这就是路德的《〈加拉太书〉注释》最独特之处，古今中外难以再见到其他的《〈加拉太书〉注释》如此传神地把书中的精神活画在读者眼前。基本上，路德在诠释《加拉太书》和保罗时，几乎与书和保罗联为一体，好像海连天、天连海一样，人连书、书连人。我们有时几乎无法分辨他什么时候在诠释《加拉太书》，什么时候在诠释自己。例如此段：

　　当听到保罗说"律法原是为过犯添上的"，人的理性感觉受到了冒犯。当保罗这么讲，人们说他废除了律法，说他是个激进分子，说他亵渎了上帝。人们说："如果律法不算数，那就让我们如放纵之人一样生活吧。让我们更多地去犯罪，这样恩典更加显多。让我们行恶以至成善"。

　　我们该如何做呢？这一类的嘲笑使我们苦恼，但是我们无法使它们绝迹。基督自己也曾被污蔑为一个亵渎者和叛逆者。保罗和其他的使徒也都受到了同样的待遇。就让那些讥诮者污蔑我们吧，让他们毫不留情地这样做吧！但是在他们所说的事情上我们不能保持沉默。为着让受伤的良心得到安慰，我们必须开诚布公地宣讲。对于那些滥用这一教义的愚蠢人和不敬虔之人，我们也不要在意。他们总会加以污蔑的，无论是对律法还是别的。我们首要关注的是安慰受搅扰的良心，否则他们就与大多数人一同沉沦了。

　　所以，汉斯·迪特尔·贝茨（Hans Dieter Betz）如此描绘说："这

---

[9] www.goodtv.tv/default.phtml

本释经书流露出一种对保罗既非凡又超越的理解……路德的注释书已经超越了学术性对《加拉太书》的诠释。它根本就是16世纪重新创作的《加拉太书》。路德说话时就好像是保罗在说话（就像保罗也活在路德授课的那个年代一样）。"⑩因此，一直到今天，路德对《加拉太书》的诠释大大地影响了较后多数释经书和学者对此保罗书卷的诠释。特别是在新教的圈子里，我们几乎无法打开一本《加拉太书》的释经书，而不在其中看见路德的影子。

此注释书另一个珍贵之处就是它内含路德许多最出色的教诲：因信称义、福音与律法的对比、基督超越圣经、基督徒的自由、神前人人平等的基本理念、圣灵里的生命、基督与人的"幸福交换"说（happy exchange）、同时公义同时罪恶说（simul justus et peccator）。这些教导在当年带动了宗教改革，一直传承至今。虽然针对某些教义，仍有人不断地在辩论，但是这个辩论的延续只能见证路德影响的深远——从教会里的摆设到释经书中的论题都可以得见。在参与或旁观这些辩论和影响的同时，有此机会以中文阅读路德自己的现身说法确是当代中国人的荣幸。

路德的众教诲中最广为人知的莫过于因信称义的教导了。在诠释《加拉太书》1:1时，路德已宣告："保罗如此迫不及待地要进入书信的主题，就是因信称义的教义。"也许迫不及待的人不是保罗，乃是路德。因为能在此节读出因信称义之理的人确实稀有。接下来，路得几乎在此书的每一页都可找到因信称义的理据或论述。因信称义的道理确实在此书中扮演了非常重要的角色，若不是主题，也会是副题，⑪但是对路德来说，它比主题还要重要，乃是全书的核心。也许此书跨

---

⑩ Hans Dieter Betz, *Galatians* (Philadelphia: Fortress, 1979), xv.
⑪ Charles H. Cosgrove 在1988年他的著作 *The Cross and the Spirit: A Study in the Argument and Theology of Galatians* 中，很有说服力地证明了此书的主题乃是圣灵里的生命。坊间多数的释经书都以因信称义为主题，再一次见证路德的影响。

时代的秘诀就在此。因信称义的观念与世界盛行的宗教观正好相反，保罗曾清楚地讲解了，但是教会忘记了，以致路德必须把它重新找回来。但是，教会仍然会忘记，而在圣经之外，没有人比路德把此道理讲得更淋漓尽致了，所以，我们需要路德的重复提醒。

路德是一位多产作家，主要著作除了《〈加拉太书〉注释》外，还有广为人知的《九十五条论纲》(The Ninety-Five Theses)、《论善工》(Treatise on Good Works)、《致德意志基督教贵族书》(Address to the Christian Nobility of the German Nation)、《巴比伦被掳的教会》(Babylonian Captivity of the Church)、《基督徒的自由》(The Freedom of a Christian) 等书以及上百本的德文小册子。于1517—1520年之间，路德的30部作品，总共销售了超过30万册，成为当时最畅销的作家，甚至超过欧洲大文豪伊拉斯谟。[12]单就这一点，路德的著作就非常值得我们细读或钻研，更何况是他最挚爱的这一本。

(二) 这是一本时代性的作品

除了以上所提的这些跨时代的魅力之外，我们不能忽略这部著作本身的时代信息。路德的许多用词、表达、风格甚至释经法是今天许多人看了会感到非常不自在和不安的。特别是，路德对教皇、主教、神职人员、经院学者、教会的斥责和轰炸令人尴尬，当他给他们盖上了许多的恶名，如猪、毒蛇、敌基督时，我们发现这是今天多数的大学学堂与教会讲台所不敢恭维的表达方式。相信今天也不会有太多新教徒对天主教仍然怀有类似路德如此强的敌意。所谓"事急无法律，路急无君子"，当我们记得把路德放回他原先的历史处境来阅读时，我们就不会被卡在这个时空文化的差异之中，而无法听见路德真正的

---

[12] D. MacCulloch, *A History of Christianity*, 574.

声音。

正如现代有名的福音派神学家、美国芝加哥北园大学的卡尔欧尔森宗教研究教授斯科特·麦克奈特（Scot Mcknight）——在读过加尔文的《基督教要义》中某些片段后，对加尔文的表达风格，尤其是他对持反对意见之人的攻击感到无法认同时——强调说："当我把加尔文的神学放回到加尔文自己的处境时，我发现加尔文的神学其实是给加尔文时代的。换句话说，加尔文神学是被时代所塑造的。加尔文在加尔文的时代以加尔文的方式听见上帝的声音。上帝使用加尔文在瑞士点着了一团圣洁的火焰，同时也塑造了一个与处境相连的神学，虽然强烈地反映了16世纪的风格，却也经得起时间的考验……因此，阅读加尔文最好的方式就是在他说话的时候，坐在他的身后，看一看他的同伴如何回应，并在加尔文的榜样中学习如何在我们的世界做类似的事。"⑬

麦克奈特的这一段话非常适合转送给我们这些阅读路德《〈加拉太书〉注释》的读者。神学其实是一种跨时代又非常时代性的学问。它试图在每一个不同的时代表达一个共同的信息——神的福音。但是这个信息的表达却常拥有非常时代性的色彩，这神学若要能触摸当代人的心，它也必须是为那独特的时代而量身定做的。因此，若想要在21世纪的今天重新听见16世纪路德的神学精华，感受它的震撼力，我们必须先回到路德的时代，坐在他身后，穿上他的鞋子，走上他曾走过的路径。

尊重文本本身的历史处境，搜寻信息的文学脉络，拒绝不公平的读者价值观投射，这一种阅读精神其实就是传承路德及改教家的精神，它也是路德一直鼓吹的处理圣经文本的方式。路德之所以能在他

---

⑬ Ed Cyzewski, *Coffeehouse Theology：Reflection on God in Everyday life* (Colorado Springs：Navipress, 2008), 9-10.

的时代以一种新颖的信息推动改教的巨浪,主因其实并不在于他的思想、观念、信息本身有何新颖之处,乃在于他对圣经原意的执著,鼓吹"历史—文法"(historical-grammatical)的解经方式,意图把圣经本身权威性的原意发掘出来。正如他在解释《加拉太书》1:3时所说的:"这些并不是新的真理。我不过是在重复使徒们和所有上帝的教师们早早就教导的。愿在我们的心里,充满这些有关上帝的真理。"其实,改教运动也被称为"复原派的革命"⑭,意即教会已经偏离它原来的根基,因此,路德等人起来呼吁教会回归基督、回归圣经、回归信心、回归恩典。

所以路德对教皇、主教、神职人员、经院学者、天主教会等人与事的指责必须被放回当时的教会处境来阅读。或者我们可以说,他反对的不是教皇、主教、神职人员、经院学者、天主教会本身,乃是腐败的教皇、主教、神职人员、经院学者、天主教会。由此可见路德对他们的挚爱,因为爱的反义词其实并不是责骂和憎恨,乃是无感觉、无动于衷。路德说:"对于任何在最小一点上歪曲上帝话语的人,我们都要敢于咒诅和定他罪,'一点面酵能使全团都发起来'。"这就是路德极度类似保罗的地方,也解释了他努力改正教会中之错误的热诚。

16世纪有一句传诵一时的名言:"是伊拉斯谟下了蛋(改教运动),马丁·路德将它孵出来。"伊拉斯谟(Desiderius Erasmus)比路德年长17岁,像路德一样是奥古斯丁修会的修士。他于1495年入巴黎大学修读神学,享有"人文主义王子"及"基督教人文主义的至尊"之美名。伊拉斯谟早已于1509年写下了他的名著《愚人颂》(*The Praise of Folly*,也译作《愚神礼赞》),在此著作中,伊拉斯谟以讽刺言语来挖苦当时的教会(不亚于路德),包括朝圣、苦行、补赎、依恋世俗

---

⑭ 谷勒本:《教会历史》,第268页,香港,道声出版社,2000年。

权力的修士、沽名钓誉的神学家、好辩的法学家、陶醉在梦幻中的哲学家，等等。伊拉斯谟也曾提出："若要实行改革，最好的方法莫过于使世人熟悉基督教最早的情形。"⑮他所提倡的即是回到基督教起初的原则之上。因此，伊拉斯谟开始出版希腊文新约圣经和释义，路德的《〈加拉太书〉注释》就是参考了伊拉斯谟相继修订出版的希腊文新约圣经⑯以及武加大拉丁文圣经而写成的。

伊拉斯谟的批判式希腊文圣经使哲罗姆的武加大译本显得无比的贫瘠，此希腊文圣经译本对于宗教改革的影响是难以估计的。⑰它常为难懂的经文提供文法解释，并在文本旁列出正确的拉丁文翻译（特别在与武加大译本有冲突时，更小心修正其原意）。其中一个意义深远的修订出现在《马太福音》3:2，原来哲罗姆将施洗约翰对众人的信息翻译为"要赎罪"（*poenitentiam agite*，*do penance*），而伊拉斯谟修正为"（你们要）悔改"（*metanoeite*，*repent*）。⑱

虽然教皇利奥十世（1513—1521）恢复售卖赎罪券并非单纯出自对圣经的误解，但是当时教会中许多错误的神学确实与神职人员对圣经的无知有关。对伊拉斯谟来说，不好的神学即是来自错误的文法，以及对圣经的错误解读。因此，他呼吁众人必须"回到本源"（*ad fontes*），重新思考教会的教导是来自圣经或是教会传统。这个分辨点也是路德在改教运动时最为显著的关注点之一，《〈加拉太书〉注释》中我们经常碰见路德就着圣经权威与教会传统之间的冲突而发蒙启滞，十足反映了十年前（1521年，目前这本《〈加拉太书〉注释》是源自路德于1531年的上课讲义），路德在沃尔姆斯会议（Diet of Worms）中面对教皇利奥十世的要挟之下而发出的肺腑之言。在被要

---

⑮ 谷勒本：《教会史》第281—282页，香港，道声出版社，2000年。
⑯ 伊拉斯谟在世时至少出版了五个版本的希腊文新约圣经和释义，此五个版本分别于1516年、1519年、1522年、1527年及1535年发行。
⑰ 奥尔森：《神学的故事》，第432页，台湾，校园书房，2002年。
⑱ 参见 MacCulloch, 596。

求说明自己对教会的态度时，路德重申圣经的权威，他说："除非是圣经或真理说服我，我不接纳教皇和议会的权威，因为他们常常自相矛盾——我的良心是神话语的俘虏。我不能，也不会改变任何信念……这是我的立场（Here I stand），求神帮助我。"

若从这个角度来看，16世纪这一句名言确实没有言过其实，伊拉斯谟确实是路德的开路先锋，是伊拉斯谟下了改教运动的蛋，马丁·路德将它孵出来。[19] 但是，当我们仔细回顾历史的大脉络时，我们会发现16世纪的宗教改革并不是仅仅因为伊拉斯谟或马丁·路德或任何其他人单枪匹马的努力，甚至凝聚起来的奋斗而产生的，这个改革的巨浪乃是与当时欧洲的教会及社会的大文化息息相关的。正如谷勒本所言："由中世纪转变至近世纪不是突然的；是渐渐由西欧的宗教、文学、道德、社会经济和政治的生活而来，这些不同的原动力……造成了改教运动……"[20] 甚至有人认为，宗教改革也许不仅是一个纯粹信仰的改革运动，它亦是欧洲政治、社会、经济、宗教、思潮发展所酝酿出来的必然成果。

首先为宗教改革铺路的是所谓的文艺复兴（也称"学术复兴"；其实，德国的文艺复兴即被一般人称为"改教运动"或"复原派的革命"），因它与中古时期的思想和神学有明显的裂痕。文艺复兴之下的人文主义，为改教运动带来至少三方面的影响：反对经院哲学，反对中世纪的教育方法，注重语言学的工具。[21] 蔡丽贞指出："人文主义其实不反对经院哲学形而上的体系，但是反对经院哲学在神学上那种推理式的空论，把神或信仰讲得不食人间烟火，远离尘世。"[22] 换句话说，人文主义反对的是中古时期无生命、钻牛角尖的神学，期盼能够

---

[19] 但是，伊拉斯谟及路德对自由意志及其他论点的尖锐不同也是不可忽略的。
[20] 谷勒本：《教会历史》，第268—269页，香港，道声出版社，2000年。
[21] 蔡丽贞：《我信圣而公之教会》，第205—208页，台湾，校园书房，2004年。
[22] 同上，第205页。

有一新的空间，摆脱教会和传统的捆绑，自由地讨论和发展神学。针对教育方法，人文主义引发了对当时的"三段论证"（Syllogism）的抗拒，认为这是呆板、公式化的逻辑推理，而倾向于修辞学。所以路德说，"谈论神是一件很严肃的事情，不是儿戏，辩证法是神学的一大障碍"㉓；"辩证教导人；修辞感动人"。㉔人文主义同时提倡古典语言的研究，包括希伯来文和希腊文。其实旧文本的重新发现曾经刺激了9世纪至12世纪的欧洲思想界，而引来两次先前的文艺复兴。但是15世纪的影响力更广，主要是因为印刷技术使众文本能够快速地分发出去。㉕许多人文学者也是语言学家，对改教都有直接的贡献，虽然他们不一定认同改教运动。

受此风气影响，北欧教会内许多人士起来钻研教父著作、希腊和希伯来圣经原文。然而，与之产生极大对比的是，南欧的教皇制教会和领袖则将宗教异教化。因此，谷勒本描绘说："当时教会以经院哲学的教义、限制和迂腐的计划为自卫的堡垒，这与现代研究科学和注重理性的精神相冲突。人文主义运动反对无知、遗传主义和舞弊营私，要求宗教上的改革，并力倡研究历史与探讨圣经应有较稳健的方法，这都为欧洲智识方面接受改教运动做了预备。"㉖许多欧洲的大学也是在这改教前夕创立的，包括维腾堡（Wittenberg，1502）大学、马尔堡（Marburg，1527）大学。而在其他已建立的大学中，他们相继都设立了新人文主义中心（包括巴黎大学、牛津大学、剑桥大学等），这些大学很快就变成改革的基地。㉗

路德所任教的维腾堡大学，因为是在这一种新风气中成立的，我

㉓ 蔡丽贞：《我信圣而公之教会》，第206页，台湾，校园书房，2004年。
㉔ Martin Luther, *Table Talk* 2. 359. 18.
㉕ D. MacCulloch, *A History of Christianity* (Gainesville：Bridge-Logos, 2004), 575.
㉖ 谷勒本：《教会历史》，第275—276页。
㉗ 当然我们不能忘记当时仍有许多大学受教会传统和经院哲学所束缚，不能接受新思想，因此，许多人文学者在大学中得不到支持，反而是在外界（社会中），特别是借着新印刷技术来传播他们的思想。MacCulloch, 582.

们可以想象路德所拥有的自由平台。路德在其中的讲课就清楚地流露出这种清新的气味。从文中可见到路德讲课十分脚踏实地,充满生命、血泪和修辞,不像经院哲学那种纯推理式的理论。蔡丽贞说:"人文主义者与改教家用护教式的修辞学(rhetoric)代替辩证法。他们认为,人与人之间的沟通,主要不是在传达抽象、冰冷的知识,而是有更实际的目的,那就是说服人。辩证法关切观念的表达技巧,过于观念的内容本身;人文主义者与改教家却认为,演说家或传道人不仅是传递信息,也应该把生命、情感注入演讲中,为的是要影响人、说服人,并改变人的生命。"㉘把路德放在这种文学处境来阅读,使我们更能理解他的风格,避免以错误的后现代学术要求来解读路德。其实,路德的释经本身不缺乏严谨和学术。特别是,在路德生活的时代,"四重圣经诠释法"非常盛行,释经者常在经文中寻找字意(literal)、寓意(allegorical)、道德意义(tropological/moral)和天国意义(anagogical/heavenly)。路德对这一种解经法非常熟悉,但他却回避它。对他来说,这样的释经是在玩无谓的游戏,把圣经分裂成为多重意义,最终错解了圣经。㉙相反地,路德强调历史文法(historical-grammatical)的释经法。今天欧美亚各地有分量的释经书也都传承了这个基本的释经重点,可说是青出于蓝,更胜于蓝。

但是我们不能忘记,路德也清楚地强调说,圣经不应该只按历史处境来理解,虽然它非常重要。圣经的诠释也应该被应用在我们目前的生活中,不然圣经就是冰冷和死的。㉚这就是为什么路德的这本注释书充满了当代的直接应用,对历史处境和文法的讨论相对还比较少。但是,若与当代的释经书相比,它在历史和文法方面仍可算是出人意外地丰富。我们不能忘记,当代所拥有的历史和文法资料,亦相

㉘ 蔡丽贞:《我信圣而公之教会》,第206页。
㉙ Pelikan & Lehmann (ed.), *Luther's work*, 26:440-441;27:311-313。
㉚ Pelikan,27:386。

对地非常有限。另外,很可惜的是,此中译的英文版在经过删减压缩后,省略了路德对希腊文文法的许多解释,因此,在本书中我们无法看见路德在这一方面的贡献。

此著作不仅必须放回到 16 世纪的背景中来阅读,也需要具体地放到那个世纪 30 年代的背景中来阅读。当我们比较路德不同版本的《〈加拉太书〉注释》时,会看见许多有趣的发展。在对比路德 1519 年及 1535 年(此中文译本的拉丁原本)的两本《〈加拉太书〉注释》时,阿尔朗·J·胡尔特格伦(Arland J. Hultgren)点出了几项分别:1535 年的版本比 1519 年的内容更长,有更多争论和更多应用,哲理性更加弱化。较后的版本中更多地提到他的反对者、福音行动及广大教会的情况。特别值得留意的是,在 1519 年的释经中,路德虽不断地提到因信称义,但他却没有称它为一条"教义"(doctrine),可是在 1535 年的版本中,"因信称义的教义"一语重复出现,㉛可见路德早年不断宣讲的道理,现在已经成为一条"教义"了。㉜

另一个值得一提的历史发展可在路德注释《加拉太书》3:28 的对比中看见。在早期的版本中,路德在诠释保罗所说的"并不分犹太人、希腊人、自主的、为奴的,或男或女。因为你们在基督耶稣里都成为一了"时说道:"这个清单可以一直列下去:不分富人穷人,英俊或丑陋,公民或农民,圣本笃修士或凯尔特教团,圣法兰西斯会修士或奥古斯丁会修士。"㉝但是,在后期的版本中,路德更新了清单:"不分是传道的还是听众,不分是老师还是学者,不分是主人还是奴仆,等等。在关乎救恩之事上,阶层、学识、正直、影响力,这些都毫无分量。"也特别补充了这一段话:"世上的人都有很多不同之处,这也是一件好事。如果女人和男人换了位置,儿子和父亲换了位置,

---

㉛ 参见《〈加拉太书〉注释》1:1, 2:1、6, 3:10, 4:8、9、31, 5:14、15、18。
㉜ Arland J. Hultgren, "Luther on Galatians", Word & World 20 (2000): 236-237.
㉝ Pelikan, 27:281.

仆人和主人换了位置，其结果只有混乱。然而，在基督里，他们都是平等的。"

无可置疑地，这些版本之间的改变、补充和发展与路德后来的际遇变迁、周遭所发生的事，特别包括他的结婚生子［1531年正是他的四子马丁（Martin Junior）出生的一年］、农民暴动（1524—1526）等事件息息相关。㉞他人生中的各种事件使他的眼界更开阔，释经也相应地趋向更宽广、更平衡的地步。

可能用今天的某些学术或释经的标准来衡量，路德的释经还是有欠缺（其实路德自己也不否认此点），但是，这种对比就跟第一批研制的计算机与今天研制的计算机进行对比相类似，不管第一批计算机有多少欠缺，它都是情有可原、无可厚非的欠缺。而且，在注视这第一批计算机时，我们心中充满的不是批评，乃是感叹和感恩，因为没有它就没有今天。同样地，对于路德的《〈加拉太书〉注释》，不管它有什么欠缺，重新阅读它，我们心中只有感叹和感恩，因为没有它就没有今天更好的释经书。而且，历史证明这其实就是最上好的学术结晶，最能改变生命、影响世界的学术。它的历史足迹，再一次挑战今天的学者和释经者：今天学术界所默许或强调的方法——冰冷的客观、抽身的诠释、排除情感的分析——真的是最好的学术方法吗？

借着这本著作，我们得以一瞥作家路德惊人的表达能力和创意，神学家路德的震撼力和智慧，释经家路德对圣经的忠诚和熟谙，教授路德对学生的坦诚和传讲真理的勇气，牧者路德对人心的敏锐和关怀，改教家路德对教会热血沸腾般的情愁和爱恨，基督门徒路德对基督的委身与鞠躬尽瘁。从最早的版本到最晚近的版本，路德始终不变的一点，也是他的释经法最具独特性的一点，就是他以基督为中心的

㉞　Arland J. Hultgren, 237.

诠释法。他认为整本圣经都有一个焦点,就是基督:"如果我们不注目基督,我们就失丧了。"[35]在为1538年出版的《〈加拉太书〉注释》写序言时,路德留下了这样一句话:"在我心中只有一个主要的信条,就是相信我亲爱的主基督,不管是白昼或黑夜,我若有任何属灵及神圣的思想,它们的开始、中间和结束都是基督。"让我就以这一句话结束,邀请您也以这一句话开始阅读路德的《〈加拉太书〉注释》——路德的挚爱书卷。

---

[35] 参见《〈加拉太书〉注释》3:28。

英译者序言

1937 年 3 月，出版商宗德凡（Zondervan）先生首次向我提出了预备翻译路德《〈加拉太书〉注释》这本书的建议。我们对此事的商讨相当的简洁，而且结果很明确。

"'路德'仍旧是新教最伟大的名字。因为美国普通信徒的需要，我们打算请你帮助我们出版路德的一些主要作品，你愿意吗？"

"我愿意，只有一个条件。"

"什么条件？"

"这个条件就是允许我使路德的语言变得美国化，把他的话变得更简练——因为，如果我们不能使路德的语言表达让今天的美国人听懂，那无论是路德宗的人还是路德宗之外的人，都不会来读路德的作品。"

为了说明我的意思，我找来了一本美国某出版社新近出版的路德名著的英译本，念了几段给宗德凡先生听。

看来我的演示效果很好，因为我们都意识到，美国教会的信徒读这些英译本的感觉大概会和读路德的拉丁文或德文原版差不多，因为这些英译本都是严格地按照路德的拉丁文或德文的句式结构翻译的，并且使用的是维多利亚时期的英语风格。

"你会选哪一本？"

"有一本，路德自己对它的喜爱胜于其他的。让我们从这一本开始着手吧，就是他的《〈加拉太书〉注释》……"

开始着手这件事时，我们把它作为一项文学性的工作来看待，这似乎非常吸引人，可是后来却证明这是一项极其艰巨的任务，有时甚至令人感到有压力。《加拉太书》由短短的六章组成。在韦德曼（Weidman）八开本的《路德全集》中，《〈加拉太书〉注释》就占了整整733页，而且是用拉丁文写成的。我们决定不将如此巨大的篇幅全译出来。拉丁文的文法结构紧凑，路德的拉丁文则更突显这个特征，所以我们不可能照搬其结构。要是全译出来，这样八开本的书其篇幅就有1500页之多。我们不得不压缩这一巨著。我们手里有德文和英文的译本，但即便是最被认可的英译本，先不说其文体古老的毛病，其篇幅也必须要压缩一半以提高阅读效率。现在呈现给各位读者的这个版本，如果有任何可圈可点之处，都要归功于纽约州来自日内瓦的热拉尔·马勒（Gerhardt Mahler）牧师。他在百忙之中帮助我，他首先修改我那粗糙的译文草稿，之后多次校对，使之成为终稿，最后提交付梓。

现在让我们简略讲说路德《〈加拉太书〉注释》的由来。

1519年这位改教家首次讲解了保罗的这封书信，后来在1523年再次讲解。《加拉太书》是路德最喜爱的圣经书卷之一。在《桌边谈话》一书中，路德曾说："《加拉太书》是我的书信。我和这卷书结了婚。它是我的凯瑟琳①。"过了很久之后，当一位朋友正在准备将路德所有的拉丁文著作整理成集时，路德对他小圈子里的人说："如果可能的话，他们只需再版我的那些教义性的著作。例如，我的《〈加拉太书〉注释》。"

我们在此呈现给美国读者的这部作品，是路德在1531年上课的讲义。这些笔记是乔治·勒尔（George Roerer）所记，他当时大约是维腾堡大学的教务长，是路德翻译圣经时的助手之一。勒尔记下了路德讲课的内容，这份文稿保存至今，后来又加上了法伊特·迪特里希（Veit

---

① 路德妻子的名字。——中译者注

Dietrich）和克鲁齐格（Cruciger）的上课笔记，他们是勒尔的朋友，和他一起上了路德的课。换句话说，这三位在路德给学生们讲《加拉太书》时记了笔记，而勒尔为出版商整理了文稿。尤斯图斯·梅尼厄斯（Justus Menius）将其翻译为德文，收入维腾堡版本的《路德文集》中，并于1539年出版。

当我们论及改教时期的这部伟大作品时，我们不能不说到班扬的经历。当班扬被他的"原罪和内里的污秽"折磨，并且意识到了自己的过犯而痛不欲生时，他想找到一些早先的著作以抚慰自己的心灵。他发现他同时代的作者都"不够深刻"，便四处翻找，终于找到了路德的这本《〈加拉太书〉注释》，此书已经非常旧了，书页随时可能散开。班扬说："我刚刚一读，便发现我所遇到的很多问题，已经在路德的经验中得到了很深入的解答，就仿佛这本书是对着我的心灵写的。除了圣经之外，我对路德的这本注释书的喜爱要胜过其他的任何书，因为没有一本书能像它那样给一个忧伤的心灵带来慰藉。"

这本《〈加拉太书〉注释》在新教历史上占有非常重要的地位。在路德的所有著作中，没有一部能像此作品那样把基督信仰的核心——罪人乃是单单靠着基督的功劳而称义——讲得如此明白。在许多段落中，比起路德拉丁文原著中那充满凯旋的气势，这个译本读来似乎没那么有力，但路德讲义中的精神都被保存了下来。如若在某些地方，我们把路德的语言变得过于"美国化"，就请读者能以宽容来接受。我们相信，即使这些文字换上了新装，上帝仍将赐福它们，路德所雄辩的这些核心教义，正是基督教会的内在生命所赖以维系、其福音大使命所赖以成功的基石。

在1531年《加拉太书》课程结束的时候，路德做了一个简短的祷告：

"愿赐给我们力量来教导和聆听的上帝，也赐给我们力量去服侍，去行出来。"

然后，路德诵读了两处圣经以此来为课程作结，它们是：

"在至高之处荣耀归与神，在地上平安归与他所喜悦的人。"（路2:14）

"惟有我们神的话，必永远立定！"（赛40:8）

西奥多·格雷布纳（Theodore Graebner）

于圣路易斯（St. Louis），密苏里州

第一章

1:1 作使徒的保罗（不是由于人，也不是藉着人，乃是藉着耶稣基督，与叫他从死里复活的父神）。

保罗写这封信是因为，自他离开加拉太众教会之后，有犹太基督徒狂热分子来到，他们改变了保罗所教导的在耶稣基督里白白因信称义的福音。

这个世界对福音心存怨恨，是因为福音宣告了世上宗教之智慧的无能。因着嫉恨，这个世界反过来控告福音的教义是具颠覆性的和放肆的，是冒犯上帝和冒犯人的，是一项应被当作世上最可怕的瘟疫来迫害的教义。

于是，我们有了这样的吊诡情形：福音提供给这个世界耶稣基督的救恩，良心的平安以及每一样祝福。正是为此，这个世界憎恶福音。

保罗离开后，这些犹太基督徒狂热分子来到加拉太众教会中间，他们夸口自己是亚伯拉罕的后裔，是基督真正的执事，从众使徒本人那里蒙受了教导，并且能行神迹。

他们想方设法削弱保罗的权威。他们对加拉太人说："你们不应高看保罗。他是最后一个归向基督的。但是我们见过基督。我们听过他讲道。保罗是后来者，是在我们之下。我们领受了圣灵，我们会错吗？保罗是孤立的。他从未见过基督，他也没有与其他使徒有过什么联系。事实上，他曾长时间迫害过教会。"

当那些宣称自己有如此履历的人来到的时候，他们不仅会欺哄那些天真的人，也会迷惑那些看起来已经在信仰中被建立起来的人。教皇也使用同样的逻辑："你们认为上帝会因着一小撮路德派异端分子，就否定上帝整个的教会？或是你认为上帝会在这么多个世纪里，就任凭上帝的教会一直陷在错误中？"加拉太人被这样的言论迷惑，以至于保罗的权威和所教导的教义都受到了质疑。

对质此等狂言和这些假使徒，保罗大胆地为自己使徒的权威和事工辩护。保罗是一个谦卑的人，但是这一次他绝不能退让。他提醒加拉太人他曾当面反对过彼得，责备这位在使徒中居首位的。

保罗用信的前两章为自己的事工和自己所传讲的福音辩护，证明他不是从人领受的，而是直接从主耶稣基督那里领受的特别的启示，并且申明，若有人或天上来的天使，所传的福音与他所传的不同，就应当受到咒诅。

呼召的确认

每一位上帝的工人都应当重视他的呼召，并且传递给别人这样一个事实：他蒙上帝的委派传福音。正如一位政府的大使得到尊重，并不是因为他个人，而是因为他的职分。因此，基督的工人也应当在人群中高举他的职分以赢得权威。这并非虚浮的荣耀，而是必要的光荣。

保罗为他的职分感到光荣，却不是为着自己的荣耀，而是为着上帝的荣耀。在写给罗马信徒的信中，保罗说："因我是外邦人的使徒，所以我敬重我的职分。"即是说，我愿你们是将我作为耶稣基督的大使和使徒保罗来接待，而不是作为大数的扫罗来接待，这样，人们就更愿意倾听。保罗高举他的职分，是出于要使上帝的名、恩典与怜悯得到显扬的渴望。

1:1 作使徒的保罗（不是由于人，也不是藉着人）。

保罗随即为自己辩护，驳斥那些称他是凭着自己意思获得这职分的指控。他对加拉太人说:"在你们看来,我的呼召可能低人一等。但是对于到你们当中来的那些人而言,他们的呼召不是由于人,就是藉着人。而我的呼召是最高的,因为它是出于耶稣基督与父神上帝。"

当保罗说一些人的呼召是"由于人"的时候,我认为他是说,这些人既不是上帝差遣的,也不是人差遣的,他们是随着自己意思四下活动,是为着自己讲话。

当保罗说一些人的呼召是"藉着人"的时候,我认为保罗的意思是说,这些人是通过别人而得到了神圣的呼召。上帝的呼召有两种方式。他或者通过人来呼召他的工人,或者直接呼召他们,就像呼召使徒和先知一样。保罗讲明这些假使徒们既不是上帝直接呼召的,也不是上帝通过人呼召的。他们充其量可以声称他们是人所差派的。"但至于我,我既不是由于人,也不是藉着人,我是耶稣基督所直接呼召的。从哪一个方面讲,临到我的呼召都和其他的使徒一样。事实上,我就是一名使徒。"

在其他地方,保罗在使徒的职分与其他的职分之间很清楚地划了一条界线,就如他在《哥林多前书》12:28 中所说:"神在教会所设立的:第一是使徒,第二是先知,第三是教师。"他首先提到使徒是因为他们是上帝直接设立的。

马提亚就是如此被召的。使徒们选了两位候选人,然后摇签,祷告求上帝从这两个人中间指明他所拣选的人是谁。使徒必须是上帝所设立的。保罗就是这样被呼召,成为外邦人的使徒。

我们不可轻看这呼召。一个人光有知识是不够的。他必须确知自己是被正确呼召的。那些没有被正确呼召的行事者动机不良。上帝不赐福他们的工作。他们也许是好的讲道人,但是他们不能开启人心。我们今天仍有许多狂热分子,他们讲着信仰的言语,所结的却不是好果子,因为他们的动机是要把人领进他们自己错谬的观点里。另一方面,那些真正有上帝神圣呼召之人必要遭遇极大的敌对,这样,他们在魔鬼与世界不停息的攻击之下，可以越发地得到坚立。

这是我们在侍奉中的安慰：我们的职分是神圣的职分，我们是蒙了神圣的呼召而获得这职分的。反之，若不是正确的蒙召，这对良知该是何等可怖的一件事情。它会糟蹋一个人最好的工作。在我年轻时，我觉得保罗太过于强调他的呼召了。我不明白他的意图。那时我没有意识到这职分的重要性。我完全不懂信心的教义，因为我们受的是诡辩的教导，而不是确知的教导，并且无人懂得何为属灵的夸口。我们高举我们的呼召，不是为了求人的荣耀，不是为了得利，不是为了自我满足，也不是为了被人关照，而是为了确使众人知道，我们所讲的言语乃是从上帝而来。这不是犯罪的自豪，这是圣洁的自豪。

1:1 与叫他从死里复活的父神。

保罗如此迫不及待地要进入书信的主题，即因信称义的教义——这是与因善工称义的教义相对的——以至于在书信开头的称谓中我们即可以读出保罗的心意。他认为说自己是"藉着耶稣基督"做使徒还不够，所以又加上借着"与叫他从死里复活的父神"。

这句话乍看起来令人觉得多余。然而保罗有很好的理由加上它。他必须与撒旦和它的差役们争辩，因为它们极力要夺去保罗所传讲的基督的义，而基督是父神叫他从死里复活的。这些歪曲基督之义的破坏分子抗拒父，抗拒子，也抗拒他们的工作。

在整篇书信中保罗讲论基督的复活。借着他的复活，基督胜过了律法、罪、肉体、世界、魔鬼、死亡、地狱和各样邪恶。并且基督将这得胜赠送给我们。许多的暴君和仇敌可以咒诅我们，恐吓我们，但是他们不能定我们的罪，因为父神已叫基督从死里复活，他是我们的义和我们的得胜。

你注意到了，保罗的行文与他的写作意图是何等的切合吗？保罗没有说"是藉着创造天地的上帝，众圣天使的主"，而他心中想的是基督的义，话语道出要点，他说："我是一名使徒，不是由于人，也不是藉着人，而是藉着耶稣基督，与叫他从死里复活的父神。"

1:2 和一切与我同在的众弟兄。

这话足以使假使徒们闭嘴。保罗的意图是高举他的职分，而揭穿假使徒们的身份。保罗另外还补充说他并非孤立，他与他同在的众弟兄都可以证明他的教义是真确的。"虽然与我同在的众弟兄并不像我一样是使徒，但他们都和我同心合意，像我一样思考、写作和教导"。

1:2 写给加拉太的众教会。

保罗在整个加拉太地区传讲福音，建立了许多教会，而在他离开之后，假使徒们便侵入到这些教会中。当今的重洗派效法了这些假使徒们。对于那些福音的仇敌占据优势的地方，他们不敢前往。他们进入到基督徒所在的地方。他们为什么不到天主教的地盘，向那些不敬虔的王子、主教和博士们传播他们的教义，就像我们借着上帝的帮助所做的那样？这些娇气的殉道者们可不敢冒险。他们去福音已扎根之处，这样他们不会有生命的危险。这些假使徒们不敢去该亚法所在的耶路撒冷，也不敢去皇帝所在的罗马，或者是去哪一个未曾有人传过福音的地方，就像保罗和其他使徒曾做的那样。他们却来到加拉太的众教会，知道在人承认基督之名的地方他们是安全的。

上帝仆人的苦杯不仅在于忍受这个邪恶世界的敌对，也在于看到自己多年耐心教导的内容，因着一些宗教狂热分子，被迅速拆毁了。这比暴君的迫害带来的伤害还要多。在外，我们受到暴君不公正的对待；在内，我们受到那些从我们听到福音、获得自由之人以及那些假弟兄们的不公平对待。然而，我们蒙上帝呼召而有的永生盼望，是我们的安慰和我们的荣耀。我们想望那"眼未曾见过，耳未曾听到和心里未曾想过"的赏赐。

哲罗姆曾问，既然加拉太的教会已经为着摩西的律法而背弃了基督的恩典，为何保罗仍称他们为教会呢，实际上那里已没有教会了。正确的回答是：虽然加拉太人已经遗弃了保罗的教义，然而洗礼、福音和基督之名仍然在他们中间。并非所有的加拉太信徒都偏离了，仍有一些人持守真理的正意和圣礼。这些蒙恩之道是不能被玷污的。无论人的观点如何，它们仍是神圣的。哪里有蒙恩之道，那里就有神的教会，即便敌基督在那里掌权。对书信开头关于称谓的讲解就到此为止了。下面我们来看信中的祝愿部分。

1:3 愿恩惠、平安，从父神与我们的主耶稣基督归与你们。

恩惠和平安是保罗常用的言语，我们如今都很明白这一点。但是因为我们在讲解这封信，若我们重复我们在别处常常讲的，你们该不会介意。称义的主题是需要常常在我们耳畔回响的，因为我们肉体的软弱使我们不能完全把握它，也不能全心地去信靠它。

使徒在此的祝愿令人耳目一新。恩典洗去罪，而平安令良心安息。罪与良心折磨我们，但是基督现在已经胜过并永远地胜过了这些宿敌。唯有基督徒拥有这种从上面赐下来的得胜的认识。恩典与平安这两个词构成了基督教。恩典关乎罪得赦免、平安与喜乐的良心。律法主义的生活并不能除去罪，因为没有人能满足律法的要求。律法显出罪咎，使良心满了恐惧，并将人逐入绝望。人所发明的努力更无法除罪。事实是，一个人越要靠着自己的努力为自己赚取功劳，他所陷入的债务就越深。除了上帝的恩典，没有任何事物能除去罪。然而在现实生活中，一个人要说服自己单单靠恩典，不用所有其他的方法并不容易。而只有这样，我们才能获得罪的赦免及与神的和好。

俗世认为这是一条有害的教义。这个世界宣扬自由意志，把善工当作获得赦罪的自然而然又合情合理的方式。但是，按着这个世界的方法与手段，我们无法获得良心的平安。经验证明了这一点。为了通过宗教操练获得良心的平安，各种圣职都曾设立过，然而都归于失败，因为这些手段只能加增疑惑与绝望。我们疲惫不堪的身躯无法安息，直到我们抓住那恩典之道。

使徒保罗没有祝愿加拉太信徒从皇帝、君王或者总督那里，而是从父神那里得到恩惠和平安。他祝愿信徒们有属天的平安，就是主耶稣所说的："我留下平安给你们；我将我的平安赐给你们。"属世的平安能使我们平静地享受生活及我们所拥有的。但是患难特别是死亡临近的时候，世上的恩惠和平安并不能解救我们。然而，从上帝来的恩典和平安则可以做到。它们能够使一个人刚强并勇敢，以至可以承受和胜过所有的艰难，甚至包括死亡本身，因为我们有基督的得胜，我们有罪得赦免的把握。

人不当揣测上帝的本性

使徒在祝愿中加上这样的话："从我们的主耶稣基督。"难道说"从父神"还不够吗？

圣经的原则是我们不应当好奇地探求上帝的本性。"因为人见我的面不能存活"（出 33:20）。所有想凭着自己的美德救自己的人忘记了这一点，也忽略了中保耶稣基督。

真正的基督教神学并不探求上帝的本性，而是寻求上帝在基督里的目的和旨意，基督也即上帝成为了肉身，为我们的罪而生、而死。在我们的良心为罪而煎熬的时候，若我们去揣测上帝那不可测度的权能、智慧和威严，就没有比这个更危险的事了。这样做就会完全失去上帝，因为当我们试图去测度和理解上帝无限的威严时，上帝对我们而言就变得无法容忍。

我们应当像保罗在《哥林多前书》1:23—24 中告诉我们的那样来寻求上帝："我们却是传钉十字架的基督。在犹太人为绊脚石，在外邦人为愚拙，但在那蒙召的，无论是犹太人、希腊人，基督总为神的能力，神的智慧。"从基督入手。基督来到世上，生活在世人之中，受苦、被钉，然后受死，这清楚地呈现在我们面前，使我们的心和我们的眼可以牢牢地锁定在他身上。这样我们不再试图爬到天上，对上帝的本性作好奇而又无用的探求。

如果你问，如何能找到那一位称罪人为义的上帝，你要知道在耶稣基督这人之外没有别的上帝。不认识基督就不可能了解上帝的本性。但是这些狂热分子们，他们在与上帝的交往之中，排除了我们的中保基督，这样，他们是不相信我的。基督难道不是说"我就是道路、真理和生命；若不藉着我，没有人能到父那里去"吗？若没有基督，就不能到父那里去，只有徒劳无益的扯淡；就没有真理，只有伪善；就没有生命，只有永死。

当你离开称义的问题来讨论上帝的本性的时候，你想多么深奥都可以。但是当你面对律法、罪、死和魔鬼来处理良心和义的问题时，你必须断了任何探求上帝本性的念头，而要专注在耶稣基督身上，他说："凡劳苦担重担的，可以到我这里来，我就使你们得安息。"当你这么做的时候，你将会意识到能力和威严从上面降临到你的处境中，正如保罗在《歌罗西书》中所说的那样，"所积蓄的一切智慧知识，都在他里面藏着"，并且"上帝本性一切的丰盛都有形有体地居住在基督里面"。当保罗祝愿恩惠与平安不仅从父神而来，也从耶稣基督而来，他是要警告我们，不要以好奇心贸然探求上帝的本性。我们当受教于基督，他是上帝为我们所设立的神圣教师。

基督本是上帝

与此同时，保罗确认了我们的信条，"基督乃是真神"。我们需要常常这样确认我们的信仰，因为撒旦对它的攻击从不止息。它仇视我们的信仰。它知道是我们的信胜过了它和世界。基督是上帝，这是再清楚不过的事情，因保罗将上帝才有的权能——正如这赐下恩典与平安的权能——归于他。除非基督是上帝，否则他不能做到。

赋恩惠与平安是上帝才能做的事，只有他才能创造这些祝福。天使们不能。使徒们只有在传讲福音时才能传递这些祝福。当把创造和给予恩典、平安、永生、义以及罪得赦免这些神圣权能归给基督的时候，就必然得出基督乃是真神的结论。

同样，圣约翰从归于父与子的工作中断定他们原为一。因此，我们从父与从子所得的恩赐是一样的，本为一。不然保罗应该这样写："愿恩惠从父神而来，平安从我们的主耶稣基督而来。"保罗把这二者合在一起说，他就是把它们平等地归于父与子。我强调这一点是从一些宗派传出的错谬。

阿里乌派是狡诈的一伙。他们承认基督有二性，也承认他被称为"真神之真神"，但是他们仍然否认基督的神性。阿里乌派认为基督是高贵而完全的被造，比天使更高级，因为借着他上帝创造了天地。穆罕默德也对基督高度评价。但是他们的美言都不过是诱惑人的废话。保罗的措辞却不同。让我们重述保罗所说的："你是被建立在这样的信仰上，就是基督乃是真神，因他赐予恩典与平安，这是唯有上帝才能创造和赋予的礼物。"

1:4 为我们的罪舍己。

保罗紧抓他的主题。他从未忘记写信的目的。他并没有说"他接受了我们的善工"，而是说"他给"。① 给了什么？不是金子、银子、羊羔、天使，而是他自己。为了什么？不是为了皇冠、国家或是我们的良善，而是为了我们的罪。这些话如同天上发出的抗议的惊雷，反对一切以及各样的自义。在这些话下面划上线吧，因为对受伤的良心而言，它

---

① 在英文版本中，"为我们的罪舍己"是"gave himself for our sins"，"舍己"就是"给"的含义，这和"上帝爱世人，甚至将他的独生子赐给我们"中的"赐给"是同一个词。——中译者注

们充满了安慰。

我们如何能使罪得赦免？保罗回答："那一位叫耶稣基督的人并上帝的儿子为我们的罪舍己。"这话的强大火力炸毁了教皇制、善工、功德和迷信。因为若我们能靠自己的努力除去我们的罪，那上帝的儿子何必为它们舍己呢？正因为基督为我们的罪舍己，我们从而可以确知我们自己的努力无法除罪。

这句话也说明了我们的罪之重大，事实上，如此重大，以至于整个世界都不能弥补单单一个罪愆。上帝的儿子基督作为赎价之贵重，便表明了这件事。"为我们的罪舍己"这话显明了罪的邪恶特质。罪是如此邪恶，以至于唯有基督的牺牲才能够赎罪。当我们想到罪这个小小的词汇竟蕴含着整个撒旦的国度，且囊括了一切恐怖之事，我们便有颤栗的理由。但是我们不上心。我们对罪不以为然。我们以为凭借一点点的善工或功德就可以除罪。

这段话显明了世人都被卖给了罪这一事实。罪是一个严苛的暴君，没有任何被造的能力可以征服它，唯有耶稣基督主权的权能能够征服它。

这些话对因罪之重大恶极而烦扰不安的良心是奇妙的安慰。罪不能伤害那些相信基督之人，因为基督已借着死胜过了罪。有了这样的确信，我们就蒙了光照，并且可以判定一切信靠他们自己功德之人，都是邪恶且具毁坏性的教派，就如那教皇党人、修士、修女、神父、回教徒、重洗派等，他们抢夺了唯独属于父神与基督的尊荣。

请特别注意"我们"这个代词以及它的重要性。你会马上同意基督是为着彼得、保罗和其他配得这恩典之人舍己的。但是你会自感卑微，你发觉自己很难相信基督也是为着你的罪舍己的。在感觉上，我们似乎不好意思将这个"我们"应用到自己的个人层面上，我们拒绝和上帝发生关联，除非我们靠自己的善行使自己配得。

这种心态源于对罪的错误认识，即罪是一件小事，我们凭着善工就可以轻易处理；我们必须凭着感觉良好的良心才能把自己带到上帝的面前；我们必须觉得自己已经无罪了，我们才觉得基督是为我们的罪死了。

这种心态普遍存在，而对那些自觉比别人强的人，尤其如此。这些人随时可以承认他们经常犯罪，但是他们并不认为他们的罪是如此重大，以至于他们不能够靠着自己的善工化解它们，或者以至于他们不能够凭着自己的义在基督的审判台前要求永生的奖赏。与此同时，他们装出极大的谦卑，并且承认某种程度的罪性，为此他们还满怀深情地与那个税吏一同祷告："开恩可怜我这个罪人吧。"但是他们却不明白，"为我们的罪"这话的真正重要性及其带来的安慰。

真正明白基督信仰的人把保罗的话"为我们的罪舍己"看作是真实且有效的。我们不应当把罪看作是无关紧要的微小之事。另一方面，我们也不应当因罪的可怕而感到绝望。学会相信基督的舍己，不是为着微不足道、虚构想象的罪，而是为着巨大的罪过；不是为着一两样的罪，而是为着所有的罪；不是为着那能被丢弃的罪，而是为着那顽固不化、根深蒂固的罪。

操练这种确知，并且在绝望面前坚固你自己，在临终的时刻尤该如此，因为这时往日罪恶的回忆会攻击你的良心。要以信心宣告："基督，上帝的儿子，不是为义人舍己，而是为罪人舍己。若我没有罪，我便不需要基督。不，撒旦，你不能欺哄我，使我认为我是圣洁的。"事实是，我完全是有罪的。我的罪不是想象出来的过犯，而是那违背了第一块法版的罪，即对上帝的不信、疑心、绝望、藐视、仇恨和无知，对他没有感恩，妄用他的名，忽视他的话语，等等；也是那违背了第二块法版的罪，即不敬重父母、不顺服政府、贪恋别人的所有，等等。就算我在行为上没有犯杀人、奸淫、偷窃以及类似的罪，然而我已经在心里犯了，这样，我们就冒犯了上帝所有的诫命。

"因为我的过犯众多，而且我努力靠自己称义，这与其说是促进，不如说是阻碍。因此，基督，上帝的儿子，为我的罪舍命"。如此信，便是永生。

面对撒旦的控告，让我们用这句话以及类似的经文来装备自己。如果它说："你要被罚入地狱，"你告诉它，"不，因为我逃到基督那里，他已为我的罪舍己。当你控告我是一个被定罪的罪人时，你是在割你自己的喉咙，撒旦。你在提醒我上帝对我父亲般的慈爱，上帝爱世人，甚至将他的独生子赐给我们，叫一切相信他的人，不至灭亡，反得永生。当你称呼我为罪人，你实在是超乎寻常地安慰了我。"以这种属天的灵巧，我们就能够抵挡撒旦的诡计，并且把罪的记忆从我们里面挪开。

圣保罗也向我们如实地描绘了基督：他是童女所生的上帝的儿子，为我们的罪被交于死地。对基督抱有一个准确的观念是很重要的，因为魔鬼把基督描绘成一个严苛而残忍的法官，他审判并刑罚罪人。告诉撒旦，它对基督的认识是错的，因为基督为我们的罪舍己，借着他的牺牲，他除去了整个世界的罪孽。

要多多使用"我们"这个词。要确信基督不只是免了某些人的罪，也是免了你的罪。不要让人夺去你对基督如此美妙的认识。基督不是摩西，不是赐律法者，不是独裁者，却是为罪设立的中保，是恩典与生命的赐予者。

我们知道这个。但是在与魔鬼的现实争战中，当它以律法恐吓我们，当它恰恰是用我们的中保来吓唬我们，当它错误引用基督的话，当它歪曲我们的救主，我们却是如此容易忘记我们亲爱的大祭司。

正因为如此，我急切地盼望你从保罗"为我们的罪舍己"这句话中获得对基督准确的认识。很清楚，基督不是来定我们罪的法官，因为他为我们的罪舍己。他并未践踏那失足者，而是扶起他们。他安慰伤心之人。否则当保罗说"他为我们的罪舍己"时便是撒谎。

我不以关于上帝本性的思辨来烦扰我的大脑。我就是单单连于基督这个人，并且我找到了喜乐与平安，以及在他里面的上帝之智慧。这些并不是新的真理。我不过是在重复使徒和上帝所有的教师们在很早以前就教导过的。愿上帝以这些真理充满我们的心。

1:4 要救我们脱离这罪恶的世代。

保罗称现今的世界是罪恶的，因为其间的每一样事物都伏在魔鬼邪恶的权下，那恶者将整个世界作为它的领地来辖管，并使空气中充满了对上帝的无知、藐视、仇恨以及不顺从。而我们就生活在这魔鬼的国度中。

只要一个人还活在这个世界上，他就不能凭着自己的努力为自己除掉罪，因这个世界注定是邪恶的。这个世界上的人是魔鬼的奴仆。若我们不在基督的国度里，毫无疑问，我们就属于撒旦的国度，并被它驱使着，以我们所拥有的才能来服侍它。

以智慧和正直这两种天赋为例。没有基督，智慧是双倍的愚蠢，正直是双倍的罪恶，因为它们不仅不能认识到基督的智慧与义，还要拦阻和亵渎基督的救恩。保罗很公正地称这个世界是罪恶的和邪僻的，因为当这个世界处在它最好的时刻，便是它最恶的时刻。最严重的恶习与这个世界的智慧和义相比也不过是小过失。这些事拦阻人接受基督之义的福音。灵性之罪的白脸魔鬼（white devil）比肉体之罪的黑脸魔鬼（black devil）更远为危险，因为对没有基督之人而言，他们越好，越有智慧，不理睬和抵挡福音的可能性就越大。

当保罗说"他要救我们"，他是在讲说我们处在一个需要基督的境地之中。没有其他的存在能把我们从现今邪恶的世代中拯救出来。有许多人没有基督却具有好名声，不要让这件事烦扰你。记住保罗所说的，这个世界并它所有的一切智慧、能力和义，是属魔鬼的。唯有上帝自己能把我们从这个世界中拯救出来。

让我们赞美并感谢上帝的慈爱，因他在我们自己无能为力的时候，把我们从撒旦的奴役之下解救出来。让我们与保罗一同承认，我们一切的自义之举都是损害与粪土。让我们谴责一切有关自由意志、宗教命令、弥撒、仪式、起誓、禁食一类的说法，它们不过都是污秽的衣服。

当保罗称这个世界是魔鬼的国度，充满了邪恶、无知、错谬、罪、死并永远的绝望，他同时宣告基督的国度乃是公平、光明、恩典、赦罪、平安、康健与永生的国度，我们借着主耶稣基督迁入这国，荣耀永远归于他。

这段经文中，保罗在称义的主题上与假使徒们争辩。保罗说，是基督，按着父神的旨意、喜悦与命令，把我们从这个世界和这个魔鬼的邪恶国度中拯救出来。我们不是被我们自己的意愿、精明和智慧拯救的，我们是借着上帝的慈爱与怜悯而被拯救的，正如经上所记："不是我们爱神，乃是神爱我们，差他的儿子为我们的罪作了挽回祭，这就是爱了。"（约一4：10）

和约翰一样，保罗之所以强调父神旨意的另一个理由是，基督常常将人的注意力吸引到天父身上。因为基督来到这个世界上是为了使我们与天父和好，并且把我们吸引到父那里。

我们认识上帝并他救赎的旨意，不是凭着对上帝本性好奇的探究，而是靠着紧紧抓住基督，他照父神旨意为我们的罪舍命。当我们明白这是父神在基督里的旨意，我们便明白上帝是慈爱的，不是愤怒的。我们会意识到，他是如此爱我们这些可恶的罪人，以至于事实上，他为了我们将他的独生子舍了，交于死地。

代词"我们的"，既指向上帝，也指向父。他是我们的上帝，我们的父。基督的父与我们的父是同一位，是一样的。故此基督对抹大拉的马利亚说："你往我弟兄那里去，告诉他们说，我要升上去，见我的父，也是你们的父；见我的神，也是你们的神。"上帝是我们的父，是我们的上帝，但是唯有在基督里才是如此。

1：5 但愿荣耀归于上帝，直到永永远远。阿们！

希伯来写作中常常点缀着赞美与感恩。这一特点也见于使徒书信之中，特别是在保罗书信之中。我们当以极大的敬畏与感恩之情提到上帝之名。

1:6 我希奇。

当保罗与那些被诱骗的加拉太信徒对话的时候，他是何等的有耐心！他并没有对他们拳脚相向，而是像父亲一般宽恕他们的错误。他以母亲般的爱来对他们说话，然而与此同时，他也指出他们的错。另一方面，对那些诱惑人者，保罗极为愤慨，正是因为他们，加拉太人才背道的。在信的一开头，保罗的怒气就喷薄而出。"若任何人，"保罗呐喊道，"传另一个与你们所领受的不同的福音，就让他受咒诅。"之后，在第五章，保罗以刑罚来对待那些假使徒。"但搅扰你们的，无论是谁，必担当他的罪名。"他把一个诅咒放在他们身上，"恨不得那搅扰你们的人，把自己割绝了。"

他本可以用这种方式来对待加拉太人："我为你们感到羞耻。你们的不知感恩让我难过。我很生你们的气。"但是他的目的是把他们重新带回福音里面。本着这个目标，他很温柔地对他们讲话。"我希奇"，他不可能采用比这更柔和的表达方式了。这话表达了他的悲伤和他的不悦。

保罗心里晓得他在后面章节中立下的原则："弟兄们，若有人偶然被过犯所胜，你们属灵的人就应当用温柔的心把他挽回过来。又当自己小心，恐怕也被引诱。"对那些被误导的人，我们应当显出父母般的爱，以使他们能够感觉到我们是为了拯救他们，而不是为了拆毁他们。面对魔鬼并它的差役以及错误的教义和异端的教师，我们应当像使徒那样毫不容忍，并严厉地谴责，正如同父母对咬了他们孩子的恶狗所持的态度一样，但是对小孩子则加以安慰。

保罗正确的心态给了他不同寻常的能力来对待这些跌倒者们受伤的良知。而教皇和他的主教们，则出于他们辖制人灵魂的欲望，对悲惨光景下的良心又是威吓，又是咒诅。他们不关心拯救人的灵魂。他们只对保住自己的位置感兴趣。

1:6 你们这么快。

保罗为这一事实感到悲叹：人心难以持守纯正而稳固的信仰。一个人劳苦了很多年才成功地把他那一间小小的教会变得井井有条，可是一伙无知又邪恶的人来了，一瞬间就把他多年来耐心的工作毁坏掉了。靠着上帝的恩典，我们在维腾堡建立了基督教会的样式。上帝的道按着当教导的被教导，圣礼被执行，各样事都兴旺。我们经过多年辛勤做工而达到的美好光景，一些狂人可以在一瞬间把它毁掉。这样的事就曾经发生在保罗通过属灵的阵痛而建立起的加拉太教会。他刚刚离开，假使徒们就使这些加拉太教会陷入了混乱之中。

教会是一种非常娇嫩的植物。她必须受到不断的看顾。人们听了一些道，翻了几页圣经，就以为都知道了。他们胆子很大，因为他们还从未遭遇过任何信心的试炼。没有圣灵，他们想怎么讲就怎么讲，只要那些愿意随从任何新鲜事物的人们乐意听。

我们必须警惕魔鬼，免得它在我们睡觉的时候在麦子里撒下稗子。保罗前脚刚刚离开加拉太教会，假使徒们后脚就进来做工了。所以，让我们为自己，也为全群谨慎。

1:6 我希奇你们这么快离开。

保罗再次以温柔的语气来讲话。他并没有斥责加拉太人说，"我希奇你们这么不稳固，这么不忠诚"，他说："我希奇你们这么快离开。"他并没有把他们当作恶者。他把他们看作是蒙受重大损失的人来对他们讲话。他斥责的不是加拉太人，而是那些诱使加拉太人离开真道的人。与此同时，他和蔼地责备他们允许自己受诱惑。保罗是在间接地责备他们，他们本应该在自己的信仰上更加坚固一些。如果他们对神的话把握得更好一些，他们就不会如此轻易地受到诱惑而离开了。

哲罗姆认为保罗是在一语双关地使用加拉太（Galatians）这个词。这个词是从希伯来文 Galath 衍生出来的，意思是跌倒或被引诱带走，仿佛保罗是在说："你们真不愧是加拉太人，名至实归啊！"有些人认为德国人是加拉太人的后裔。这里面也许有些道理。因为德国人并非不像加拉太人那般缺乏常性。一开始我们德国人很热心，但是不久我们就冷淡下来了，变得懈怠。当福音之光最初临到我们的时候，我们许多人非常热心，对听道充满渴望，非常重视神话语的职事。现在这信仰改变了，原先很热心的门徒现在离弃了神的话，他们变得像加拉太人一样，既愚蠢又易变。

1:6 离开那藉着基督之恩召你们的。

这节经文读起来有些不太确定。这句话可以这么理解："离开那召你们进入恩典的基督"；或者这么理解："离开那召你们进入基督之恩的上帝。"我更倾向于前者，因为保罗的心意是使我们心中牢记基督的恩惠。这么理解也保留了保罗所暗含的责备，就是加拉太人离开了那召他们进入恩典而不是律法的基督。我们和保罗一道斥责人的眼瞎和顽固，因为他们拒绝恩典与拯救的福音，或者得到了以后又马上丢掉，尽管福音赐予人们所有的属灵益处：罪得赦免、真正的义、良心的平安、永生，以及一切暂时的益处：良好的判断力、好的政府以及和平。

这个世界为什么憎恶福音的好消息，以及随之而来的福分呢？因为这个世界是属魔鬼的。在魔鬼的指示下，这个世界逼迫福音，若可以，它要把为我们的罪舍己的上帝的儿子基督再次钉十字架。这个世界处在黑暗中。这个世界就是黑暗。

保罗强调了一点，就是加拉太人已经借着基督被召进恩典之中。"我教导了你们恩典的教义，以及从律法、从罪和忿怒中获得自由的教义，而且你们应当在基督里得自由，却不是在严苛的摩西律法之下做奴隶。难道你们允许自己就这么容易地被引诱，离开恩典与生命的活水源头吗？"

1:6 去从别的福音。

请注意魔鬼的狡诈。异端并不大声宣扬他们的错误。杀人犯、通奸者、盗贼都会将自己伪装起来。同样，魔鬼也掩饰它一切的手段和活动。它穿上白衣看起来好像光明的使者。在把它的专有毒药当作基督的福音推销之事上，魔鬼具有惊人的聪明。保罗晓得撒旦的诡计，他讥讽假使徒们的教义是"另一个福音"，就好像说，"你们这些加拉太人现在有了另一个福音，你们就不再敬重我的福音了"。

从这里我们可以推断出，假使徒们在加拉太人当中贬低保罗的福音，是以保罗所传的不完整为借口。他们对保罗所传福音的反对，和《使徒行传》第 15 章里所记载的一样，就是说加拉太人信基督、受洗并不够，他们还必须行割礼，并且要求加拉太人遵守摩西律法，因为"你们若不按摩西的规条受割礼，不能得救"。就仿佛基督只是一位工匠，他给一个工程开了头，其余的要留给摩西来完成。

今天的重洗派和其他派别，发现找不到我们的毛病，就指责我们信义宗羞于承认整个的真理。他们承认我们在基督里打好了地基，却声称我们不能完成整个建筑。通过这样的方式，这些顽固的狂热分子把他们当受咒诅的教义当作上帝的道来宣传，并且打着上帝之名的旗号欺哄了很多人。魔鬼明白以丑恶和黑暗的面孔出现并不是好伎俩。它更愿意以上帝之名来进行它的邪恶活动。正如一句德国谚语所说："一切作恶都是以上帝之名开始。"

当魔鬼看到通过破坏性的手段不能损害福音的事工之时，它就装作是为着改进和推进福音事工来达到目标。它最喜欢用火与剑来迫害教会，但是它发现这个方法没有带来什么果效，因为殉道者的血浇灌了教会并使其成长。既然用武力不能成功，它就招募了一些邪恶且不虔敬的假教师，他们本来和我们有共同的目标，但是他们现在声称他们蒙了特别的呼召，去教导圣经中隐藏的奥秘，添加在我们所教导的起初领受的基督教义之上。这种事给福音带来了麻烦。让我们持守基督的道来抵挡恶魔的诡计，"因我们并不是与属血气的争战，乃是与那些执政的、掌权的、管辖这幽暗世界的，以及天空属灵气的恶魔争战"。

1:7 那并不是福音，不过有些人搅扰你们。

这里使徒保罗再次宽恕了加拉太人，却指责了搅扰他们的良知并把他们从他手里夺去的假使徒们。他对这些欺哄人者是何等的愤怒！他称他们是搅扰人的，是诱骗人软弱良心的。

这段经文进一步说明了假使徒们对保罗的污蔑，称他是一个有缺欠的使徒，是一个软弱且错误百出的传道人。他们谴责保罗，保罗也谴责他们。这样互相指责的战斗总在教会里发生。教皇党人和狂热分子仇视我们，指责我们的教义，还想杀害我们。反过来，我们憎恶并谴责他们受咒诅的教义。与此同时人们不知道要跟从哪一方，走哪条路，因为并非每个人都有分辨的恩赐。但是真理终将得胜。许多事是明了的，我们既不迫害人，我们的教义也不搅扰人。相反，有许多人可以为我们作见证，而正是这些人因为我们的教义所带给他们的安慰而跪下来感谢上帝。和保罗的处境一样，造成教会问题的，不是我们，我们不应当受责备。这是重洗派和其他狂热分子的错。

每个教导靠善工称义的人都是麻烦的制造者。你不觉得教皇、红衣主教、主教、修士和撒旦的整个会堂都是麻烦制造者吗？事实上，他们比假使徒们还要糟。这些假使徒们教导说，除了信基督以外，遵行上帝律法而带来的善工对得救也是必需的。但是教皇党人完全忽略了信心，教导他们自己发明出来的传统和善工，而这些都不是上帝所命令的，事实上，它们是与上帝的道相抵触的，然而他们还要求众人特别关注和遵守这些人的传统。

保罗称这些假使徒们是教会的搅扰者,因为他们教导说,若要得救,必须接受割礼并遵守摩西律法。他们坚持,必须遵守律法的每一个细节。在这场争辩中,他们有犹太人的支持,于是,那些还没有在信仰中得坚固的人就会轻而易举地被说服,从而认为保罗不是一个真诚的教师,因为他忽略了律法。犹太人被冒犯了,因为保罗和那些外邦人竟然可以完全忽视律法,原来拜偶像的外邦人现在竟然可以不必接受割礼,不必遵行律法,单凭因信耶稣基督而来的恩典,就可以白白获得上帝子民的身份。

假使徒们在对保罗的批评中夸大其词。他们指控保罗想要废除上帝的律法和犹太的传统,他们指控保罗背离了上帝的律法、犹太的传统、使徒的榜样,也背离了保罗自己的榜样。他们要求人们躲避保罗就像躲避一个亵渎者和反叛者,却要求人们视他们自己为福音真正的教师和使徒们正统的门徒。这样,保罗在加拉太人中间忍受诽谤。他不得不回击这些假使徒们。他毫不迟疑地这么做了。

1:7 要把基督的福音更改了。

把这句话意译出来就是:"这些假使徒们不仅仅搅扰你们,并且把基督的福音废除了。他们一举一动好像他们是唯一的、真正的福音传道人。而实际上他们所做的则混淆了律法与福音,结果是败坏了福音。要么基督活,律法亡;要么律法存,基督亡。基督与律法不能同时存在于良心里面。不是恩典,就是律法。混淆两者,就是完全消除了基督的福音。"

将律法和福音、信心与功劳混淆在一起看起来好像是一件小事,但是它造成的危害超过我们所能想象的。将律法和恩典掺杂在一起,不仅仅模糊了恩典的知识,而且完全排除了基督。

"要把基督的福音更改了",保罗所说的这句话,也暗示出这些假使徒们是何等的傲慢。他们是无耻的自夸者。保罗必须高举他自己的职分与他的福音。

1:8 但无论是我们，是天上来的使者，若传福音给你们，与我们所传给你们的不同，他就应当被咒诅。

保罗对福音的热忱是如此的强烈，以至于他几乎要咒诅天使。"我宁愿我，我的弟兄，是的，还有天上的天使被咒诅，也不愿我的福音被推翻。"

希腊文 *anathema*，希伯来文 *herem*，意思是咒诅、憎恶和定罪。保罗首先（假定地）咒诅了他自己。有智慧的人会首先指出自己的错，为的是之后可以更加恳切地批评别人。

保罗坚持，在他早先给加拉太人所传的福音之外，没有别的福音。他所传讲的福音不是他自己的发明，而是上帝很久以前就在圣经里所预定的那个福音。难怪保罗会将咒诅放在他自己身上，放在别人甚至是天使身上，若有任何人胆敢传讲基督自己之外的另一个福音。

1:9 我们已经说了，现在又说，若有人传福音给你们，与你们所领受的不同，他就应当被咒诅。

保罗重复了这个咒诅，现在将它指向别的人。之前，他咒诅了自己和他的弟兄，咒诅了天使。"现在，"他说，"倘若别的任何人传一个不同于你们已经从我们这里所领受的福音，就让他们被咒诅。"这样，保罗咒诅了包括他的敌手在内的一切假教师，并开除了他们的教籍。保罗是如此激动，以致他敢于咒诅所有损害福音的人。愿保罗在上帝面前所做的这个可怕的宣告，能够使每一个破坏福音的人心生惧怕。

加拉太人也许会说："保罗，我并没有损坏你带给我们的福音。我们只是不太明白。事实就是这样。现在这些在你之后来的教师,把每件事都解释得非常漂亮。"

保罗拒绝接受这个解释。他们不能加添任何东西;他们不能修正任何东西。"你们从我这里所领受的是上帝纯正的福音。让它坚立。若有任何人带给你们不同于我所传的福音,或是承诺给你们比我所给的更好的东西,让他被咒诅"。

尽管有这个明确的宣告,许多人仍旧接受教皇作为圣经的最高裁判。他们说:"教会选择了四福音书。教会本可以选择更多。因此教会高于福音。"而一个人也可以以同样的自负这样推断说:"我赞同圣经,所以我高于圣经。施洗约翰见证了基督,所以他高于基督。"保罗把他自己,把所有的传道人,所有的天使,把他们每一个都置于圣经之下。我们不是圣经的主人、审判官或法官,而是圣经的见证人、门徒和认信者,无论我们是教皇、路德、奥古斯丁、保罗,还是天上来的天使。

1:10 我现在是要得人的心呢,还是要得神的心呢?

保罗以同样强烈的感情继续说道:"你们加拉太人应该可以从我的传道,以及我所遭受的许多患难中知道,我是侍奉人还是侍奉上帝。每个人都可以看到我的传道在各处激起了对我的迫害,并且引起了我的同胞对我的极度仇视,事实上,是引起了所有人的仇视。这应该使你们确知,我所传的,不是为着人的夸奖和喜欢,而是为了上帝的荣耀。"

没有人能说我们是在用自己的教义博得人的喜欢和夸奖。我们教导说,所有人生来都是败坏的。我们证明,人的自由意志、人的能力、人的智慧和人的义都是无用的。我们讲明,人获得恩典,所凭借的是上帝唯独因着基督的缘故所白白施与的怜悯。这不是讨人喜欢的教导。这样的教导为我们赢来世人的仇恨和厌恶并使我们遭受逼迫、驱赶、杀害和诅咒。

"难道你们看不出我的教义不是为着讨人的喜欢吗?"保罗质问

道,"若我急于讨人的喜欢,我会奉承他们。但是我是怎么做的呢?我证明他们的功德无用。我只教导上帝指示我去教导的。为此我引来了犹太人和外邦人对我的仇恨。我的教义必须是正确的。它必定是从上帝来的。没有别的教义强于我的教义。其他的教义必定是假的,是邪恶的。"

我们与保罗一道,放胆咒诅任何一个不同于我们的教义。我们传道,不是为着得人的夸奖,也不是为着讨君王的喜欢。我们单单传讲上帝的恩惠,显扬他的恩典和怜悯。若任何人传讲一个与我们所传的相反或不同的福音,让我们大胆地说,他是魔鬼差来的。

1:10 我岂是讨人的喜欢吗?

"我是侍奉人呢,还是侍奉上帝呢?"保罗留心关注那些假使徒们,那些奉承者。他们教导割礼,是为了逃避人的仇视和逼迫。

即便今日,你也会发现很多人,为着自己活得平静和安全,他们专讨人的喜悦。人爱听什么,他们就教导什么,不管那是不是违背上帝的话语和他们自己的良心。但是我们不是讨人的喜悦,而是讨上帝的喜悦,我们要搅动地狱。我们必要忍受羞辱、诽谤和死亡。

对于到处讨人喜悦之辈,我们可用主在《约翰福音》里的话对他讲:"你们互相受荣耀,却不求从独一之神来的荣耀,怎能信我呢?"

1:10 若仍旧讨人的喜欢,我就不是基督的仆人了。

现在让我们来看一看,这些假使徒们是以怎样高超的手段毁坏了保罗的名誉的。他们细细梳理保罗的文字来寻找其中矛盾之处(我们的对手也是这样对付我们的),这样他们就可以指责保罗在教导自相矛盾之事。他们发现保罗为提摩太行了割礼,又在耶路撒冷的圣殿里与其他四个人行了洁净礼,在坚革哩剃了头。于是假使徒们诡诈地推断说,保罗已经按着其他使徒们的要求遵行了礼仪律。我们知道,保罗遵守了这些礼仪是出于对软弱弟兄的仁爱之心。保罗不愿伤害这些弟兄们。但是假使徒们反而利用保罗怜恤的举动而置他于不利之地。如果保罗传讲了律法和割礼，如果保罗夸赞了人自己的能力和自由意志，那么他就不会如此地令犹太人反感了；相反，他们会称赞保罗做的每一件事。

1:11、12 弟兄们，我告诉你们，我素来所传的福音，不是出于人的意思，因为我不是从人领受的，也不是人教导我的，乃是从耶稣基督启示来的。

在这一段中保罗主要辩驳了敌人对他的指控。他以起誓坚称，他的福音不是从人来的，而是从耶稣基督的启示来的。

当保罗宣称他的福音不是从人来的，他不仅仅是要说他的福音是不寻常的。因为假使徒们也是如此宣称他们的福音。保罗要说的是，他获得这一福音，不是借助于人们通常所领受的方式，即经由人的听、读或写，而是直接从耶稣基督那里通过特殊的启示领受的。

保罗是在去大马士革的路上，基督向他显现的时候领受了福音。圣路加在《使徒行传》第9章里提供了对此事的记录。"起来！"基督说，"进城去，你所当作的事，必有人告诉你。"基督并没有派保罗到城里师从亚拿尼亚学习福音。亚拿尼亚只是为保罗施洗，按手在他身上，将上帝话语的职事交托给他，并且将他引荐给教会。当亚拿尼亚对保罗说："兄弟扫罗，在你来的路上向你显现的主，就是耶稣，打发我来，叫你能看见，又被圣灵充满。"他知道自己任务的有限。保罗没有从亚拿尼亚领受教导。保罗已经在路上被基督呼召、光照和教导了。他与亚拿尼亚的交往只是仪式上的，用以见证他已经被基督呼召了去传福音这个事实。

保罗不得不谈到自己归信的过程来反驳假使徒们的诽谤，因为他们说保罗的使徒职分要比其他的使徒低等。

若不是看到加拉太教会的例子，我很难想象，一个人以如此的热忱领受了福音，怎么又会这么快地离弃它。噢，主啊，一句虚假的陈述能够造成何等的危害！

因信称义的真理是脆弱的。这脆弱不是在它本身，而是在我们。我知道一个人能多快就失去福音的喜乐。我知道那些看起来已在信仰之事上扎根的人，又是站在怎样的滑地上。在争战之中，当我们本该靠着福音得安慰的时候，律法却抬起头来，在我们的良心中肆虐。我说福音是脆弱的，是因为我们是脆弱的。

令事情变得更糟的是，我们里面的另一半，就是我们的理性，在反对我们。肉体抗拒圣灵，或如保罗所言，"肉体与圣灵相争"。所以，我们的教导是，得以认识基督并且信靠他，不是人的成就，而是上帝的恩赐。唯独上帝在我们里面生出并保守信心。上帝通过道在我们里面创造信心。他借着他的话在我们里面创造、加添并坚固信心。这样，一个人能为上帝所做的最好工作就是殷勤地倾听和阅读上帝的话语。另一方面，没有比对上帝的话感到厌倦更危险的事情了。一个人若以为自己已经知道得足够多了，他就会开始一点点地厌弃上帝的道，直到他彻底失去了基督，失去了福音。

让每一位信徒认真地学习福音。让他在谦卑的祷告中不断地学习。搅扰我们的不是微不足道的敌人，而是强大的敌人，他们不知疲倦，他们对我们的攻击从不止息。我们的这些敌人有很多。包括我们自己的肉体、世界、律法、罪、死、上帝的愤怒和审判，以及魔鬼本身。

假使徒们所宣扬的理论在今天仍蛊惑人心。"你是谁，竟敢与教父们以及整个教会持不同的意见，带来一个冲突的教义？难道你比这许多的圣徒、比整个的教会还明智吗？"当撒旦被我们自己的理性所怂恿而宣扬这些理论来攻击我们时，我们会失去勇气，除非我们不断地对自己说："我不在乎西普里安、安波罗修、奥古斯丁、彼得、保罗、约翰或是天上来的天使怎样说。我知道我所教导的是在耶稣基督里的上帝的真理。"②

当我开始为福音争辩的时候，我记起施道比茨博士（Dr. Staupitz）曾对我说过的话。"我喜欢你这样讲，"他说，"因为你所传讲的教义将荣耀唯独归给上帝，一点不归给人。因为我们无论怎样归荣耀、良善、慈爱给上帝都不过分。"这位可敬的博士对我所说的话安慰了我，坚固了我。福音是真实的，因为它拿走了人一切的荣耀、智慧和自义，并且把所有的尊荣唯独归给上帝。把"再多"的荣耀归给上帝，也要比把荣耀归给人安全。

你或许会辩解说，教会和教父们是神圣的。可是教会也必须祷告说："饶恕我们的过犯。"不要相信我，而且，如果教会、教父们、使徒们以及天上来的天使所教导的与上帝的道相悖，也不要相信他们。让上帝的话语永远长存。

彼得在生活中和教义上曾犯过错误。保罗本可以不把彼得的错误当一回事。但是保罗晓得，若不纠正彼得的错误，整个教会就要受到损害。于是保罗当面指责彼得。无论是教会，是彼得，是使徒们，还是天上的天使，他们的话都不要听，除非他们所教导的是上帝纯正的话语。

这样的论点有时候对我们并不是很有利。人们会问："那么我们应该相信谁呢？"我们的对手坚称他们所讲的是上帝纯正的道。我们不相信他们。他们也把我们看作是可恶的异端来仇视和迫害。对此我们能做什么呢？和保罗一样，我们以耶稣基督的福音为荣。我们得到了什么呢？我们被告之，我们所引以为荣的是毫无意义的虚荣和不折不扣的亵渎。每一次我们放低姿态并屈服于我们对手的怒气的时候，教皇党人和重洗派

---

② 这里当然并不意味着路德不在乎在新约正典里保罗、彼得等使徒所教导的真理。事实上，这些纳入新约正典的书信都是圣灵所默示的，是上帝的话语。路德的意思就是保罗的意思："但无论是我们，是天上来的使者，若传福音给你们，与我们所传给你们的不同，他就应当被咒诅。"——中译者注

人士们的傲慢就会增长。重洗派人士会孵化出另一些新的怪物。教皇党人会重新搬出他们旧有的恶习。我们该怎么办呢？就让每一个人都确信他所蒙的呼召和所学的教义，以至于可以和保罗一同放胆说："但无论是我们，是天上来的使者，若传福音给你们，与我们所传给你们的不同，他就应当被咒诅。"

1:13、14 你们听见我从前在犹太教中所行的事，怎样极力逼迫、残害神的教会；我又在犹太教中，比我本国许多同岁的人更有长进，为我祖宗的遗传更加热心。

这段经文里面没有提到教义。保罗举自己的事情作为一个例子。他说："我从前比你们这些假使徒们更加狂热地维护法利赛人的传统。今天，若是律法的义有任何价值，我都不会放弃它。我曾如此认真地依照律法而活，我胜过我许多的同伴。我曾如此热心地维护律法，我迫害上帝的教会。"

1:14 为我祖宗的遗传更加热心。

现在提到摩西的律法，保罗声明他曾完全浸淫其中。对腓立比人，他说："就律法说，我是法利赛人；就热心说，我是逼迫教会的；就律法上的义说，我是无可指摘的。"他的意思是说，"我可以将我自己与那些受割礼的人中最棒的和最圣洁的相比。若是能够，让他们找一个比那时的我更热衷于维护律法的人吧。哦，加拉太人，这一事实应当可以使你们提防那些以高抬律法来欺哄你们的人。如果有何人能有理由以律法上的义为荣，那就是我"。

我也可以说，在我自己蒙福音的光照之前，我热心于教皇制下的规条和教父们的传统，不亚于任何人。我竭尽全力遵守每一条律法。我曾经以禁食、不睡、祷告和其他的方式来惩罚自己，胜过今天所有那些恨我和逼迫我的人。我那时是如此的热忱，以至于我加给自己身体的是我无法承受的。我尊崇教皇,是出于良心的缘故。无论我做什么,我一门心思单单为了上帝的荣耀去做。但是我们的敌手,那些养尊处优的安逸人士,无法相信我和其他许多人所曾忍受的。

1:15—17 然而那把我从母腹里分别出来、又施恩召我的神,既然乐意将他儿子启示在我心里,叫我把他传在外邦人中,我就没有与属血气的人商量,也没有上耶路撒冷去见那些比我先作使徒的,惟独往阿拉伯去,后又回到大马士革。

这里保罗讲述,在他蒙了上帝的呼召向外邦人传福音的一刻,他就去了阿拉伯,并没有与任何人商量。"当上帝乐意施恩召我之时,"他写道,"我是完全不配的。我本是基督的敌人。我说亵渎他福音的话。我流了无辜之人的血。就在我疯狂行事之际,我蒙了呼召。为什么呼召我?因为我异乎常人的残忍?当然不是。我那满有恩典的上帝,要怜悯谁就怜悯谁的主,赦免了我一切的过犯。他赐下恩典临到我,并呼召我作使徒。"

因着上帝同样的仁慈,我们也认识到这一真理。在修道院的日子里,我每日将基督钉在十字架上,并且以我错谬的信仰亵渎上帝。外表上我保持着圣洁、贫穷和顺服。我习惯性地长时间禁食、不睡、祷告、念弥撒,并做一些诸如此类的其他事情。然而在我可敬外表的遮掩之下,我持续地不信、怀疑、惧怕、仇恨及亵渎上帝。我的义是一个污水坑。撒旦喜欢这样的圣徒。他们是魔鬼的宝贝,因为他们使自己丧失了上帝慷慨恩典的祝福,便很快地毁了自己的身体和灵魂。

我告诉你,我曾在教皇的权威面前惊惧不已。我认为与教皇发生分歧是一项当杀头的罪过。我认为约翰·胡斯(John Huss)是一个被咒诅的异端分子。我觉得想一想他都是犯罪。我会乐意地点燃柴火来焚烧他。那样我会觉得我是在真正地服侍上帝。

和这些教皇制下假装圣洁的伪君子比起来,税吏和妓女就不是那么糟了。他们至少会懊悔。他们至少不会将自己邪恶的行为合理化。但是这些伪善的"圣徒们",根本没有意识到他们的错误,却自以为义,认为他们自己是上帝所悦纳的祭物。

1:15 上帝既然乐意。

保罗说:"因着上帝的恩惠,我这个邪恶的该被咒诅的无赖、亵渎者、逼迫人者和叛徒,得蒙赦罪。上帝不仅仅赦免了我,还赐给我救恩的道理、他的灵、他的儿子、使徒的职分以及永生。"

上帝不仅赦免了我们的过犯,还进而以各样的祝福和属灵的恩赐充满我们。然而,许多人并不感恩。更糟的是,许多人因着给魔鬼留了地步,开始厌弃上帝的话语,乃至最终歪曲了福音。

1:15 把我从母腹里分别出来。

这是希伯来语的一种表达,意思是洁净、任命和预备。保罗是说:"当我尚未出生之时,上帝已委任我作使徒,并在日期满足时,在世人面前确认了我使徒的职分。当我还在母腹中,既不能思想也不能做任何事的时候,上帝就已定下要赐给我的各样大大小小属灵及属世的恩赐,并定下我要做的各样善行。我出生以后上帝扶持我。怜悯上再加怜悯,他白白赦免了我的罪,以他的恩典充满我,以使我能够明白我们在基督里的丰盛。这恩典的冠冕是,他召我将福音传给众人。

1:15 施恩召我。

上帝呼召我,是因为我敬虔的生活?是因为我法利赛人式的信仰?还是因为我的祷告、禁食和善工?绝不是。当然,可以肯定的是,上帝召我也绝不是因为我的亵渎、逼迫教会和欺压人。是什么使上帝呼召我呢?唯独是他的恩典。

1:16 将他儿子启示在我心里。

我们现在听到了被托付给保罗的教义：福音的教义，上帝儿子的启示的教义。这教义与律法极大的不同。律法恐吓良心。律法彰显了上帝的愤怒与审判。福音并不威吓人。福音宣告基督来赦免世人的罪。福音向我们传递了上帝那不可测度的恩典宝藏。

1:16 叫我把他传在外邦人中。

使徒说："上帝乐意将他自己启示在我心里。为什么？有两层的原因。一层是我本人应当信靠上帝的儿子，另一层是我应当把他启示给外邦人。"

保罗并没有提到犹太人，理由很简单，因为他的呼召是做外邦人的使徒，这是公认的，虽然他也向犹太人传讲基督。

我能听到这位使徒自言自语说："我不会把律法的重担放在外邦人身上，因为我是他们的使徒，不是他们的律法颁布者。你们加拉太人从来没有听我讲过从律法而来的义或从善工而来的义。我的任务是给你们传福音。这样你们不应当听从律法的教师，而要听从福音的教师。必须向外邦人传讲的，不是摩西，而是上帝的儿子；不是从善工得来的义，而是因信得来的义。这样对外邦人宣讲才是正确的。"

1:17 我就没有与属血气的人商量。

保罗从基督领受了福音之后，他在大马士革没有与任何人商量。他并未寻求任何人教导他。他没有上到耶路撒冷，坐在彼得和其他使徒的脚前受教。他马上就在大马士革传扬耶稣基督。

1:17 也没有上耶路撒冷去见那些比我先作使徒的，惟独往阿拉伯去，后又回到大马士革。

"在我见任何一位使徒之前，我去了阿拉伯。我以向外邦人传扬福音为己任，毫无耽搁，因为基督召我就是为此。"保罗这陈述驳斥了假使徒们的断言，他们称保罗曾是使徒们的一个小学生，由此他们推论说保罗其实在遵循律法之事上是受了教导的，这样外邦人也应当守律法并受割礼。

1:18、19 过了三年，才上耶路撒冷去见矶法，和他同住了十五天。至于别的使徒，除了主的兄弟雅各，我都没有看见。

保罗很细致地回顾他的个人历史，以阻止假使徒们的挑剔。保罗并未否认他曾与一些使徒在一起。他是在未受邀请的情况下去的耶路撒冷，不是为了受教，而是为了拜访彼得。路加在《使徒行传》第9章中写明了此事。巴拿巴将保罗引荐给众使徒，并且告诉他们保罗如何在去往大马士革的路上遇见了主，以及保罗如何放胆在大马士革奉耶稣基督的名传道。保罗说明他曾见过彼得和雅各，但是没有从他们那里领受任何东西。

保罗为何在这样看起来似乎不重要的事情上喋喋不休？为的是向众教会证明他所传讲的福音是基督真实的话语，是他从基督自己那里领受的，而不是从任何人领受的。保罗不得不一次又一次地确认这一点。因为保罗作为众教会的导师与牧者的作用，现在正受到挑战。

1:20 我写给你们的不是谎话，这是我在神面前说的。

保罗有必要在这里发誓吗？是的，有必要。保罗正在讲述他个人的生平。众教会如何相信他？假使徒们可以说："谁知道保罗是不是在说实话呢？"保罗，上帝所拣选的器皿，在他曾向其传讲过基督的加拉太人面前是如此地不受尊重，以至于保罗得起誓证明他说的是真话。如果这样的事都曾经发生在保罗的身上，若有人怀疑我们的话，或是不尊重我们，我们又有什么可抱怨的呢，我们怎能将自己与这位使徒相比呢？

1:21 以后我到了叙利亚和基利家境内。

叙利亚和基利家是相邻的地区。保罗很仔细地回顾他的足迹,是为了向加拉太人证明他从来没有做过使徒们的门徒。

1:22—24 那时,犹太信基督的各教会都没有见过我的面。不过听说那从前逼迫我们的,现在传扬他原先所残害的真道。他们就为我的缘故归荣耀给神。

在叙利亚和基利家,保罗赢得了众教会的接纳,是凭着他所传的道。各处的教会,甚至包括犹大的教会,都可以见证他在各处所传讲的是同样的道。"并且,"保罗说,"这些教会因我的缘故归荣耀给神,不是因为我教导了割礼,也不是因为我教导了摩西的律法应当被遵守,而是因为我激励众人当把所有的信心都放在主耶稣基督里面。"

第二章

2:1 过了十四年,我……又上耶路撒冷去。

保罗教导,我们是在耶稣基督里因信称义,而不是凭着行律法称义。他向安提阿的众门徒汇报了此事。这些门徒中的一些人是从小在犹太教传统中被养育大的。他们马上愤慨地站起来反对保罗,指责保罗在宣传一个反律法的福音。

很大的纷争爆发了。保罗和巴拿巴为真理挺身而出。他们见证说:"无论我们在哪里向外邦人讲道,圣灵就降临在那领受这道的人身上。此事发生在各个地方。我们传的不是割礼,我们不要求对律法的遵循。我们传的是在耶稣基督里的信。当我们传讲的时候,上帝赐下圣灵在听众的身上。"从这一事实出发,保罗和巴拿巴推知圣灵肯定了外邦人在律法和割礼以外的信。若外邦人的信不讨圣灵的喜悦,那么圣灵就不会在未受割礼的外邦听道者中间彰显他的临在。

犹太信徒们未被说服,他们非常激烈地反对保罗,断言外邦人必须遵守律法和受割礼,否则就不能得救。

当我们思想今天的罗马信徒紧抓他们的传统时的那一份固执,我们就不难理解当时的犹太信徒对律法的那一份狂热的忠诚。毕竟,他们是从上帝那里领受的律法。我们能够理解对那些刚刚从犹太教归信耶稣的人而言,他们几乎不可能一下子与律法分手。正是为此,上帝忍耐他们,正如当以色列人在两种宗教中停滞不前的时候,上帝忍耐他百姓的软弱。当我们在教皇制度中被蒙蔽的时候,上帝是不是也在忍耐着我们?上帝是恒久忍耐和满有怜悯的上帝。但是我们不敢滥用上帝的忍耐。现在我们既已在福音里蒙了真理的启示，我们就不要再停留在错误里面。

保罗的反对者以保罗自己的例子来攻击他。保罗为提摩太行了割礼。保罗为自己的行为辩护说，他为提摩太行割礼不是出于被迫，而是出于基督的爱，是为了避免信心软弱的弟兄被伤害。他的敌手们不接受保罗的解释。

当保罗看到这场争论近乎失控的时候，他顺从了上帝的带领，上到耶路撒冷，要在那里与其他的使徒们商议。他这么做不是为了自己，而是为了众人的缘故。

2:1 同巴拿巴……并带着提多同去。

保罗选了两位见证人，巴拿巴和提多。巴拿巴是保罗传道的伙伴。当在耶稣基督里的信被直接传讲的时候，圣灵就降临在外邦人身上，巴拿巴是这一事实的现场见证人。在这一点上，巴拿巴坚定地站在保罗的立场上，即不必用律法来搅扰外邦人，他们只要信基督就好了。

提多是保罗所按立的监督，治理克里特岛的众教会。提多曾经是一个外邦人。

2:2 我是奉启示上去的。

如果上帝没有命令保罗去耶路撒冷，保罗是不会去的。

2:2 把……福音对弟兄们陈说。

十四年之后，保罗又回到耶路撒冷，与其他使徒们商议。

2:2 我在外邦人中所传的福音。

对犹太信徒，保罗允许律法和割礼暂时存留。其他的使徒们也是这样做。然而保罗牢牢持定福音的自由。在一个场合中保罗对犹太人说："所以弟兄们，你们当晓得，赦罪的道是由这人传给你们的。你们靠摩西的律法，在一切不得称义的事上信靠这人，就都得称义了。"（徒 13:38—39）保罗总是体恤信心软弱的人，并没有坚持要他们马上就与律法分手。

　　保罗承认他曾就自己所传的福音，和使徒们商议过。但是他否认这样的会晤使他受益或教给了他任何新的东西。事实是，保罗一直抵挡那些要把律法的轭强加在外邦人身上的人。他们没有胜过保罗，保罗胜过了他们。"当这些假使徒们说我在使徒们的要求下，给提多行了割礼，在坚革哩剪了头发，上耶路撒冷去，他们是在撒谎。不仅如此，我得到了使徒们的支持，他们却没有。"

　　使徒们在耶路撒冷会议上仔细思想的事情是：遵守律法是称义的前提吗？保罗的回答是："我已向外邦人传讲了在基督里的信，而不是在律法里的信。如果犹太信徒们想要守律法并要行割礼，没有问题，只要他们是怀着正确的动机去做的。"

2:2 却是背地里对那有名望之人说的。

这即是说："我不仅是与弟兄们商议，而且是与他们中间的领袖商议。"

2:2 惟恐我现在或是从前徒然奔跑。

并不是说保罗以为自己曾徒然奔跑。然而，许多人确实认为保罗徒然传讲了福音，因为他没有将律法的轭放在外邦人的身上。认为顺从律法是得救之必需条件的观点越来越强势。保罗定意要纠正这一偏邪。通过这次会议，保罗盼望可以和众使徒们一同确立他所传讲的福音，这样就可以阻止他的对手认为他一直在空跑的谈论。

2:3 但与我同去的提多虽是希腊人，也没有勉强他受割礼。

"勉强"这个词使我们想到我们熟悉的耶路撒冷会议的结论。决议是，外邦人不应当被勉强行割礼。

保罗没有给割礼这件事本身定罪。他从来也没有用话语或行动来反对割礼。但是他确实抗议把割礼作为得救的一个条件。他引用了族长们的例子："族长们并不是凭着割礼称义。对他们而言，那只是一个记号和称义之后的凭据。他们把割礼看作是他们的信心的宣告。"

然而，犹太基督徒不能理解割礼不是救恩所必需的。他们错误的态度从假使徒们那里得到鼓励。结果是，人们都极力反对保罗和他的教义。

保罗并没有把接受割礼作为一种过犯来定罪。但是他所坚持的，也就是耶路撒冷会议所支持他的，就是割礼与救恩无关，因此不应强加给外邦人。会议同意，允许犹太基督徒继续暂时地遵循他们旧有的传统，只要他们不以为这些传统是上帝使罪人称义的途径。

假使徒们不满意会议的裁决。他们不想使割礼和对律法的实践在基督徒的自由里安息。他们坚持割礼是救恩所必需的。

就像保罗的敌手一样，我们的敌手（也是路德的敌人、改教的敌人）也主张教父们的传统若被忽略了，救恩也就失去了。我们的敌手不能和我们达成任何的共识。他们为他们亵渎的话辩护。他们甚至到了用武力来捍卫它们的地步。

保罗的胜利是完全的。与保罗在一处的提多并没有被强迫接受割礼，虽然当人们辩论这一问题的时候，提多正站在众使徒们的中央。这对假使徒们是致命的一击。借着提多未被强迫受割礼的这个活证据，保罗得以遏制了他的敌手。

2:4、5 因为有偷着引进来的假弟兄，私下窥探我们在基督耶稣里的自由，要叫我们作奴仆。我们就是一刻的工夫也没有容让顺服他们，为要叫福音的真理仍存在你们中间。

保罗在这里解释他上耶路撒冷去的动机。他上耶路撒冷并不是为了就他所传的福音从其他使徒那里领受教导或得到确认。他去耶路撒冷是为着加拉太的教会以及所有外邦人的教会保守纯正的福音。

当保罗谈到福音的真理时，他也就暗示着，相对而言有一个假的福音。假使徒们也有一个福音，但那不是真正的福音。"通过抵挡他们，"保罗说，"我保存了纯正福音的真理。"

纯正的福音教导的是，我们称义是唯独因着信，而不在乎遵行律法。假福音教导的是，我们称义是通过信，也借着律法上的行为。假使徒们教导的是一个有条件的福音。

教皇党人士也是如此。他们承认信心是称义的基础。但是他们又加上条件说，只有当加上善工的时候，信心才能救人。这是错误的。真正的福音宣告善工是信心的体现，但信心本身是上帝在我们心中的恩赐与工作。信心能够使我们称义，因为它抓住了基督，我们的救赎主。

人类的理性只能从律法的角度来思考问题。它嘀咕着："这个我做了，这个我没做。"但是信心仰赖耶稣基督，他是上帝的儿子，为世界的罪被交于死亡。将视线从耶稣转离便意味着转向了律法。

真正的信心抓住基督，并且单单地倚靠他。我们的敌手不能明白这一点。因着他们的眼瞎了，他们丢弃了基督这宝贵的珍珠，却固执地抓住自己的善工不放。他们不明白信仰是什么。他们怎能将信仰教导他人呢？

这些假使徒们不满足于教导一个虚假的福音，他们试图陷害保罗。"他们四处游荡，"保罗说，"私下窥探我们在基督耶稣里的自由，要叫我们作奴仆。"

保罗看穿了他们的计谋，他抨击这些假使徒。他说："我们并没有失去我们在耶稣基督里的自由。我们借着使徒们所做的裁决击垮了他们，对他们，我们决不会退让半步，不，决不。"

我们对教皇派人士也愿意做出各种各样的让步。是的，我们甘愿给他们的，过于所应该给的。但是我们绝不会放弃我们在基督里良心的自由。我们拒绝使我们的良心受到任何功劳或律法的捆绑，以至于因为我们做了这个或那个，我们就被称义，或者我们没有做这个或那个，我们便被定罪。

因为我们的对手拒不接受唯独因信称义的真理,我们就绝不容让他们半步。在称义的问题上我们必须坚定不移,否则我们将丧失福音的真理。这是生死攸关的事情。它关乎上帝儿子的死,他为世人的罪而死。如若我们在基督里的信心这一唯一令我们称义之事上有所妥协,基督的死与复活便是枉然;基督是世人的救主也就成为神话。上帝将是撒谎者,因为他不能成就他的应许。我们的固执是对的,因为我们想要保守我们在基督里拥有的自由。只有通过持守我们的自由,我们才能保守福音的真理不受损害。

有些人提出反对,指出律法是属灵的和神圣的。是的,律法是属灵的和神圣的。但是律法无权告诉我,我必须借着它才能称义。律法有权告诉我,我应当爱上帝和爱邻舍,我应当过一个圣洁、节制、忍耐的生活,等等。但律法无法告诉我,我如何脱离罪、死和地狱。只有福音才能告诉我这一点。我必须听从福音。它告诉我的,不是我必须做什么,而是上帝的儿子耶稣基督已经为我做了什么。

结论是,保罗拒绝依据假使徒们强迫他为提多行割礼的理由而为提多行割礼。保罗拒绝答应他们的要求。如若他们的要求是出于弟兄之爱,保罗不会拒绝他们。但他们如此要求是基于他们认为这是得救之必需的立场,保罗就公开反对他们,并且获胜。提多没有受割礼。

2:6 至于那些有名望的,不论他是何等人,都与我无干。

在保罗的争辩中这是很好的一点。保罗看轻了这些真使徒们的权威与尊荣。他这样谈到他们:"那些有名望的。"使徒们的权威事实上在全教会都是极大的。保罗并不想减损他们的权威,但是为了保守福音的真理和良心的自由,保罗不得不以轻视的态度谈及他们的权威。

假使徒们以这样的论调来反对保罗:"使徒们曾和基督一起生活了三年时间。他们听过他的讲道。他们目睹过他行的神迹。当基督还在世上的时候，他们自己讲过道，行过神迹。而保罗从来没有见过肉身的基督。保罗，孤零零一个人，不过是使徒们的一个弟子，他们中间最后的和最小的；而那些使徒，在保罗之前很久，他们就已经是基督自己所差派、所确定的。这样，你们该相信谁呢？是相信保罗还是相信那些伟大的使徒？"

对此保罗能说什么呢？保罗回答道："他们所说的与辩论无关。如果使徒们是天使从天上下来，这也不会令我惊叹。我们所谈的不是使徒们的卓越。我们现在谈的是上帝的道和福音的真理。福音比所有的使徒更卓越。"

2:6 上帝不以外貌取人。

保罗是在引用摩西的话："不可偏护穷人，也不可重看有势力的人。"（利19:15）引自摩西的这句话应该可以使假使徒们闭口。保罗喊道："难道你不知道上帝是不看外貌的吗？"人的尊贵和权力对上帝而言一文不值。事实上，对那些笼罩在敬虔的名声和显赫的光环之下的人，上帝常常弃绝他们。上帝如此做看起来好像有点不公和严酷。但是人需要这些威慑人心的例子。对人格魅力的敬重高过对上帝之道的敬重，乃是罪。上帝要我们高举他的道，而不是高举人。

当然，必须得有人任高职。但是我们不应该神化他们。总督、市长、传道人、教师、学者、父亲、母亲，都是我们应当去爱并敬重的人，但是这爱不能到了忘记上帝的程度。为了免得我们过于看重人，上帝容许大人物落入过犯与罪行之中，有时他们身上还会带着令人震惊的缺陷，这样就显明了在任何人和上帝之间有着怎样大的差距。大卫是一个好王。但是当人们开始把他想得过好的时候，他就跌倒，落入可怕的罪中，即奸淫和谋杀。彼得，作为一个卓越的使徒，曾经否认过主。圣经中之所以充满了这样的例子，是为了警告我们，不要把信任放在人的身上。在教皇制度下，外表就是一切。实际上，整个教皇体制除了对人的卑躬屈膝和外在的虚伪表演之外，什么都没有。但是唯独上帝是配得敬畏与尊崇的。

我会敬重教皇，我会爱他这个人，只要他不搅扰我的良心，不强迫我犯罪得罪上帝。但是教皇想要他自己被崇拜，而这样做势必要冒犯上帝。既然我们必须在这二者之中做出选择，就让我们选择上帝吧！事实上，我们是被上帝委任来抗拒教皇的，正如经上所说："顺从上帝，不顺从人，是应当的。"（徒5:29）

关于使徒们的权柄，我们已看到保罗是如何反驳假使徒们的论点的。为着福音的真理能够延续，为着上帝的道和因信而来的义纯正无瑕，不受玷污，让使徒们，让天上来的天使，让彼得，让保罗，让他们都朽坏吧！

2:6 那些有名望的，并没有加增我什么。

使徒保罗重复道："我没有和使徒们商量，他们没有教我什么。自从基督借着他自己的启示将一切教导我，他们还可能教导我什么呢？这只是一个会议，不是辩论。我不是去学什么，也不是为我的立场辩护。我只是陈明了我所做的，就是我向外邦人传讲了在基督里的信，而没有加上律法，而且作为对我的宣讲的回应，圣灵降临到了外邦人身上。当使徒们听到这些，他们非常喜悦我教导了真理。"

如果保罗没有向假使徒们让步，我们就更不应当向我们的对手们让步。我知道一个基督徒应该谦卑，但是面对教皇我要显得骄傲，并且对他说："你，教皇，我不会让你做我的老板，因为我晓得我的教义是神圣的。"这种抵挡教皇时所表现出的骄傲是必需的，因为如果我们不是显得不屈不挠和骄傲，我们永远不能成功地护卫因信称义的教义。

如果教皇承认，唯独出于恩典，借着基督，上帝使罪人称义，我们就可以把他举过头顶，我们就会亲他的脚。但是因为我们没有得到这份承认，我们就不会向任何人屈服，无论他是天上的使者，是彼得，是保罗，是一百个皇帝，是一千个教皇，是整个世界。如果在这件事上我们谦卑我们自己，他们就会从我们那里夺走创造我们的上帝，以及用他的宝血买赎我们的耶稣基督。让这成为我们的决心，就是，我们宁愿失去所有，我们宁愿失去我们的名誉，甚至失去生命，但是我们决不容忍任何人从我们那里夺去福音和我们在基督里的信。

2:7、8 反倒看见了主托我传福音给那未受割礼的人，正如托彼得传福音给那受割礼的人。（那感动彼得，叫他为受割礼之人作使徒的，也感动我，叫我为外邦人作使徒。）

这里使徒保罗宣告他同样具有假使徒们所归给真使徒们的权威。保罗只是颠覆了他们的论点。"为了支持他们邪恶的动机，"保罗说，"假使徒们引用了那些伟大的使徒们的权威来反对我。我可以引用同样的权威来反对他们，因为使徒们是与我站在一边的。他们用右手向我行了相交之礼。他们肯定了我的事工。哦，加拉太人啊，不要相信那些冒牌的使徒们！"

当保罗说，主托我传福音给那未受割礼的人，正如托彼得传福音给那受割礼的人，他是什么意思呢？难道保罗没有向犹太人传福音，彼得也没有向外邦人传福音么？彼得曾使哥尼流归信，而保罗的惯例是先进到犹太人的会堂，在那里传讲福音。为什么他称自己是外邦人的使徒，而称彼得是受割礼之人的使徒呢？

保罗是指着这一事实说的：其他的使徒们一直留在耶路撒冷，直到该城的被毁迫在眉睫。但是保罗被特别呼召做外邦人的使徒。甚至在耶路撒冷城被毁之前，犹太人已经在这处或那处分散住在外邦人的城里。每到一个城市，保罗按惯例先到犹太人的会堂中，带给这些等候神国的百姓一个好消息，那就是，上帝对他们列祖所作的应许已经在耶稣基督里成就了。当犹太人拒绝听从福音，保罗就转向外邦人。在特别的意义上，保罗是外邦人的使徒，正如彼得是犹太人的使徒。

保罗重申，被公认为教会柱石的彼得、雅各和约翰，他们并没有教给他任何东西，而他向外邦人传讲福音的职分也不是他们授予的。无论是有关福音的内容，还是向外邦人传讲这福音的职分，都是保罗直接从上帝领受的。保罗的情形类似于彼得的情形，后者被委托专向犹太人传扬福音。

众使徒们都有着同样的使命，传讲一样的福音。彼得并没有传讲一个不同的福音，也没有委任别的使徒。他们是平等的。他们都是从上帝那里受教的。也没有一个比另一个更大，没有人有超越别人的特权。为了证明自己所篡夺的首位是合乎道理的，教皇声称彼得是众使徒之首。这是一个毫无道理的错谬。

2:8 那感动彼得的。

保罗用这话驳斥了假使徒们的另一个论点。"假使徒们以什么理由夸口说，彼得的福音大有能力，他使许多人归信，且行了许多神迹奇事，甚至他的影子都使病人得医治呢？这些陈述绝对都是真的。但是，彼得是从哪里获得了这能力呢？上帝给予他这能力。我也有同样的能力。我从上帝那里，而不是从彼得那里，领受了这能力。那在彼得里面大有能力的同一位圣灵，也在我的里面大有能力"。路加以这样的话证实了保罗所说的："上帝藉保罗的手行了些非常的奇事，甚至有人从保罗身上拿手巾或围裙放在病人身上，病就退了，恶鬼也出去了。"（徒19:11、12）

总之，保罗不会比其他的使徒们要低等一些。一些世俗的作家把保罗的夸口贬抑为属血气的骄傲。但是保罗在他的夸口中并非为着个人利益。对于他，这是关乎信仰与教义的事情。这些争辩关乎的不是保罗的荣耀，而是上帝的荣耀、上帝的道、对上帝真正的敬拜，关乎真正的信仰以及信心的义。

2:9 又知道所赐给我的恩典,那称为教会柱石的雅各、矶法、约翰,就向我和巴拿巴用右手行相交之礼,叫我们往外邦人那里去,他们往受割礼的人那里去。

"事实是,当众使徒们听到我从基督那里领受了使命向外邦人传讲福音;当他们听说上帝藉着我行了许多神迹奇事,并且很多的外邦人通过我的事工认识了基督;当他们听到单单藉着宣讲信心,在律法和割礼以外,外邦人领受了圣灵;当他们听到所有这些,他们归荣耀给上帝,因为他的恩典在我身上显明"。这样,当保罗说众使徒们是和他站在一起的,而不是反对他的,保罗是言之有理的。

2:9 用右手行相交之礼。

就仿佛众使徒们对保罗说:"保罗,我们确实在所有事上与你认同。在教义上,我们是同伴。我们有同一个福音,区别是,你向未受割礼的人传福音,我们向受割礼的人传福音。但是这一区别不应妨碍我们的友情,因为我们所传的是同一个福音。"

2:10 只是愿意我们记念穷人,这也是我本来热心去行的。

在传讲福音以外,一个真正忠心的牧者会看顾穷人。教会在哪里,那里就必有穷人,因为世界和魔鬼逼迫教会,使许多忠心的基督徒落入穷困。

谈到钱,在今天没有人愿意为教会事工的日常需要或学校的建立奉献金钱。可是一说到虚谎的敬拜和偶像崇拜,人们会不惜代价。真正的信仰总是需要资金,而虚假的信仰是财富撑起来的。

2:11 后来矶法到了安提阿,因他有可责之处,我就当面抵挡他。

保罗继续驳斥假使徒们,说到在安提阿的时候,他当着整个会众的面抵挡了彼得。就像他之前所说的，保罗面对的不是小事，而是关乎基督教信仰的首要教义。如果这一教义受到威胁，那么我们必须毫不犹豫地抵挡彼得，或是天上来的天使。当保罗看到这一教义受到威胁，他没有顾及彼得的威望和地位。经上写道："爱父母过于爱我的，不配作我的门徒；爱儿女过于爱我的，不配作我的门徒。"（太10:37）

在今天，当我们为真理辩护的时候，人称我们是骄傲的、顽固的伪君子。我们并不以这些称号为耻。我们蒙召为之争战的事业，不是彼得的事业，不是我们父母的事业，也不是政府的事业，而是上帝的事业。为此事业争辩，我们必须坚定，决不退缩。

当保罗说"当面抵挡他"，他是指责那些假使徒们在背后毁谤他。当着保罗的面，他们不敢说什么。保罗告诉他们："我没有在彼得背后说他坏话，我却直接地、公开地抵挡他。"

其他人或许会辩论一个使徒是否会犯罪。我断言，我们不应该把彼得看作无错的。先知们犯过错。拿单告诉大卫他可以按自己想法为上帝建圣殿。但是上帝后来纠正了这一预言。使徒们曾错误地认为基督的国度是属地的国度。彼得也曾听到基督的命令："去，到世界各处，将福音传给每个人。"然而，若不是从天上来的异象和基督特别的指示，彼得永远不会去到哥尼流的家中。彼得在割礼之事上也曾犯过错。保罗若没有当众指责他，所有归信的外邦人就要被迫接受割礼和犹太律法。任何一个人都是不完全的。

路加记载说："保罗和巴拿巴之间的争论是如此剧烈，以至他们彼此分开。"（钦定本）他们分开的原因一定不是小事，因为它拆散了一个配合多年的神圣的伙伴关系。圣经记载下这样的事件是为了使我们得安慰。毕竟，当我们知道这些圣徒也可能，并且也真的犯过罪，这带给我们安慰。

参孙、大卫和其他许多杰出的人物，曾落入严重的罪行。约伯和耶利米咒诅过他们出生的日子。以利亚和约拿曾变得厌恶生命，并祷告求死。圣经记载这些圣徒身上的过犯，是为了安慰那些近乎绝望之人。没有一个人曾跌得如此之低，以致他不能再重新兴起。另一方面，也没有一个人的地位是如此牢固，以致他不会跌倒。如果彼得跌倒了，我也会跌倒。如果他又兴起了，我也能兴起。我们有和他们一样的恩赐：同一位基督，同一个洗礼，同一个福音以及同样的罪得赦免。他们需要这些蒙恩之道，正如我们今天所需要的一样。

2:12 从雅各那里来的人未到以先，他和外邦人一同吃饭。

归信基督的外邦人吃犹太律法所禁止吃的肉。拜访外邦人的彼得，和他们一起吃肉、喝酒，尽管他知道律法禁止吃喝这些。保罗也声称他做了同样的事情，就是他向犹太人，就做犹太人，向没有律法的人，就做没有律法的人。他和外邦人一起吃喝时，不去关心犹太律法。然而，当他和犹太信徒在一起时，他不去做犹太律法所禁止的所有事，因为他竭力服侍所有人，为着"无论如何，总要救些人"。保罗责备彼得并不是因为他违反了犹太律法，而是因为他隐瞒了自己对律法的态度。

2:12 及至他们来到，他因怕奉割礼的人，就退去与外邦人隔开了。

保罗责备彼得并不是由于彼得有任何恶意或无知，乃是由于他缺乏原则，因为他害怕从雅各那里来的犹太人，就不再吃肉了。彼得的怯懦态度危害了基督徒自由的原则。保罗责备的不是事情本身，而是事情所带出的结论。吃喝与否不是本质性的问题。但是若得出这样的结论："如果你吃，就是犯罪；如果你禁戒，就是对的"——这是错误的。

人们可能因为两个理由不吃肉。第一个，他们拒绝吃肉是出于弟兄之爱。若为着爱的缘故，拒绝吃肉不会带来任何危害。担当不坚固之人的软弱，是一件善行。保罗本人教导并身体力行了这样深思熟虑的善行。第二个，人们拒绝吃肉是基于一个错误的希望，就是可以借此得以称义。当这成为不吃肉的目的时，我们说，就不要谈什么仁爱了。为这后一个理由而禁戒吃肉就等于否认基督。如果我们必须失去两者中的一个，就让我们失去一个朋友和弟兄，而不是失去上帝，我们的父。

哲罗姆不明白这段经文（因此也就不明白整本书信），他指责彼得所做的是出于无知。但是彼得有意地犯了错，因为他给人留下赞同律法的印象。彼得的做法会鼓励了外邦人和犹太人弃绝福音的真理。如果保罗没有责备彼得，基督徒就会后退到犹太教，并且重新回到律法的轭下面。

我们惊讶于像彼得这样卓越的使徒，怎么会犯如此摇摆不定的错呢？在之前的耶路撒冷会议上，只身一人为救恩是因信心而非律法的真理争辩。那时候彼得为福音的自由勇敢地辩护。可是现在，因为不吃律法所禁止的肉，彼得违背了他自己正确的判断力。你们不晓得传统和礼仪会带来何等的危害。人们是如此容易犯倚靠功德的错误。

2:13 其余的犹太人也都随着他装假，甚至连巴拿巴也随伙装假。

何等奇妙，上帝竟是如此借着一个人保守了他的教会。保罗一个人为真理独立站住，因为他的同伴巴拿巴离开了他，彼得则反对他。有的时候，在大会中，单独一人能够比整个会众做得更多。

我说这个是为了敦促大家学习如何正确地分辨律法与福音，这样我们就能够避免装假。我们若要持守福音的真理，那么关系到称义的教义的时候，我们决不能退让。

当良心受到搅扰的时候，不要从理性或律法那里寻求建议，却要使你的良心安息在上帝的恩典和他的圣道之中，并且继续做你所做的，就好像你从来没有听说过律法。律法有它自己的位置和合宜的时间。当摩西在山上与上帝面对面地交谈时，他没有什么律法，也没有制定什么律法，更没有执行什么律法。但是当他从山上下来的时候，他是律法的颁布者。我们必须将良心保持在律法之上，而将身体置于律法之下。

保罗责备彼得不是为着一件小事，而是为着基督教信仰的主要教义，而彼得的装假对这一教义造成了威胁。因为巴拿巴和其他人都跟从了彼得的榜样。像彼得、巴拿巴以及其他这样的圣徒，竟然犯了这样一个出人意料的错误，而他们又是在自己非常熟知的事情上犯错，这实在令人惊讶。信靠我们自己的力量、良善和智慧，是件非常危险的事情。让我们以谦卑之心不断查考圣经，并且祈求，叫我们永远不要失去福音之光。"主啊，加增我们的信心"。

2:14 但我一看见他们行得不正，与福音的真理不合。

除了保罗，众人的眼睛都是闭着的。这样，保罗就有责任去指责彼得和他的同伙，因为他们偏离了福音的真理。对保罗而言，训斥彼得不是一件容易的事情。为着给予彼得当得的荣誉，我们必须说，他接受了保罗的纠正。无疑，彼得无条件地承认了他的错误。

一个能够正确地区分律法和福音之人有理由感谢上帝。他是一个真正的神学家。我必须承认，在面对试炼的时候，我并不总是晓得如何去做这件事。将律法和福音区分，意味着把福音置于天上，把律法置于地上；称福音的义是属天的，称律法的义是属地的；白天与黑夜之间有怎样的差别，我们就要看律法的义和福音的义之间有怎样的差别。如果是关乎信心和良心的问题，就完全忽略律法。如果是关乎善工的问题，就高挂善工的信号灯和律法的义。如果你的良心被负罪感压迫，就对你的良心说："你现在是趴在尘土里面。你是一头劳苦的驴子。去吧，驮着你的担子吧。但是你为什么不升到天上去呢？律法不能跟随你到那里！"把那驮着律法重担的驴子留在山谷中吧。至于你的良心，让它和以撒一起登到山上吧。

在俗世生活中，应该严格遵守律法。在俗世生活中，福音、良心、恩典、罪得赦免以及基督本身，都不起作用，唯有摩西律法能起作用。如果我们记住这个区别，福音和律法彼此之间就会井水不犯河水。当律法和罪要闯入天上的范畴，也即你的良心里面，你要把它们踢出来。另一方面，当恩典漫游入地上的范畴，也即进入肉体里面，你要告诉恩典:"你与这肉身生命的渣滓及粪土无关,你不必在此停留。你属于天上。"

彼得因着他妥协的态度,混淆了律法和福音的区别。保罗必须为此采取行动。他责备了彼得,不是为了令他难堪,而是为了持守福音和律法的区别,前者在天上使人称义,后者在地上使人称义。

知道律法和福音之间正确的区分是非常重要的事情。没有它,基督教信仰的教义就无法存在。让我们都爱和敬畏上帝,不论是在理论上,还是在实践中都殷勤地学习这一区别。

当你的良心陷入麻烦时,对你自己说:"死有时,生有时;学习律法有时,忘却律法有时;听福音有时,忽略福音有时。现在,让律法走开,让福音进来吧,因为现在是听从福音,而不是律法的时候。"然而,当内心的冲突结束了,而外在的责任必须被履行时,你的耳朵就要向福音闭上,却要向律法大大打开。

2:14 就在众人面前对矶法说:"你既是犹太人,若随外邦人行事,不随犹太人行事,怎么还勉强外邦人随犹太人呢?"

像一个犹太人那样活着没有什么不好的。吃猪肉,不吃猪肉,有什么关系?但若是竭力装作一名犹太人,为着良心的缘故禁戒不吃某种肉类,就是否认基督了。当保罗看到彼得的态度倾向于此,他就抵挡彼得,对他说:"你知道,遵行律法并不是称义所必需的。你知道我们是因着在基督里的信心而称义。你知道我们可以吃各样的肉类。可是你的榜样会迫使外邦人弃绝基督,重新回到律法。你让他们有理由认为单单凭着信心是不足以称义的。"

彼得没有这么说出来,但是他的榜样却相当清楚地说明,人若要得救,除了信基督之外还要遵守律法。看到彼得的做法,外邦人不能不得出这样的结论,就是律法对得救而言是必不可少的。如果这个错误被允许传播开而不被挑战,基督就会受到完全的亏损。

这一争论涉及对纯正教义的持守。在这样的争论中,保罗不在乎是否有任何人感到受冒犯。

2:15 我们这生来的犹太人，不是外邦的罪人。

"当我们犹太人把自己和外邦人相比，我们看起来还不错。我们有律法，我们有善工。从生下来，我们就品行端正，因为我们就出生在犹太教中。但所有这些都不能使我们在上帝面前称义。"

彼得和其他人履行了律法的要求。他们领受了割礼、圣约、应许和使徒的职分。即使有这些特权，他们也不应认为自己可以在上帝面前称义。这些特权都不能导致在基督里的信心，而使一个人称义的单单是这信心。我们并不想使人得出律法不好的结论。我们并不因律法和割礼不能使我们称义而给它们定罪。保罗轻蔑地谈论这些规条，是因为假使徒们断言人们是靠着它们得救，而不是靠着信心。保罗不能让这断言成立，因为若没有信心，一切都是置人于死地的。

2:16 既知道人称义不是因行律法，乃是因信耶稣基督。

为着谈论的缘故，让我们假设你能够以第一条诫命的精神成就律法："你要尽心爱主你的上帝。"这也不能带给你任何益处。一个人就是不能靠着遵行律法之工而称义。

根据保罗之意，律法之工包括整个的律法，即司法性的、礼仪性的和道德性的。这样，如果遵行道德性的律法不能使人称义，遵行作为礼仪性律法一部分的割礼怎能使人称义呢？

律法的要求在称义之前和之后都可以被成全。古时的异教徒中有许多出色的人物，他们从来没有听说过称义。他们过着道德的生活。但是这并不能使他们称义。即使包括彼得、保罗在内的所有基督徒都遵行了律法，这也不能使他们称义。"我虽不觉得自己有错，"保罗说，"却也不能因此得以称义。"（林前 4:4）

教皇一党臭名昭著的论调，就是把恩典的赐予和罪的赦免归结于善工，这必须断然摒弃。教皇党人认为，一个人在得到恩典之前所做的善工，能够为此人赢得恩典，因为上帝奖赏好行为是天经地义的事情。一旦人得到了恩典，他所做的任何善工都配得有永生作为对人功德的报偿和奖赏。在人获得恩典以前，上帝不是欠债者；但是因为上帝是良善的和公义的，他应当以恩典来奖赏好行为就成了天经地义的事情。但是一旦人获得了恩典，教皇一党人继续演绎说，上帝就处在了一个欠债者的地位上，以永生作为礼物奖赏人的好行为就成了他的义务。这是教皇制下邪恶的教导。

这样，若是我能行出任何为上帝所悦纳的行为，这行为配得恩典的回报，并且我一旦获得了恩典，我的善行就能继续为我赢得永生的权利与奖赏，那么，我为什么还需要上帝的恩典，以及基督的受苦与受死呢？那样，基督对我便没有益处。基督的怜悯对我也毫无用处。

这一切都显明了教皇和他的利益集团在属灵之事上是多么缺乏洞察力，也显明了他们对自己所遗弃的群羊的属灵光景是多么的漠不关心。他们料想不到肉体除了抵挡上帝之外，没有能力去思考、谈论或做任何事情。如果他们能够看到根植于人本性中的邪恶，他们就不会愚蠢地幻想人能有功德和价值。

我们和保罗一样，绝对否认人自己有功德的可能性。上帝给予任何人恩典和永生，从来不是作为对功德的奖赏。教皇一党的论调不过是闲得谢了顶的脑袋中做的白日梦，只能把人从对上帝真实的敬拜中引诱开。整个教皇制度是建立在迷幻之上的。

真正的得救之道是这样的。首先，一个人必须意识到他是一个罪人，是那种生下来就不能行出任何好事的罪人。"凡不出于信心的，就是罪。"那些想要用他们自己的努力来赢取上帝的恩典的人，就是在用罪来讨上帝喜欢。他们在羞辱上帝，并激起上帝的愤怒。得救的第一步就是认罪悔改。

另一部分是这样的。上帝差遣他的独生子到世上来，使我们因着他的功劳得生。他为我们被钉十字架并受死。上帝把他的儿子舍了给我们，就此显明了他自己是一位慈爱的上帝，为着基督的缘故，他赐下赦罪之恩、义和永生。上帝把他白白的恩典预备给所有人。这就是他的怜悯配得颂赞与荣耀之处。

经院派人士是这样诠释救恩的：当一个人刚好做了一件善行，上帝就接纳了它，并且作为对此善行的奖赏，上帝将恩惠倾倒在这个人里面。他们称它为"注入的恩惠"。他们认为这个恩惠会一直存在心里。如果有人告诉他们说，这一恩惠并不能使人称义，他们就会勃然大怒。

他们也声称，我们能够凭借我们天然的能力来爱上帝，能爱上帝超过一切事物，至少到了可以使我们配得恩典的程度。这些经院学者们又说，因为上帝不满足于我们在表面上遵行律法，而是期待我们能以合乎赐律法者心意的方式遵行律法，我们就必须从上面获得一种在我们本性之上的品质，他们称之为"正式的义"（formal righteousness）。

我们说，信心抓住耶稣基督。基督教的信心不是一个在心里的非动态的品质。真正的信心必然以基督作为它的目标。基督因着被我们的信心抓住，住在我们心中。基督成为基督徒的义，因这义，上帝赐下永生。

对应于经院学者们老糊涂了的白日梦，我们所教导的是：一个人首先必须学会通过律法认识他自己。然后，他要同先知一同告白说："世人都犯了罪，亏缺了上帝的荣耀。"并且，"没有行善的，没有，一个也没有"。还有，"我向你犯罪，唯独得罪了你"。

当一个人谦卑在律法面前，并且蒙圣灵带领，对自己做出了正确的评价之后，他会悔改。他会发现他是如此败坏，以至在他自己里面，没有任何力量、功劳、美德能够救他脱离他的罪咎。那时他就明白保罗话语的意思了，"我是被卖给罪了"，并且，"众人都在罪恶之下"。

在此处境中，人开始哀哭："谁能救我呢？"此时此刻福音的话语就会临到，说："孩子，你的罪得赦免了。相信为你的罪被钉十字架的耶稣基督。记住，你的罪归在了基督的身上。"

如此，我们从罪恶之中得到了释放。如此，我们被称义，并且成为享有永生的后裔。

为着有信心，你必须正确地认识基督。经院学者夸张地把基督描述为一个法官并折磨他人者。但是基督不是律法颁布者。他是给予生命者。他是罪的饶恕者。你必须相信基督以他的一滴血就能补赎整个世界的罪。事实上，基督将他的血倾倒而出，为的是能够充足地满足对罪的公义要求。

在这里让我说，这三件事情，信心、基督和义的归算，都是连在一起的。信心抓住基督。上帝以这信心为我们的义。

我们非常需要这义的归算，因为我们离完全太远了。只要我们还会拥有这肉身一天，罪就住在我们身体内一天。而且，有时我们会赶走圣灵；像彼得、大卫和别的圣徒一样，我们都会犯罪。然而，我们总可以求助于这一事实，即"我们的罪被赦免了"，以及"上帝不会再指控我们的罪"。因着基督的缘故，罪不能再被用来控告我们。哪里缺乏基督和信心，那里就没有罪的遮盖与赦免，就只有定罪。

教导了在基督里的信心之后，我们来教导善行。"因为你已经借着信心找到了基督，"我们说，"现在开始好好行善吧。爱上帝和你的邻舍。呼求上帝，感谢他，赞美他，认信他。这些都是善行。让这一切从一颗喜乐的心中流淌而出，因为你已经在基督里罪得赦免了。"

当我们在生命中面对十字架和患难的时候，我们存心忍耐。"基督的轭是轻省的，他的担子是容易的。"当罪已得到赦免，当可怕的重担已从良心上挪去，一名基督徒可以在基督里忍受任何事情。

可以对基督徒下一个简洁的定义：一名基督徒不是一个没有罪的人，而是一个因为他在基督里的信心，上帝不再记念他的罪的人。在大麻烦中，这一教义能够给我们的良心带来安慰。当一个人成为基督徒，他就在律法和罪之上。当律法控告他，当罪要使他心智失丧，基督徒就当仰望基督。一个基督徒是自由的。他除了基督以外没有别的主人。一个基督徒比整个世界还要大。

2:16 连我们也信了基督耶稣，使我们因信基督称义。

真正成为一名基督徒的道路是因着在耶稣基督里的信心而称义，而不是凭着律法的功劳。

我们晓得我们也必须教导善工，但是善工的教导必须放在其合宜的次序中，就是当我们所谈论的是行为，而不是称义的教义之时。

现在就有了一个问题，我们是借着什么方式称义的呢？让我们同保罗一起回答说："我们是惟独藉着在基督里的信心被称为义，并不是出于善工。"我们并不是要摒弃善行。绝不是这样。但是我们不允许自己从救恩的停泊之处被挪开。

律法是良善的。但是当我们讨论称义时，我们不能把律法拽进来。当我们谈论称义时，我们应当谈论基督和他所带给我们的一切益处。

基督不是警察局长。他是"上帝的羔羊，除去世人罪孽的"。（约1:29）

2:16 使我们因信基督称义，不因行律法称义。

我们并不是说律法是不好的。我们只是说它不能使我们称义。若要与上帝和好，我们需要一位远比摩西或律法更美的中保。我们必须知道我们自己什么也不是。我们必须清楚，我们只是在基督里的产业的受益者和接受者。

至此，保罗的话是就彼得而言的。现在，保罗转向加拉太人，作了以下的总结：

2:16 因为凡有血气的，没有一人因行律法称义。

当保罗提到"有血气"（flesh，也可译为"肉体"）一词，他并不是用来指显明的罪。对那一类罪,保罗会直接称它们的名字,如奸淫、淫乱等。保罗所说的"肉体",就是主耶稣在《约翰福音》第3章中的意思,"从肉身生的,就是肉身"。(约3:6)"肉身"在这里意味着人的整个本性,包括理性与本能。"这个肉身,"保罗说,"是不能因行律法而称义的。"

教皇一党不信这个。他们说:"一个做出这样或那样善行的人,他的罪配得赦免。一个遵从这样或那样宗教规范的人,有永生的应许。"

在我看来,教会长期被各样的异端包围,却能一直存活下来,这真是一个奇迹。上帝必然是呼召了一些人,因着他们发现在自己里面找不到任何良善以面对上帝的忿怒与审判,他们便单单投靠基督的受苦与受死,并且因着这单纯的信心而得救。

然而,上帝惩治了那些藐视福音与基督的教皇党人,就是把他们交给败坏的心智,在此心智中,他们拒绝福音,他们以极大的乐趣接受各种可憎的规矩、仪式和人的传统,胜过上帝的话语,乃至他们走到了禁止婚姻这一步。上帝公义地惩治了他们,因为他们亵渎了上帝的独生儿子。

那么,这就是我们的结论:"凡有血气的,没有一人因行律法称义。"

2:17 我们若求在基督里称义,却仍旧是罪人,难道基督是叫人犯罪的吗?断乎不是!

我们或者不能靠基督称义,或者不能靠律法称义。事实是,我们是靠基督称义。这样,我们就不是靠着律法称义。如果我们靠着行律法称义,或者在靠着基督称义之后,我们认为我们必须靠着律法才能进一步称义,这样我们就把基督转变成了一位立法者和罪的职事。

"这些假使徒们在做什么?"保罗叫道,"他们把律法变为恩典,把恩典变为律法。他们把摩西变成基督,把基督变成摩西。通过教导除了基督和他的义,行律法对于救恩也是必须的,他们就把律法放在了基督的位置上，他们赋予律法拯救的能力，而这能力是单单属于基督。"

教皇党人引用基督的话："你若要进入永生，就当遵守诫命。"（太 19：17）他们用主自己的话来否认基督并废除在他里面的信心。他们令基督失去他的美名、职分和荣耀，并且把他降格为一个四处谴责、恐吓和追捕可怜罪人的执法者。

基督正确的职分是救拔罪人，并且把他们从罪中释放出来。

教皇党人和重洗派嘲笑我们，因为我们如此认真地倚靠信心。他们说"信心使人无所顾忌"。这些律法的工人们只会忙于把人从洗礼、信心、基督的应许引离，带入律法。对于信心，他们懂得什么呢？

直到今日，这些说谎的毁坏分子们继续以他们的教义损坏基督的恩惠。他们夺去了基督作为使人称义者的荣耀，把他放到一个罪的职事的角色里。他们就像假使徒们一样。在他们中间没有一个人明白律法和恩典之间的区分。

我们可以做出这样的区分。此地此刻，我们不是要讨论我们是否应当做善工，或者律法是不是良善的，或者我们是否要保留律法。在别的时间我们会讨论这些问题。我们现在所关注的是称义。我们的敌人拒绝作这样的区分。他们所能叫嚷的就是我们应当行善。我们知道这一点。我们知道我们要做善工，但是我们会在合适的时间谈论它。现在我们谈论的是称义，在此处善工甚至不应屡屡提起。

保罗的论述常常安慰我。他理论道："如果我们这些靠着基督称义的人被算作不义，那么又何必寻求在基督里的称义呢？我们若是靠着行律法称义，告诉我，那么基督藉着他的死、他的传道、他对罪和死的得胜，又成就了什么呢？我们或者靠基督称义，或者因他成为更糟的罪人。"

圣经里面，特别是新约部分，常常提到基督里的信心。"凡信靠他的人便必得救，不至灭亡，会有永生，不再被定罪，等等"。我们的敌人公然与圣经作对，错误地引用经文说："信靠基督的被定罪，因为他有信心但没有善工。"我们的敌人将一切黑白颠倒。他们使基督成为一个杀人者，使摩西成为救主。这难道不是可怕的亵渎吗？

2:17 难道基督是叫人犯罪的吗？（原文直译：难道基督是罪的职事吗？）

这是希伯来语的表达方式，保罗也在《哥林多后书》第3章中使用过。在那里保罗提到两种职事在好几个方面的对比：字句的职事和属灵的职事；律法的职事和恩典的职事；死的职事和生的职事。保罗说："摩西是律法、罪、愤怒、死和定罪的职事。"

若有人教导善行是得救必不可少的，教导一个人必须忍受患难并效法基督和众圣徒的榜样才能得着天国，他就是一个律法、罪、愤怒、死的职事，因为良心告诉我们，一个人若要成全律法是如何的不可能。甚至对有圣灵的人，律法都能够带来麻烦。那么对没有圣灵的恶人，律法有什么不能做的呢？

律法要求完全的顺服。它将所有不能成就上帝旨意的人定罪。但是请帮我找一个能做到完全顺服的人来看看。律法不能使人称义。它只能按着这句经文所说的给人定罪："凡不常照律法书上所记一切之事去行的，就被咒诅。"

保罗称律法的职事为罪的职事是合乎道理的，因为律法显明了我们的罪性。对罪的觉悟反过来使人心惊恐，并将其驱至绝望。这样，所有律法和善工的倡导者应当被称为专制者和压迫者。

律法的目的是显明罪。这一点可以从《出埃及记》第19章和第20章有关律法颁布的过程的记叙中看出。摩西把百姓从营中带出来，上帝要在密云中对他们说话。但是众人尽都发颤、逃开，远远地站着。他们祈求摩西说："求你和我们说话，我们必听，不要上帝和我们说话，恐怕我们死亡。"律法合宜的职事就是把我们从营中带出来，换句话说，就是把我们从自信的安全感中带出来，带到上帝的面前，这样我们就可以感受他对我们罪性的震怒。

若有任何人说单单在基督里的信心不足以使人称义，他就是把基督变成了一个罪的职事，一个律法的教师，以及一个要求我们做不可能之事的残忍的独裁者。所有在功德里寻求的人把基督当作了一位新的律法颁布者。

总结：如果律法是罪的职事，那么与此同时，它就是愤怒和死亡的职事。当律法显明罪，它就使人心中充满对死与定罪的恐惧。最终，良心苏醒过来，意识到上帝的愤怒。若上帝对你发怒，他将会毁灭你并且将你永远定罪。许多人不能承受上帝的愤怒与审判这种想法，就采取了自杀。

2:17 断乎不是！

基督不是罪的职事，乃是义的赐予者和生命的给予者。基督是在律法、罪和死之上的主。所有信他的人就从律法、罪和死中得到了释放。

律法使我们远离上帝，而基督使我们与上帝和好，因为他是"上帝的羔羊，除去世人罪孽的"。如果世人的罪都能被除去，那么我的罪也被除去了。如果罪被除去了，那么上帝的愤怒和定罪也就都除去了。让我们常常操练这有福的确信。

2:18 我素来所拆毁的若重新建造，这就证明自己是犯罪的人。

"我传道不是为了最后重新建造我所拆毁的事情。如果我这样做，不仅我所做的成为徒然，而且我会使我因犯下大错而负罪。藉着福音的职事，我摧毁了罪、心灵的重担、愤怒和死亡。我已经废去了律法的咒诅，这样它不会再搅扰你的良心。难道我现在要重新建立律法，设立摩西的规条吗？若我鼓吹割礼和遵行律法是得救所必须的，那么这恰恰就是我要做的。这样我重新建造了罪和死，而不是义与生命"。

靠着上帝的恩典我们知道我们是唯独借着在基督里的信心而称义。我们不会把律法和恩典、信心与善工混在一起。我们把它们清楚地分开。让每一个真正的基督徒都能够将律法和恩典区别开来,而且明显地区别开来。

我们不要像那些修士一样把善工扯到称义的教义里面,他们坚持除了善工,还有作恶之人为所作之恶经受的惩罚,都可以为我们赚取永生。当一个罪犯被带到行刑之处的时候,一个修士会这样来安慰他:"你要甘心、忍耐地去死,那么你就会赚得罪的赦免和永生。"当一个绝望的窃贼、谋杀犯或强盗在他极度的痛苦中,如此地被引入歧途;当他在临死的一刻,不能听到基督甜蜜的应许,却被引诱去盼望他只要甘心忍耐地为自己的罪行受死,他就能罪得赦免,这该是多么残忍的事情。这些修士为他指出的是一条通往地狱之路。

这些假冒为善者们根本不懂得任何关于恩典、福音或基督的事情。他们只是保留了福音与基督的名字和外表来作为诱饵。在他们的信仰告白中,信心和基督的功劳从未被提过。在他们的作品中,他们夸耀人的功德,就像在他们祈求赦罪的祷告中所显明的:

"上帝宽恕你,弟兄。主耶稣基督受难的功德,那永远童贞的有福之圣马利亚的功德,以及众圣徒们的功德;还有你所在修会的功德,你的刻苦己身,你所显明的谦卑,你心灵的忧伤痛悔,以及你出于对主耶稣基督的爱所做的一切善工,这一切都供你支取,以获得罪的赦免,使你的价值和恩惠加增,并得到永生的奖赏。阿们!"

没错,在这个求赦罪的标准祷告中提到了主耶稣基督的功德。但如果你更仔细观察,你会发现在这个祷告中基督的功德是怎样地被弱化,而修士们的功德是怎样地被放大。他们在嘴唇上告白主耶稣,但同时否认他具有拯救的能力。我自己曾一度陷在这个错谬之中。我把基督想成一个法官,而我必须通过严格执行我所在修会的规条来取悦他。但是现在我感谢上帝,就是赐一切安慰的父神,他召我出黑暗进入到他荣耀福音的光中,并且赐给我耶稣基督使我得救的知识。

我们和保罗一同下结论,我们是因着在基督里的信心称义,不是出于行律法。一旦一个人被基督称义，他不会结不出善行的果实，却要像一株好树，不断结出好果子。一个信徒是有圣灵的，而圣灵不会使他闲散，却要使他做工，激励他热爱上帝，激励他在患难中心存忍耐、祷告、感恩并养成以恩慈来待所有人的习惯。

2:19 我因律法，就向律法死了，叫我可以向神活着。

我们可以在圣经里面常常遇见这样喜乐的宣告，特别是在保罗的书信之中，当他说律法对应了律法、罪反对了罪、死胜过了死、地狱被释放来反对地狱时，就如经上所说："你已经掳掠了那掳掠者。"（诗68:18，钦定本）"死亡啊，我要成为你的灾害；阴间啊，我要成为你的毁灭"。（何13:14，钦定本）"成为罪身的形状，作了赎罪祭，在肉体中定了罪案"。（罗8:3）

在这里保罗以律法来对应律法，他仿佛在说："摩西的律法给我定罪；但是我有另一个律，就是恩典与自由的律，这律给摩西律法的咒诅定了罪。"

乍一看保罗好像是在宣传一个新奇而又险恶的异端思想。他说："我向律法死了，叫我可以向上帝活着。"假使徒们说的恰恰是相反的话。他们说："如果你不向律法活，你就向上帝死了。"

我们今天的对手所持的教义很像保罗年代假使徒们的教义。我们的敌人教导说："如果你想要向上帝活，你必须向律法活，因为经上写着说，你这样做就必得生。"但是保罗却教导另一面说："我们不能向上帝活着，除非我们向律法死了。"如果我们向律法死了，律法对我们就没有任何权势。

保罗所言的并不只是礼仪性的律法，而是整个律法。我们不应当以为律法被废除了。律法继续存留着。它继续对不法之人起作用。但是一名基督徒向着律法是死的。例如，基督借着他的复活从坟墓中获得自由，然而坟墓仍旧存留。彼得从监牢中得释放，监牢却仍旧存留。就我们所关心的，当律法把人驱赶到基督的怀抱里面，它就止步了。然而律法继续存在，并且发挥作用。但是对我来讲，它已不复存在了。

"我与律法无关。"保罗呼喊道。他不能对律法之威信说出更具破坏性的话了。他宣告他不关心律法，他也不打算靠着律法称义。

向律法死也意味着从律法中得自由。那么，律法有什么权力咒诅我，或以任何事物来控告我呢？当你看到一个人在律法的捆锁中挣扎的时候，对他说："弟兄，搞明白。你使律法对着你的良心说话了。让它对你的肉身说话。醒过来吧，信靠主耶稣基督，律法与罪的征服者。在基督里的信心会把你高举过律法，而使你进入恩典的天堂。虽然律法和罪仍存留，但它们已不再令你焦虑，因为你已经向律法和罪死了。"

在忧伤中懂得如何使用这一真理的人有福了。他可以交涉。他可以说："律法先生，继续随你喜欢地咒诅我吧。我知道我犯过许多罪，并且在每一天中我继续犯罪。但是这并不能搅扰我。无论你的声音多响，律法先生，你知道，我对此是耳聋的。随便你说，但我向你是死的。如果你想和我谈论我的罪，去和我的肉体谈。对此好好想一下吧，但是不要对我的良心谈。我的良心是一位女士和王后，与你不相干，因为我的良心向基督活着，活在另一个律之下，这是一个新的和更美的律，就是恩典的律。"

我有两个提议：向律法活，也就是向上帝死。向律法死，也就是向上帝活。这两个提议是违反理性的。没有一个律法的工人能明白。但是仔细思想，你会明白它们。律法绝不能使人称义并拯救人。律法只能咒诅、恐吓和杀死一个人。这样，向律法活就是向上帝死。反过来，向律法死就是向上帝活着。如果你想向上帝活着，就埋葬律法，并找到在基督耶稣里的生命。

我们已经做了足够多的论述来说明我们唯独靠着信心称义。如果保罗这么清楚直白地说，若我们想要向上帝活，就必须向律法死，那律法怎会影响我们的称义呢？如果我们向律法死了，律法也向我们死了，律法怎么可能对我们的称义有任何贡献？我们唯有靠着信心称义，除此以外别无出路。

这第19节经文充满了安慰。它使一个人在各样的危险面前得以坚固。它允许你这样论辩说：

"我承认我犯了罪。"

"那么上帝会惩罚你。"

"不，上帝不会。"

"为什么不会？难道律法不是这样讲的吗？"

"我与律法不相干。"

"怎么会这样？"

"我有另一个律，就是自由的律。"

"'自由'？什么意思？"

"基督的自由，因为基督已经把我从压制我的律法之下释放了出来。那律法现在已进入监狱，成为自由与恩典的俘虏。"

借着在基督里的信心，一个人能够得到如此确实和坚实的安慰，他不必害怕魔鬼、罪、死或任何邪灵。"魔鬼先生，"他可以说，"我不怕你。我有一个朋友名叫耶稣，我信靠他。他已经为我废弃了律法的咒诅，给罪定了罪，消灭了死亡，摧毁了地狱。他比你更大，撒旦。他已经打败了你，制服了你。你不能再伤害我。"这就是胜过魔鬼的信心。

保罗处置了律法。他看待律法，就好像它是贼和强盗一样。对于良心而言，保罗看待律法，就仿佛它是可轻蔑的。为了使信靠基督的人可以有勇气直面律法，他说："律法先生，我是一个罪人。你又能怎么样呢？"

或以死为例。基督从死里复活了。所以我们为什么要害怕坟墓呢？为对付我的死，我有另一个死①，或者说是生命，就是我在基督里的生命。

---

① 耶稣基督的死以及我与主的同死。——中译者注

噢，耶稣甜蜜的名字！他被称作胜过律法的我的律法，胜过罪的我的罪②，胜过死的我的死。翻译过来，就是说，他是我的义，我的生命，我永远的救恩。就是为此，他成为律法的律法，罪的罪，死的死，这样他可以把我从律法的咒诅之下赎买出来。他允许律法来咒诅他，允许罪来定他罪，允许死来攫取他，以为我废掉律法的咒诅，给罪定罪，并且摧毁死。

保罗以如此特别的方式来讲说，要远比他这样说——"我因自由就向律法死了"——更为甜美。保罗说"我因律法就向律法死了"，以这样的方式，他以一个律应对了另一个律，用争战解决了争端。

保罗以高妙的方式把我们的注意力从律法、罪、死和每一样邪恶上转移开，从而定睛在基督身上。

2:20 我已经与基督同钉十字架。

基督是在律法之上的主，因为他向律法而被钉死在十字架上。我也在律法之上，因为借着信心，我与主一同钉在十字架上。

保罗在这里所说的并不是把身体钉在十字架上，而是指向更高的层面，即罪、邪恶和死被钉死在基督里面，被钉死在我里面。借着我的信心，我与基督同钉十字架。于是，这些邪恶对我就被钉死了，是死的了。

2:20 现在活着的。

"我并不想给人留下一个印象，就是在此之前我不曾活着。但事实上，我现在才真正开始活着，因为我已从律法、罪和死中得到了释放。与基督同钉十字架并向律法死了，我便复活过来，有一个新的、更美的生命。"

---

② 《哥林多后书》5:21 说："上帝使那无罪的，替我们成为罪。"——中译者注

我必须注意保罗说话的方式。他说我们被钉死，向律法死了。事实是，律法被钉死，向我们死了。保罗特意这样说，是为了加添我们的安慰。

2:20 不再是我。

保罗解释了什么构成基督徒真正的义。真正的基督徒的义是基督的义，他活在我们里面。我们必须不看我们自身。基督和我的良知要成为一，这样除了基督为我钉十字架并从死里复活，我看不到别的。如果我坚持看我自己，我便失去我自己。

如果我们不定睛于基督，而开始思考我们自己的过去，我们便会不存在。我们必须定睛在钉十字架的基督这铜蛇身上，并且全心地信靠他是我们的义和我们的生命。我们定睛在基督身上，我们在他里面活，他在我们里面活，他是超过律法，胜过罪、死和一切邪恶势力的主。

2:20 乃是基督在我里面活着。

使徒保罗开始讲"我活着"，但现在他又纠正自己说："然而不再是我，乃是基督在我里面活着。"他是我成圣的模范。他是我信仰的具体体现。

因为基督现在在我里面活，他就在我里面除去了律法的咒诅，判决了罪，并且灭绝了死亡。这些仇敌在他的面前消失了。住在我里面的基督驱逐了各样的罪恶。与主的联合把我从律法的控告下释放出来，并且把我和有罪的自我分开。只要我住在基督里面，便没有任何事能害我。

基督住在我里面，老亚当必须留在外面，仍旧在律法之下。想一想在我里面有怎样的恩典、义、生命、平安和救恩，这乃要归功于通过信心所带来的基督与我不能分隔的联合。

保罗以一种特别的、从天而来的方式说话。他说："我活着，但不是我活着；我死了，但我没有死；我是一个罪人，我又不是一个罪人；我有律法，但我又没有律法。"当我们看我们自己的时候，我们发现无数的罪。但是当我们看基督的时候，我们没有罪。什么时候我们自身与基督分离，我们就活在律法之下而不是在基督里；我们就被律法定罪，向上帝是死的。

信心使你如此亲密地与基督联合在一起，以至于他与你仿佛一个人一样。这样你可以大胆地说："我现在与基督联合，这样，基督的义、得胜与生命就是我的。"另一方面，基督也可以说："我就是那个大罪人。他的罪和他的死成为我的，因为他与我联合，我与他联合了。"

无论我们什么时候传扬罪得赦免，人们就会根据《罗马书》3:8 所说的"让我们作恶以成善吧"来曲解这一真理。一旦人们听到我们不是靠行律法称义，他们就会恶毒地推断说："既是这样，就让我们丢弃律法吧。如果罪在哪里显多，恩典就在那里显多，就让我们在罪上显多吧，这样恩典可以更加显多。"这样推理之人是鲁莽的。他们玩弄圣经，诋毁圣灵的教导。

然而，也有其他一些人，他们并不是恶意的，而只是很软弱，当他们听到律法和善行对得救来讲并不是必需的时候，他们会觉得受到冒犯。对这样的人，我们必须引导他们明白为什么善行不能使人称义，以及我们要以怎样的动机来行善。善行不是称义的原因，乃是称义的结果。当我们得称为义的时候，我们才能够并且乐意行善。是树生出果子，不是果子生出树。

2:20 并且我如今在肉身活着，是因信上帝的儿子而活。

保罗并没有否认他活在肉身之中这一事实。他发挥肉身的自然功能。但他说这不是他真正的生命。他活在肉身当中，却不随从肉身而活。

"我因信上帝的儿子活着，"保罗说，"我的言语不再由我的肉身支配，而是由圣灵支配。我的目光不再由肉体掌管，而是由圣灵掌管。我的听力不再由我的肉身决定，而是由圣灵决定。若没有肉身的功能，我无法教导、写作、祷告或感谢；然而这些行为不是从我的肉身发出来的，而是从上帝来的。"

一名基督徒也像世人一样使用地上的东西。从外表看来，他和世人都一样。然而他们与世人之间有巨大的区别。我可以在肉身活着，但我不是为肉身而活。我现在是因信上帝的儿子而存活。保罗在悔改前后有着同一副嗓音和同一个舌头。在悔改之前，他的舌头是说亵渎的话。但悔改之后，他的舌头是说属灵的、属天的话语。

我们现在就可以懂得属灵生命是如何产生的了。它以信心进入人的心中。基督以他的圣灵在人心中掌权，他在我们里面，透过我们来看、来听、来说话、来工作、来受苦、来做一切的事，并胜过肉体的抗议与反对。

2:20 他是爱我，为我舍己。

世故的教皇党人断言，远在恩典进入到一个人心里之前，他凭着天生的能力就能够爱上帝，并且践行真正的功德。他们相信他们能够成就上帝的诫命。他们相信他们所做的能超过上帝所期望的，这样他们就可以把自己多余的功德卖给平信徒，既救自己，又救别人。他们不能救任何人。相反，他们废弃了福音，他们藐视、否认和亵渎了基督，并且为自己引来上帝的震怒。这就是他们应得的，因为他们活在自己的义中，没有活在对上帝儿子的信心中。

教皇党人会告诉你，尽你自己的所能去行事，上帝就会将他的恩典赐给你。他们有一首歌唱道：

　　上帝不会要求一个人，
　　超过他所能做到的。

这话也许对日常世俗生活是成立的。但是教皇党人把它应用到属灵的领域,在那里一个人除了犯罪不能做出别的,因为他已经是卖给罪了。

我们的对手甚至比这走得还远。他们说,人的本性是败坏的,但是人本性的特质没有受到污染。我们再一次说:这或许对每日生活来讲是成立的,但是在属灵的范畴不成立。就属灵之事而言,人本性在意志和理性上都充满了黑暗、错谬、无知、恶毒和变态。

基于此,保罗宣告,是基督开始的一切,而不是我们。"他爱我,为我舍了自己。他在我们里面找不到任何正确的心智和良善的意志。但是慈爱的主怜悯了我。出于纯粹的仁慈他爱了我,如此爱我以至于他把自己舍了给我,使我从律法、罪、邪恶、死亡中获得自由。"

"他是爱我,为我舍己",这样的话语对于从律法来的义而言,是从天上来的霹雳与惊雷。那在我的理性和意志中的邪恶、错谬、黑暗和无知是如此的巨大,以至于除了基督之死那无法度量的赎价,绝不可能有任何别的途径来拯救我。

让我们思想这代价。当你晓得有如此巨大的代价为你而付出,你还会倚靠你的修士服、你剃净的头、你的贞洁、你的顺服、你的受贫穷、你的善工和你的德行吗?你靠着这些担子能得着什么呢?比起上帝的儿子死在十字架上所承受的苦楚,所有人的努力,所有殉道者受的一切痛苦又能做什么呢?不是主的一滴血,而是其所有的宝血都为你的罪而流。如果你能正确地审视这一不可度量的赎价,你就会把你一切的礼仪、起誓、善工和功德丢进垃圾箱里。与上帝和好要让他的独生子付上受死和流血的无量代价,你若认为有任何一种善行能使上帝满足,那该是何等的放肆和自以为是呢!

2:20 为我。

这个"我"是谁呢?我,可怜的、该受咒诅的罪人,又是上帝所爱的儿女。如果我可以凭着善工或功德去爱上帝的儿子并且就近他，他为什么要为我舍了他自己呢？这说明了教皇党人是怎样地忽略了圣经，特别是信心的教义。如果他们注意到了这几处经文，即上帝的儿子为我死是绝对必须的，他们就永不会发明出那许多邪恶的异端邪说。

我总是讲，除了称义的信条，没有别的方法来应对这些异端，没有别的力量能抵挡他们。如果我们失去了这一信条，我就永不能打败错谬和异端。他们如此鼓吹善工和功德究竟是为了什么？如果我这个罪人能够靠着别的代价被赎买回来，为什么上帝的儿子还要把他自己舍给我？正因为天上地下没有任何别的代价足够好且足够大，上帝的儿子必须来拯救我。他出于对我极大的爱而为我舍己，因为使徒保罗说："他是爱我。"

律法爱过我吗？律法曾为我牺牲吗？律法曾为我死吗？相反，它咒诅我，它恐吓我，它令我发疯。有另外一位把我从律法、罪和死之下救了出来，进入永生。那一位就是上帝的儿子，颂赞和荣耀归给他，直到永远！

如此，基督不是摩西，不是暴君，不是律法颁布者，乃是恩典的赐予者，是满有怜悯的救主。总之，他乃是无限的恩慈与无法言喻的良善，丰丰满满地把他自己给了我们。让我们将主的这些真性情活画在心里。这并不是一件容易的事情。就是今天在福音四射的光中，我仍然很难如保罗所描绘的那样认识基督。基督是律法的颁布者这一病态的观念是如此深地渗入我的骨子里。你们年轻人应该比我们这些老人要好多了。你们从来没有被这极恶的错谬污染过，而我整个的青年时代都是被这观念喂养着，直到我一听到基督的名字就害怕得发抖。我说你们这些年轻人啊，你们要在他一切的甘甜上学会认识基督。

基督原是破碎心灵的喜乐与甘甜。基督爱可怜的罪人，如此爱我们以致将自己舍了给我们。如果这是真的，这也确是真的，那么我们就永不是靠着自己的义得以称义。

读"我"和"为我"的时候，要特别加重语气。把这个"我"用大写印在你的心中，永不怀疑你自己属于这个"我"所代表的那一群人。基督不仅爱保罗和彼得。他也以爱他们的爱来爱着你我。如果我们不能否认我们是罪人，我们就不能否认基督为我们的罪死了。

2:21 我不废掉上帝的恩。

保罗现在准备进入他书信第二部分的争辩，为要说明寻求行律法称义就是弃绝了上帝的恩典。我问你，还有什么罪比弃绝上帝的恩典、拒绝基督的义更可怕呢？我们是邪恶的罪人，违背了上帝一切的诫命，这已经够糟糕的了；在此之上，又拒绝上帝的恩典和基督所提供给我们的罪的赦免，这是所有罪中最大的罪，是罪中之罪。这已经到极限了。没有比蔑视上帝在基督里的恩典更令保罗和其他使徒憎恶的罪了。可是也没有比这个更常见的罪了。这就是为什么保罗对敌基督是如此的气愤，因为他漠视基督，丢弃上帝的恩典，拒绝基督的功劳。你还能怎么描述这样的行为呢，这就是在基督的脸上吐唾沫，把基督推到一边，篡夺了基督的宝座，还说："让我来使你们这些人称义吧；我可以救你们。"怎么救？通过弥撒、朝圣、特赦和功德，等等。这就是敌基督的信条：光靠信心还不够，还要加上善工。敌基督以这一可憎的信条，毁坏、涂黑和掩埋了基督的益处，并且建立起善工的教义和仪式的国度，取代了基督的恩典和他的国度。

当我们遵行律法是为了称义时，我们就是蔑视了上帝的恩典。律法是良善的、圣洁的、有益的，但是它不能使人称义。为着称义守律法就是废掉了上帝的恩，就是否认了基督，就是藐视了他的牺牲，就是失丧。

2:21 义若是藉着律法得的，基督就是徒然死了。

基督死了，还是没有死？基督的死有价值，还是没有价值？若他的死是有价值的，随即的结论就是称义不从律法而来。基督为什么要降世呢？他为什么被钉死在十字架上呢？他为何受苦呢？他为何爱我并为我舍己呢？若义是借着律法而来，那这一切就变得毫无意义。

或者你以为上帝没有顾念他儿子的性命，为我们把他交于死地，只是出于好玩？要让我承认这以前，我先要把一切圣徒和天使的神圣扔进地狱里。

废掉上帝的恩典是常见的罪，这样的人有罪是因为他们在自己和自己的行为里面看到了义。教皇就是这一过犯独一的始作俑者，他不满足于毁坏基督的福音，还将其可咒诅的传统充满这个世界，如他的训谕和赎罪券。

我们总要和保罗一同申明，或者基督徒然死了，或者律法不能使我们称义。但是基督并没有徒然受死或受苦。而律法也不能使人称义。

若我的得救是如此之难，以至于基督的死是必须的，那么，我所有的善工、行律法所有的义，都成为无用。我怎么能用一分钱买一样价值一百万元的东西呢？和基督相比，律法的义不过值一分钱。难道我是这么愚蠢，以至于拒绝不用我花一分钱的基督的义，却要像一个傻子一样地劳作，去取得上帝所鄙视的律法的义吗？

从刚才的分析中可以看出，人自己的义是对上帝恩典的藐视和废弃。这是无以复加的冒犯。说一个人徒然死了是一个羞辱，那么说基督徒然死了就是致命的羞辱。说基督徒然死了，就是说他的复活、他的得胜、他的荣耀、他的国度、天堂、地土以及上帝自己，都是无意义和无益的。

这足以使人坚决地反对律法而来的义以及人一切自义的装饰，包括修道院、修士以及他们的种种迷信。

一个人若知道正是他自己的誓词、他的修士袍、他剃光的头顶、他留的胡须，是的，还有摩西律法，使人废弃上帝的恩，拒绝基督的受死，那他怎么会不憎恶这些呢？废掉上帝的恩典，蔑视基督的受死，这看起来是多么可怖的邪恶，它怎么会进入到一个人的内心呢？然而这一恶行实在是太常见了。让我们警醒吧！任何人想要寻找基督以外的义——或者是借着善工、功德、自满和行为，或者是借着律法——就是废掉了上帝的恩，蔑视了基督的受死。

第 三 章

3:1 无知的加拉太人哪。

使徒保罗显明了他对加拉太人的使徒般的关怀。有的时候保罗恳求他们，然后再一次责备他们，这和他自己对提摩太的建议是一致的："务要传道，无论得时不得时；责备人，警戒人，劝勉人。"

在讲论基督徒的义的过程中，保罗中断了一下，转而谈到加拉太人。"无知的加拉太人哪，"保罗说，"我已经带给你们真正的福音，而且你们也以热忱和感恩的心领受了。现在突然之间你们放弃了福音。你们是怎么了？"

当保罗说加拉太人无知、被迷惑、不顺服时，他是在相当严厉地指责他们。保罗是生气还是难过，我们无从知晓，也许两种心情他都有。劝诫交付给他的人群是一位牧师的职责。当然，他的怒气一定不是来自恶意，而是来自关爱和一份对基督真正的热心。

毫无疑问，保罗是很失望的。当保罗想到他的加拉太人根基如此的不稳固，他就感到很难过。我能听到他说："听到你们遇到的麻烦我很难过，也为你们在其中所扮演的不光彩的角色感到失望。"

在使徒保罗称呼加拉太人的时候，我们能够注意到他刻意与他们保持着某种距离并显得有点冷淡。他并没有像通常那样称他们为弟兄。他称他们为加拉太人是为了提醒他们，其民族特性就是无知。①

---

① 加拉太一词的希腊文词根有无知和易变的意思，而居住在加拉太地区的人便是以不安分、好斗和易变而出名。——中译者注

一些恶习常常能抓住个体的基督徒或全体会众，在这里我们就能看到其中的一个例子。恩典不会一瞬间就把人转变为一个全新的、完美的受造物。旧我以及天然败坏本性的渣滓仍有存留。上帝的恩典不会使人的缺陷一下子就得以克服，成圣需要时间。

虽然加拉太人借着信仰的宣讲蒙受了圣灵的光照，但是他们民族无知的劣根性和他们起初的败坏仍旧紧紧地抓住他们。一个人不要以为一旦领受了信仰，他马上就能够成为一个无瑕疵的受造物。无论他成为一个多么好的基督徒，他旧有恶习的影子仍会存留在他身上。

3：1 谁又迷惑了你们，以至你们不再顺从真理？（后半句和合本中无，英译本的经文是根据钦定本：that you should not obey the truth）

保罗称加拉太人是无知的和受迷惑的。在第 5 章里，他把邪术算作情欲的事，宣称巫术与邪术都是魔鬼工作真实的显明和它当然的活动。我们都暴露在魔鬼的影响之下，因为它是我们当下所在世代的神与王。

撒旦很狡猾。它不仅仅用很残忍的手段来迷惑人，也以非常艺术的手段来迷惑人。它以邪恶的谬论来折磨人的心智。它不仅能迷惑那些信靠自我之人，甚至也能迷惑那些认信真正的基督信仰之人。我们中间的每个人都曾被撒旦迷惑，以至于相信了一些虚谎的道理。

这就是每一天中我们所要面对的争战。但是古蛇的攻击对我们来说并非没有益处，因为这些攻击坚固了我们的教义，并且加强了我们在基督里的信心。许多时候我们在与撒旦的争战中失败了，但是基督总是得胜的，并且还要一直得胜下去。不要以为只有加拉太人才会被魔鬼迷惑。我们当意识到我们自己也非常容易被撒旦迷惑。

3：1 谁又迷惑了你们呢？

在这句话里面，保罗原谅了加拉太人，但同时责备了假使徒们，而正是这些人使得加拉太人背道。保罗好像在说："我知道你们的背叛不是有意的。魔鬼差遣假使徒到你们中间,他们引诱你们,使你们相信你们是靠行律法称义。这封信就是努力除去假使徒们在你们身上造成的伤害。"

今天我们如同保罗,以上帝的道与重洗派的狂热分子争战,而我们的努力不是徒然的。问题是许多人并不听劝,他们不听道理、不听圣经,因为他们已经被狡猾的魔鬼所迷惑,把谎言当成了真理。

因为魔鬼有不同寻常的能力,能够使我们相信一个谎言,以至于我们可以起誓一千遍地说它是一个真理。所以我们不要骄傲,我们要存战兢和谦卑的心行事,并且呼求主耶稣救我们脱离试探。

虽然我是一位神学博士,并且传扬基督,为他打了很多年仗,但我从我个人的经历里知道,持定真理是非常难的事情。我也不总是能摆脱撒旦。我不总是能按着圣经所描绘的那样来认识基督。有的时候魔鬼在我的眼中歪曲了基督。但是感谢上帝,他在他的话语中,在我们的信心和祷告里保守了我们。

魔鬼的属灵邪术在人心中制造关于基督的错误认识。认为靠着行律法可以称义的任何人都是受了迷惑。他们所信的与真理和基督背道而驰。

3:1 以至你们不再顺从真理。

保罗指明加拉太人经历了最糟糕的失败。"你们被迷惑,乃至不再顺从真理。恐怕你们中间的许多人已经偏离到了一个地步,再也不能回归真理了"。

加拉太人的背道是对律法所投的赞成票。没问题,你可以热忱地宣讲律法;但是如果福音的宣讲不随着律法的宣讲,律法就永不能使人产生真正的归正和内心里的悔改。我们不是说宣讲律法没有价值,而是说宣讲律法可以使人彻底地认识到上帝的愤怒。律法使一个人俯伏下来。

而福音和在基督里信心的宣讲才能高举并拯救一个人。

3:1 已经活画在你们眼前。

我们能清楚地看到，当保罗提醒加拉太信徒已经背叛真理，抗拒保罗所清楚描绘给他们的基督时，他的态度变得更加严厉。保罗将基督如此活画在他们眼前，以至于他们几乎可以看到基督，并且触摸到他。保罗仿佛在讲："没有一个艺术家能用他的颜料像我这样，藉着讲道把基督生动地描绘给你们。可是你们竟使自己受了迷惑，以至于背离了基督的真理。"

3:1 在你们中间被钉十字架（钦定本中是：crucified among you. 和合本中无路德讲的这层意思）。

"你们不仅弃绝了上帝的恩，也可耻地在你们中间把基督钉十字架"。保罗使用了《希伯来书》中同样的语言，"因为他们把神的儿子重钉十字架，明明地羞辱他"。（来6:6）

保罗是在说，想要靠着行律法称义的人不仅否认了基督，也是将他重钉十字架，而他的这话足以令人惧怕。如果那些靠着律法和靠行律法的功劳称义的人把基督重钉十字架，那么我想要知道，那些想靠着自己污秽如抹布的善工之义而得救的人又如何？

还有比教皇党人更可怕的吗？他们一伙人在他们自己中间、在教会里、在信徒的心中，将主耶稣重钉十字架。

在教皇制所有病态和邪恶的道理中，最恶劣的是这个："如果你要服事上帝，你就要为自己赚得罪的赦免和永生，还要把你自己剩余的功德给别人，帮助他们得到救恩。"修道士、托钵修士[②]和他们中的其他所有

[②] 是修道主义末期（13世纪）出现的一种改革之后的修道方式，不仅此种修士过着极其贫穷的生活，修道院本身也不拥有任何财产；此类修士特别强调游行布道，并靠乞食为生。托钵修会主要有两个：多米尼克会（Dominicans）与圣法兰西斯会（Franciscans）。——中译者注

人都夸口，除了对所有基督徒正常的要求之外，他们还做了更多。这真是一个邪恶的幻想。

难怪保罗在劝加拉太人从假使徒们的教义中转回的时候，使用了如此严厉的语言。他对他们说："你们意识到你们做了什么吗？就在你们要靠律法称义的时候，你们将主耶稣重钉了十字架。"

是的，我们已无法再将基督的身体重钉十字架，但是什么时候我们弃绝了恩典、信心和白白的罪得赦免，却要靠着自己的善工和律法之工称义，什么时候基督就在我们里面被钉死了。

对那些自以为靠着行上帝律法可以拯救自己的人，保罗被他们表现出来的自义所激怒。他指控他们犯了将主耶稣重钉十字架这样重大的罪行。

3:2 我只要问你们这一件：你们受了圣灵，是因行律法呢？是因听信福音呢？

使徒保罗的这句话里，带有一种讽刺的意味。"自以为聪明的加拉太人，现在你们忽然变成了博士，而我反倒成了你们的学生，回答吧：你们领受了圣灵，是因行律法呢，还是因听信了福音呢？"这个问题可以使他们好好想一想，因为他们的经历与他们自己的做法相冲突。

"你们无法说你们是因行律法而受了圣灵。只要你们还是律法的奴仆，你们就不能领受圣灵。无论他是博士还是蠢材，从来没听说过一个人因着听律法而领受了圣灵。以你们自己为例，你们不仅背下了律法，而且竭力地去遵行它。如果能靠行律法而受圣灵，你们中间的大多数人都该领受了。但你不能向我显明曾发生过此事。然而一旦福音进入到你们中间，你们就因着听到它而领受了圣灵，这时你们还没有机会行一件善工。"路加在《使徒行传》中证实了保罗的论点："彼得还说这话的时候，圣灵降在一切听道的人身上。"（徒 10:44）"我一开讲，圣灵便降在他身上，正像当初降在我们身上一样"。（徒 11:15）

让我们试着去领会保罗论述中的力量，而这种力量频频现于《使徒行传》中。这卷书能够明确地证明保罗的断言，即圣灵降在人身上，不是因为律法的宣讲，而是因为福音的宣讲。当彼得在第一个五旬节宣讲基督的时候，圣灵降在听众的身上，"那一天，门徒约添了三千人"。哥尼流在彼得宣讲基督的时候受了圣灵。"彼得还说这话的时候，圣灵降在一切听道的人身上。"这些都是不能否认的真实经历。当保罗和巴拿巴回到耶路撒冷报告他们在外邦人中所成就的一切时，整个教会都感到稀奇，特别是当他们听到未受割礼的外邦人因为听到基督的福音就受了圣灵。

如今，上帝为没有律法的外邦人赐下圣灵，是单单凭着福音的宣讲，那么他将圣灵赐给犹太人，也不是因行律法，而是唯独借着信心。如果律法的义对救恩是必须的，那么圣灵就不会降在外邦人身上，因为他们与律法不相干。这样，律法不能使人称义，而在基督里的信心却能使人称义。

哥尼流的例子又是怎样的呢？哥尼流和他邀请到家里的朋友什么都没有做，只是坐着聆听。彼得在讲话，而他们只是坐着，没有做任何事。律法不在他们思考的范围内，他们也没有献祭，而且对割礼根本不感兴趣。他们唯一做的就是坐着听彼得讲道。突然间，圣灵就进入到他们的心中。圣灵的临在是毫无疑问的，"他们说方言，称赞神为大"。

这里我们讲到了律法和福音的又一个重要区别。律法不能带来圣灵，福音却带来圣灵作为赐福，因为福音的性质就是带来各样的赐福。律法和福音是两个相对的概念。它们有不同的功用和目的。把称义的功能加于律法就是对福音的剽窃。福音带来馈赠，它恳请你的手张开，接受白白赠送的礼物。律法什么也不能给你，它对你提出要求，是你根本做不到的要求。

我们的敌人总是以哥尼流的例子纠缠我们。他们指出，哥尼流"是个虔诚人，他和全家都敬畏神，多多周济百姓，常常祷告神"。因为这些善行，他靠着自己的功德就配得罪的赦免，以及圣灵的恩赐。我们的敌人是这样推理的。

我的回答是：哥尼流是一个外邦人。这你不能否定。作为一个外邦人，他是未受割礼的，而且也没有遵行律法。他从来不曾想过律法的事。即便如此，他仍然被称义并受了圣灵。律法怎么会为称义提供任何帮助呢？

我们的敌人并不就此善罢甘休。他们回应说："就算哥尼流是一个外邦人，而且不是因行律法而受的圣灵，可是经文清楚地说，他是一个虔诚人，敬畏上帝，多多周济穷人，常常祷告。难道你不认为他配得圣灵作为赏赐吗？"

我的回答是：哥尼流有族长们那样的信心，他们是因为盼望要来的基督而得救。如果哥尼流死在基督之前，他也能得救，因为他相信要来的基督。但是因为弥赛亚已经来了，哥尼流就必须认信这个事实。因为基督已经来到，我们就不能靠着相信将要来的弥赛亚而得救。我们就必须相信他已经来到。彼得来访的目的就是使哥尼流知道这样的事实：基督不再是盼望中要来的，因为他已经来了。

我们的敌人们争辩说，因为哥尼流是一个虔诚又公义的人，他就配得恩典和圣灵作为礼物，对此我们可以这样回应，哥尼流的这些德行正是一个已经信靠基督的属灵之人的特征，而不是一个外邦人或自然人的特征。路加首先称赞哥尼流是一个虔诚人，是敬畏上帝的，然后才提到那些善工，就是周济穷人和常常祷告。我们的敌人忽略了路加记载的次序。他们只是抓住这句话，"他多多周济穷人"，因为这句话可以为他们的论点服务，就是功德在恩典以先。事实上，哥尼流周济穷人，向上帝祷告，是因为他有信心；并且因为哥尼流的信心是相信将要来的基督，彼得就被托付去向哥尼流宣讲在基督里的信心，宣讲基督已经来到。这样的说法是足以令人信服的。哥尼流不是因行律法而被称义，这样，律法是不能使人称义的。

再举叙利亚人乃缦的例子，他是一个外邦人，不属于摩西的族类。但是他的身体得了洁净，以色列的上帝被启示给他，而且他也受了圣灵。乃缦宣告他的信心说："如今我知道，除了以色列之外，普天下没有神。"（王下5:15）乃缦不是什么也没做。他没有忙于行律法，也从未受割礼。这并不是说他的信心是静止的。他对先知以利沙说："从今以后，仆人必不再将燔祭或平安祭献与别神，只献给耶和华。唯有一件事，愿耶和华饶恕你仆人：我主人进临门庙叩拜的时候，我用手搀他在临门庙，我也屈身。我在临门庙屈身的这事，愿耶和华饶恕我。"先知怎么对他说的呢？"你可以平平安安地回去。"犹太人不喜欢先知这样说。他们叫道："什么？难道这个外邦人能够在行律法以外被称义吗？难道他能和我们这些受割礼的人一样吗？"

早在摩西的年代之前，上帝就在律法之外使人称义。他使埃及和巴比伦的许多王称义。他使约伯称义。尼尼微那座大城也被上帝饶恕，并且得到了上帝不会毁灭它的应许。为什么尼尼微城得到了饶恕呢？不是因为它满足了律法，而是因为它相信了上帝的话。先知约拿写道："尼尼微人信服神，便宣告禁食，从最大的到至小的都穿麻衣。"他们悔改了。在《约拿书》中，你找不到任何地方说尼尼微人接受了摩西律法，或受了割礼，或献了牲祭。

这一切都早在基督降生前就发生了。如果外邦人在行律法以外被称义，并且在律法仍然有效的时候领受了圣灵，那么为什么今天需要行律法才能使人称义，而且既然基督已经成就了律法？

然而许多人还是花费大量的时间为律法辛劳，为教父们所定的规条辛劳，为教皇所定的传统辛劳。这许多专家们，因为他们对规条和律法的高度专注，却使自己丧失了做任何工作——无论是好的，还是坏的——的能力。与此同时，他们的良心在基督里不得安宁，心里没有平安。但是在耶稣基督的福音触摸到他们的那一刻，确信、喜乐和正确的判断力临到了他们。

我有很好的理由在这一点上展开讨论。人的心灵很难相信，像圣灵这般宝贵的礼物，竟可以只是通过听信福音而被人领受。人们喜欢这样推理：罪得饶恕、脱离死亡、圣灵的赐予以及永生，是伟大之物。如果你想要得到这些无价的赏赐，你必须付出相应的巨大努力。而魔鬼会说："阿们！"

我们必须晓得，无论我们的罪性如何，罪得饶恕、基督和圣灵，都是在听信福音时白白赐给我们的。我们不要把时间浪费在思想我们是多么不配上帝这样的赐福一事上。我们当晓得上帝喜悦把他妙不可言的礼物赐给我们。如果上帝将他的礼物白白赐给我们，我们为什么不接受呢？我们为什么要为自己的不配而忧虑呢？我们为什么不以喜乐和感恩来接受这礼物呢？

而此时，我们愚蠢的理性又一次感到被冒犯了。它嘲笑我们："当你说一个人什么都不用做就可以得到上帝的恩典，你是在培养属肉体的安全感。人们会变得懒惰，不会去做任何善行。最好不要讲这个关于信心的教义。相反，应当敦促人们在善工中竭力操练自己，这样就好像圣灵就要降在他们身上了。"

当马大为许多的事思虑烦扰，几乎不能忍受看着她的妹妹马利亚仅仅坐在主耶稣的脚前听道时，主耶稣是如何对马大说的呢？主耶稣说："马大，马大！你为许多的事思虑烦扰，但是不可少的只有一件，马利亚已经选择那上好的福分，是不能夺去的。"一个人成为基督徒不是靠着善工，而是靠着听道。成为基督徒的第一步就是听到福音。当一个人接受了福音，就让他首先以喜乐的心感谢上帝，然后让他努力去做真正讨上帝喜悦的善工，而不是人为的、自选的工作。

我们的敌人认为信心是一件很容易的事情，可是我们从经验中知道，信靠是多么难的一件事情。以信心领受圣灵，是一件说起来容易，做起来很难的事情。

所有的信徒都经历了这一艰难。他们以完全的信心来拥抱上帝的道,然而他们的肉体却抵挡它。你已看到,我们的理性总以为单单靠着听信福音得到义、圣灵和永生是一件太容易、太廉价的事情。

3:3 你们既靠圣灵入门,如今还靠肉身成全吗?你们是这样的无知吗?

现在保罗开始警告加拉太人要小心双重的危险。第一个危险是:"你们如此无知,以致你们在圣灵中开始,却在肉身中结束吗?"

"肉身"代表理性之义,它要借着行律法来寻得称义。别人说我是在教皇制下以圣灵开始,却以肉身终结,因为最后我结了婚。他们十分滑稽,好像独身生活就是属灵的,婚姻生活就是属肉身的一样。一位基督徒丈夫的所有职责,包括爱他的妻子、养育儿女、治理家庭,都是圣灵的果实。

保罗也将律法之义称之为肉身之义,它根本无法使人称义,这样,那些靠圣灵入门而又失去圣灵的人,落入了律法之中,这完全毁灭了他们。

3:4 你们受苦如此之多,都是徒然的吗?

现在使徒保罗警告加拉太人,他们的另一个危险是:"你们受苦如此之多,都是徒然的吗?"保罗想说:"想一下你们有一个好的开始,却又失落了,再想想你们为福音的缘故和为基督之名的缘故所受的许多苦。你们承受了失去家业之苦,你们忍受了辱骂,你们渡过了许多身心灵的险境。你们为基督承受了很多的苦难,而且你们很忠心地做到了。但是现在你们失却了所有的东西:福音、信心和为基督受苦而有的属灵的益处。经历了这么多的苦难,却一无所得,这是多么凄惨的事情啊!"

3:4 难道果真是徒然的吗?

使徒保罗又进而想到:"难道果真是徒然的吗?我对你们没有完全失

去盼望。但是如果你们继续在律法中寻求称义，我想我需要正告你们，你们过去对上帝的所有真诚敬拜，以及你们为基督缘故所受的一切苦难，对你们而言都是于事无补的。我并不想使你们气馁。我实在希望你们悔改并改正。"

3:5 那赐给你们圣灵，又在你们中间行异能的，是因你们行律法呢？是因你们听信福音呢？

保罗在前面基于加拉太信徒经验的论证（靠着什么受了圣灵）让他自己感到很满意，于是在向他们提出了双重的危险警告之后，又回到了这一论证上。"你们不仅靠着听信福音受了圣灵，而且你们也是靠着同样的福音才能够做事。"我们会问："什么事呢？"那就是异能。至少加拉太信徒已经显出了引人注目的信心的果实，这是在那时福音的真信徒身上所彰显出来的。在另一处使徒保罗写道："上帝的国不在乎言语，而在乎权能。"这个"权能"呈现出来，不仅是在言语的能力上，也是在圣灵超自然能力的彰显上。

当我们本着信、望、爱与忍耐来宣讲福音，上帝就赐下他行奇事的灵。保罗就此提醒加拉太人："借着宣讲福音，上帝不仅把你们带入信心，他也使你们成圣，结出信心的果实。你们信心的果实之一就是你们如此真挚地爱我，以至于你们就是把自己的眼睛挖出来给我都是情愿。"如此真挚地爱一个弟兄，以至于为了他的救恩，随时可以付出金钱、财物和身体上的代价，这样的爱是圣灵的果子。

使徒保罗提醒加拉太人："在假使徒们把你们带偏之前，你们享有这些圣灵的果实。但是在律法的体系之下，你们还没有彰显出任何这样的果实。你们现在不再长出这些果子了，怎么会这样呢？你们不再真实地教导了；你们不再勇敢地相信了；你们不再健康地活了；你们不再殷勤地做工了；你们不再耐心地忍受了。谁使你们变心不再爱我了呢？你们现在不再情愿为我把自己的眼睛挖出来了吗？是什么使你们失去了对我的个人情谊呢?"

同样的事情发生在我身上。当我开始传讲福音的时候,有许多甚至可以说太多的人喜欢我们的教义,并且对我们印象良好。可是现在?教皇党人成功地将恶名加在我们身上,使原先爱我们的人现在恨我们就像恨毒药一样。

保罗辩论道:"你们的经历应当告诉你们,爱的果子不是长在律法的树桩上。在你们听到福音之前,你们没有美德。你们现在在假使徒的体系下,也没有任何的美德。"

对那些自我标榜为"福音人士"却藐视他们新得的自由的人,我们也可以对他们说:你们离弃教皇的专制并获得基督里的自由,是通过重洗派和其他的狂热分子呢,还是通过我们所宣讲的福音?如果他们里面还有一点诚实,他们必须承认,他们的自由是从宣讲福音那一天开始的。

3:6 正如"亚伯拉罕信神,这就算为他的义"。

使徒保罗现在举出亚伯拉罕的例子,并且回顾了圣经中关于信心的见证。第一句是出自于《创世记》15:6"亚伯兰信耶和华,耶和华就以此为他的义。"使徒充分使用了这一节经文。亚伯拉罕或许因他正直的生活在人的面前得到敬重,但他在上帝的面前可不是这样。在上帝的眼中,亚伯拉罕是一个被定罪的罪人。他在上帝面前算为义,不是因为他的努力,而是因为他的信心。经文清楚地说道:"亚伯兰信耶和华,耶和华就以此为他的义。"

保罗重点强调了两个词:亚伯兰信。对上帝的信心构成了最崇高的敬拜、最首要的责任、最先的顺服和最终极的献祭。没有信心,在我们中间就亏缺了上帝的荣耀、智慧、真理和慈爱。人的首要职责就是信靠上帝,并且以他的信心来尊崇上帝。信心真是智慧的高峰,是正确的义,是唯一真实的宗教信仰。这使我们能够了解信心的卓越。

像亚伯拉罕那样地信靠上帝就是和上帝有正确的关系，因为信心尊荣上帝。信心对上帝说："我信你所说的。"

当我们关注理性时，我们会认为上帝似乎把一些不可能的事情放在基督教的信条中。对理性而言，以下的事情看起来很荒谬：基督在圣餐中提供他的血和他的肉；洗礼是重生的洗；死人能够复活；上帝的儿子基督是童贞女马利亚感孕所生，等等。理性高叫这些都是荒谬的。你是不是很奇怪：理性几乎不关心信仰的事？信心是一个人能献给上帝的最主要的侍奉，而理性认为这是荒谬的。

让你的信心取代理性吧。亚伯拉罕在上帝的话中，借着信心征服了理性。理性不会轻易就范。它要与亚伯拉罕的信心一争高下。理性抗议说，撒拉在九十岁已经绝经的时候，却要生一个儿子，这是荒唐的事情。但是信心赢得了胜利，打败了理性这个丑陋的野兽，这个上帝的敌人。每一个靠着信心打败理性这个世上最大怪物的人，就是真正服事了上帝，这样的服事胜过所有种族的宗教，胜过那些受尊崇之修士的所有苦役。

人禁食、祈祷、守夜、吃苦。他们试图以自己的努力来平息上帝的愤怒并赚得上帝的恩典。但是在这一切当中没有上帝的荣耀，因为这些人凭着自己的努力，宣告上帝是一个没有怜恤的奴隶主，是一个不信实的、恼怒的法官。他们藐视上帝，把上帝变为说谎的，轻慢了基督和他所有的益处；一句话，他们把上帝从他的宝座上拽下来，自己反倒坐了上去。

信心真正地尊荣上帝。正因为信心尊荣上帝，上帝将信心算为义。

基督徒的义就是他们内心借着基督所生发出的对上帝的信心。这样的信心因着基督的缘故被算为义。两件事构成基督徒的义：在基督里的信心——这是上帝的礼物，以及上帝接纳了我们不完全的信心，算作完全的义。因为我在基督里的信心，上帝越过不看我的疑惑、我心中的不情愿，以及我的许多其他过犯。因为上帝的翅膀荫庇了我，我就不再怀疑上帝会遮盖我一切的过犯,并接纳我的不完全,将之算作完全的义。

上帝"眨眼"不看我的罪,并且将它们遮盖。上帝说:"因为你信靠了我的儿子,我要饶恕你的罪,直到死把你从罪身中释放出来。"

要学会理解是什么构成了你作为基督徒的义。信心虽软弱,但是它在上帝看来是足够的,于是上帝赦免了我们的罪。上帝不再为罪刑罚我们或定我们的罪。上帝饶恕我们的罪孽,就仿佛它们根本没有了一样。上帝这样做不是因为我们配得如此的怜悯。上帝这样做是因为我们所信的基督的缘故。

吊诡的是,一个基督徒同时既是正确的,又是错误的;既是圣洁的,又是不洁的;既是上帝的敌人,又是上帝的儿女。一个不明白真正的救恩之道的人,是无法协调这一矛盾的。在教皇制下,我们被教导要竭力辛劳,直到罪咎感离开我们。但是发明这一令人发狂的思想之人常常在临死一刻被赶入绝望的境地。如果不是主耶稣仁慈地把我从这一错谬中解救出来,这样的事也会发生在我身上。

我们以这样的方式安慰受折磨的罪人:弟兄,你在这一生中永远不能完全,但是你可以成为圣洁。他会问:"当我感到我有罪的时候,我如何是圣洁的?"我回答:你感到有罪吗?这是一个好的标记。意识到自己有病是第一步,非常必要的一步,是通向痊愈的第一步。他问:"我怎样去掉我的罪?"我这样回答:去看天上的医生,基督,他能医治心灵破碎的人。不要咨询理性那个江湖郎中。信靠基督,你的罪就被饶恕了。他的义要成为你的义,你的罪要成为他的罪。

在一个场合,主耶稣对门徒们说:"父爱你们。"为什么?不是因为这些门徒是法利赛人,或者是受割礼之人,或者是特别遵行律法之人。主耶稣说:"父自己爱你们,因为你们已经爱我,又信我是从父出来的。你们知道父差我到世上来就喜悦。因为你们信了这事,父就爱你们。"(参见约 16:27)在另一个场合里,主耶稣称他的门徒们是罪恶的,并且要他们祈求饶恕。

一个基督徒既是上帝所爱的,又同时是一个罪人。如何协调这两个矛盾呢:我是一个罪人,应当承受上帝的愤怒与刑罚,然而天父又爱我?基督自己就可以协调这一冲突。他是中保。

你现在有没有看到信心是如何在律法以外使人称义的?罪存留在我们里面,上帝痛恨罪恶。这样,义的注入就成为至关重要的。我们从基督获得了这个义的注入,因为我们信靠他。

3:7 所以你们要知道,那以信为本的人,就是亚伯拉罕的子孙。

这是保罗反对犹太人的论证中的要点:亚伯拉罕的子孙是那些相信的人,而不是那些从亚伯拉罕的血肉所生的人。保罗竭尽全力阐明这一点,因为犹太人把家谱与得救挂起钩来:"我们是亚伯拉罕的后裔与子孙。"

就让我们从亚伯拉罕开始,了解这位上帝的朋友是如何被称义并蒙拯救的。他被称义,不是因为他离开了他的本地、本族和父家,不是因为他受了割礼,也不是因为他甘愿把他的儿子以撒献上,虽然在以撒身上他得了后裔的应许。亚伯拉罕被称义是因为他相信。保罗的论证是这样推演的:"由于这是圣经清楚无误的见证,你们为什么还要坚持受割礼与行律法呢?难道你们如此推崇的先祖亚伯拉罕,不是单靠着信心,在割礼与律法以外,被上帝称义和拯救了吗?"所以保罗下结论说:"你们要知道那以信为本的人,就是亚伯拉罕的子孙。"

亚伯拉罕是所有有信心之人的父。为要成为有信心的亚伯拉罕的子孙,你也必须像他那样地相信。否则,你只是亚伯拉罕肉身所生的身体上的后裔,即你是在罪中怀孕并出生的,生来是要面对愤怒与定罪的。

以实玛利和以撒都是亚伯拉罕肉体所生的儿子。如果肉身的传递具有任何价值的话,以实玛利应当享有长子的权利。然而,以撒蒙召了,以实玛利却无份。这证明了信心的儿女是亚伯拉罕真正的后裔。

有人认为将《创世记》15：6中的信心应用在基督身上是有待商榷的事情。他们认为保罗把它用得过于宽泛和普遍了。他们认为它的所指应当局限在上下文中。他们声称亚伯拉罕的信心只限于他对上帝的应许的信靠，就是对他要得着后裔的应许的信靠。

我们这样回应：信心是建基于对上帝怜悯的把握之上的。这一把握带来对我们的罪因基督的缘故被赦免的信心。我们的良知永远不会信靠上帝，除非它能够确知上帝在基督里的慈爱与应许。而上帝所有的应许都会回到那个关乎基督的最初的应许："我又要叫你和女人彼此为仇；你的后裔和女人的后裔也彼此为仇。女人的后裔要伤你的头，你要伤他的脚跟。"（创3：15）无论是旧约时代中的众族长，还是新约时代的我们，虽然时间和处境有所不同，但我们的信心是同一个，并且是同样的在基督里的信心。彼得在以下的话中也说到这一点："现在为什么试探神，要把我们祖宗和我们所不能负的轭放在门徒的颈项上呢？我们得救乃是因主耶稣的恩，和他们一样，这是我们所信的。"（徒15：10、11）保罗也说："也都喝了一样的灵水；所喝的，是出于随着他们的灵磐石，那磐石就是基督。"（林前10：4）主耶稣自己也说明了："你们的祖宗亚伯拉罕欢欢喜喜地仰望我的日子，既看见了，就快乐。"（约8：56）古时先祖们的信心是指向要来的基督，而我们的信心则是建基在已来的基督身上。时间并不改变真信心的对象，也不改变圣灵。无论真信徒是生活在过去、现在还是将来，他们总要且一直要持守的，是关乎基督的同一个心思、同一个感受、同一个信念。我们也和旧约的众族长们同样地相信一位将要来的基督，因为我们盼望基督的再来，在末了的日子审判活人、死人。

3：7 所以你们要知道，那以信为本的人，就是亚伯拉罕的子孙。

保罗是在说："你们从亚伯拉罕的例子，从圣经清楚的见证中知道，在基督里面有信心的人，他们就是亚伯拉罕的后裔，无论他们的国籍是什么，无论他们的律法、他们的善行、他们的祖先是怎样的。对亚伯拉罕有应许说：'你要作多国的父。'又说：'地上万国都必因你得福。'"为了防止犹太人错误地解释"国家"（nations）这一词，圣经特别说"多国"（many nations）。亚伯拉罕真正的后裔是来自五湖四海的基督的信徒。

3:8 并且圣经既然预先看明，神要叫外邦人因信称义。

"你们的夸口不能给你们带来任何益处，"保罗对加拉太人说，"因为圣经已经预先看明，并且在律法颁布很久以前就预告说，外邦人要借着亚伯拉罕的那一个后裔称义，而不是靠律法称义。这一应许是在颁布律法之前的四百三十年赐下的。因为律法是在亚伯拉罕之后这么多年颁布的，它不能废去所应许的祝福。"这个论述是有力量的，因为它是基于准确的时间因素。"我的加拉太人，你们为什么以律法夸口呢？律法比上帝的应许晚了四百三十年。"

尽管律法比应许要晚许多年，假使徒们却以律法为荣，轻看给亚伯拉罕的应许。在亚伯拉罕因信称义之后，圣经才首次提到了割礼。保罗说："圣经预先知道你们会迷恋于从律法来的义，就在没有割礼和设立律法之先，确立了因信称义的信仰。"

3:8 就早已传福音给亚伯拉罕，说："万国都必因你得福。"

犹太人误读了这段经文。他们刻意把"得福"理解为"称赞"。他们希望这段话是这个意思：万国都必因你得到称赞。但这是对圣经话语的扭曲。保罗用"亚伯拉罕信"这句话描绘了一个属灵的亚伯拉罕，他被信心更新，由圣灵重生，成为万国属灵的父。这样，所有的外邦人都能够成为他的后裔。

3:9 可见那以信为本的人和有信心的亚伯拉罕一同得福。

此处特别强调了"和有信心的亚伯拉罕"。保罗在这里区分了两个不同的亚伯拉罕：一个行动的亚伯拉罕和一个充满信心的亚伯拉罕。我们和那个行动的亚伯拉罕没有关系。让犹太人以那个肉身的先祖亚伯拉罕为荣吧。我们却是以有信心的亚伯拉罕为荣，因为圣经上告诉我们，他因信领受了称义的福分，不仅是为着他自己，也是为着我们这些和他一样相信的人。神将万国应许给亚伯拉罕是因为他相信。整个世界都成为蒙福的，若它能像亚伯拉罕那样去相信。

这一祝福是福音的应许。万国都得福意味着所有国家都要听到福音。万族都要因着在基督里的信心在上帝面前被称为义。去祝福就是说去把耶稣基督救恩的道理广传。这就是新约教会的职事，教会把所应许的福分传播开，是借着宣讲福音、执行圣礼和安慰心灵破碎的人，总之，是借着分享基督的恩惠。

犹太人展示出一个行动的亚伯拉罕。而教皇则展示出一个行动的基督，或者说，一个榜样性的基督。教皇引用《约翰福音》13:15 中主耶稣的话："我给你们作了榜样，叫你们照着我向你们所作的去作。"我们不否认基督徒应当效法基督的榜样，但是，单单的效法并不能使上帝满意。请记住，保罗现在谈论的不是关于基督的榜样，而是关于基督的救恩。

亚伯拉罕服从上帝行了割礼，他又具有许多的美德，而且他在各样的事上顺从上帝，这些自然都使我们敬佩他。跟从基督的榜样，爱自己的邻舍，以善行回报逼迫你的人，为自己的敌人祷告，恒心忍耐那些以恶报善、忘恩负义之人，这些当然都是值得称赞的。但是不论这些美德是否值得称赞，它们都不足以使我们在上帝面前称义。使我们在上帝面前称义的，需要的比这些更多。我们需要基督自己，并不是他的榜样，来拯救我们。我们需要一位救赎的基督而不是榜样性的基督，来拯救我们。保罗在这里所说的是救赎的基督和信靠的亚伯拉罕，而不是做榜样的基督和劳苦努力的亚伯拉罕。

有信心的亚伯拉罕不当掩埋在坟墓里。我们应当拂去他身上的尘土，将他摆在世界的面前。他要因着他的信心被大大赞扬。天地都当晓得他和他在基督里的信心。和有信心的亚伯拉罕相比，行动着的亚伯拉罕要相形见绌得多。

保罗的话中暗含着对照。当他引用圣经来说明所有和亚伯拉罕一样有信心的种族要蒙福时，保罗也是在暗示一个对比，即万族若没有在基督里的信心，就要被咒诅。

3:10 凡以行律法为本的，都是被咒诅的。

上帝的咒诅就好像洪水泛滥一样，要吞噬一切不是出于信心的东西。要避开咒诅，我们必须抓住在基督里的祝福的应许。

读者要知道这一切都与俗世的法律、习俗或政治无关。俗世的法律和规条有它们的地位和目的。我们希望每一个政府都可以制定出最好的法律。但是在俗世之事上的端正并不能使一个人脱离上帝律法的咒诅。

我有足够的理由在这一点上提醒你。因为许多人很容易把俗世之事上的"义"与属灵的义混淆起来。在俗世生活中，我们当然要，也必须遵守法律和规矩，但是在属灵生活中，我们一定不能以为我们是靠律法和善行称义，却要牢记基督的应许与赐福，他是我们唯一的救主。

保罗认为，一切不出于信心的都是罪。当我们的对手听到我们不断重复保罗的这句话时，他们就造出一个假象，好像我们教导人们不该尊重政府，好像我们喜欢人叛逆现有的权威，好像我们反对所有的法律。我们的对手大大地扭曲了我们的意思，因为我们在俗世之事和属灵之事上做了一个很清楚的区分。

国家性的法律和规定只是上帝对此生的祝福。对于永生而言，暂时的祝福还不够好。不信者比基督徒享有更多暂时的祝福。俗世或法律意义上的"义"或许对今生够好，但不是为着永生。否则，不信者要比基督徒更接近天国了，因为不信者常常在俗世之事上十分擅长。

3：10 因为经上记着："凡不常照律法书上所记一切之事去行的，就被咒诅。"

保罗接着引用《申命记》中的这一处来证明所有在律法之下的人也是在罪的审判之下的人、在上帝的愤怒之下的人以及在永死之中的人。保罗用一种迂回的方式来说明这一论证。他把这一否定形式的话，"凡不常照律法书上所记一切之事去行的，就被咒诅"，变为肯定形式的话，"所有行律法上之事的人都在咒诅之下"。这两句话，一句是保罗说的，一句是摩西说的，看起来似乎矛盾。保罗宣称："任何行律法上之事的人，就被咒诅。"摩西宣称："任何不行律法上之事的人，就被咒诅。"这两句相互矛盾的话该如何解释呢？其中的一句话怎能支持另一句话呢？没有人可以理解保罗，除非他理解了因信称义的教义。这两句话根本没有不一致的地方。

我们必须记住，行律法上之事并不只是说行出律法在表面上所要求的，也意味着遵守律法的精神，直至完全。但是，何处能找着做到这一点的人呢？让这样的人站出来，我们给他热烈鼓掌。

我们的对手已经准备好了答案。他们引用保罗自己在《罗马书》2：13中的话说："乃是行律法的称义。"很好。但是首先让我们晓得谁是行律法的人。当一个人在表面上遵行了律法，他们称他是"行律法的"。但这并不是"行律法"，而是犯罪。当我们的对手忙于行律法的时候，他们违反了第一条、第二条和第三条诫命，事实上，他们违背了全律法。因为上帝对我们首要的要求是让我们用心灵和诚实来敬拜他。当这些人行律法的目的是为了在信靠基督以外获得称义，他们是在羞辱律法和上帝。他们否定了上帝的义、慈爱与应许。他们否认了基督和他里面的一切益处。

当这些律法的倡导者们看不到律法的真正目的时，他们滥用了律法，正如保罗在《罗马书》10:3 中所说的，"因为不知道神的义，想要立自己的义，就不服神的义了。"

我们的对手在他们的愚昧当中，匆忙地在圣经中这里找一句，那里找一句有关律法的经文，自以为他们已经明白了一切。他们靠行律法称义的行为是十足的拜偶像，是对上帝的亵渎。难怪他们处在上帝的震怒之下。

因为上帝看到我们不能成全律法，就在颁布律法之前很久提供给我们一条救恩之路，这救恩是上帝应许给亚伯拉罕的，说："万国都必因你得福。"

我们当做的第一件事情就是信基督。首先，我们必须领受圣灵，圣灵光照我们，使我们成圣，这样我们能够开始遵行律法，即爱上帝和爱邻舍。如此，领受圣灵不是因行律法，而是因信基督。最终的结论是，行律法就意味着信靠基督。先有树，才有果子。

经院学者们承认，若非出于诚心和善意的，只在表面和外在遵行律法的做法，是纯粹的虚伪。犹大的行为看起来和别的门徒一样。犹大错在哪里？注意罗马教廷是如何回答的，"犹大是个恶人。他的动机是邪恶的，这样他所行的一切都是伪善的，没有益处"。好啊，罗马教廷确实承认，行为本身并不能使人称义，除非它们发自一颗真诚的心。为什么在关乎属灵之事上，我们的对手不能承认同样的真理呢？归根结底，信心要先于任何事。一个人在能够举起一个手指赞美上帝之先，他的心首先必须被洁净。

有两类行律法的人，真正的行律法者和假冒为善者。真正行律法的人是那些被在基督里的信心所驱使的人。假冒为善的人是那些想要靠着机械地施行善工以获得称义，却在心中远离上帝的人。他们就像盖房先从屋顶着手的木匠一样愚蠢。这些假冒为善者不是在履行律法，而是在破坏律法。因为否认了上帝在基督里的应许,他们违反了第一诫。他们不是在信心中敬拜上帝,而是在敬拜他们自己。

难怪保罗能够预言出敌基督要引进教会的可憎之事。基督自己预言说,有敌基督要来,耶稣基督在《马太福音》24:5 中预言:"因为将来有好些人冒我的名来,说:'我是基督',并且要迷惑许多人。"任何人若想要靠善工来称义,他就是否认了上帝,把自己当作上帝。他是一个敌基督,因为他认为自己的工作具有那胜过罪、死、魔鬼、地狱和上帝之愤怒的无限权能。敌基督要宣称自己有基督的尊荣。他是敬拜自己的拜偶像者。一个以行律法而称义的人是最糟糕的一类不信者。

那些意欲靠着自己的努力来获得称义地位的人不会这样说:"我是上帝,我是基督。"但是他们的做法事实上就是那个意思。他们篡夺了属于基督的职分和神性。结果就是他们仿佛在说:"我是基督;我是一个救主。我救我自己,也救别的人。"这就是修士给人留下的印象。

教皇就是敌基督,因为他抵挡基督,因为他擅自篡改上帝的事,因为他坐在上帝的殿中自称为神。

我很难向你描述,不靠在基督里的信心,而是靠行律法之功在上帝面前寻求称义,是多么有罪的一件事情。这就是那行毁坏可憎的站在圣地。它罢免了造物主,神化了被造之物。

真正的行律法者是真正的相信者。圣灵使他们能够爱上帝和爱他们的邻舍。但是因为我们拥有的只是圣灵初结的果子,而不是最终的果子,所以我们还不能完全地遵守律法。然而,因为基督的缘故,神并不将我们的这一不完全归咎于我们。

这样,摩西的陈述,"凡不常照律法书上所记一切之事去行的,就被咒诅",与保罗所说的并不矛盾。摩西要求的是对律法完全的遵行者。但是到哪里能找到他们呢?找不到。摩西自己承认他不是一个完全遵行了律法的人。他对上帝说:"饶恕我们的过犯与我们的罪孽。"基督自己便可以洗净我们一切的过犯。怎么做到的?首先是饶恕我们的罪,把他的义归给我们；接着，靠着圣灵的恩惠，他能够在我们里面产生新的生命，并使我们开始一种新的生活。

对反对因信称义教义的反驳

在这里，让我们花一些时间来关注我们对手的意见，他们提出了一些反对因信称义教义的观点。在圣经中有许多经文是关于善行以及对善行的奖赏的，我们的对手引用这些段落，并相信它们能够证明我们教导的因信称义的教义是错误的。

经院学者们承认，根据自然法则之秩序，存在是先于行动的。他们承认，任何作为都是有缺陷的，除非它是出于正确的动机。他们承认，一个人自己首先必须是对的，他才能做对的事。他们为什么不承认，人心借着在基督里的信心而有的对上帝正确的态度必须先于善工呢？

在《希伯来书》第 11 章里，我们看到圣经中圣徒们所做的各样善工与作为。其中提到了大卫，他杀死狮子和熊，打败了歌利亚。在大卫英勇的行为中，经院学者们除了外在的功绩找不到别的。但是我们必须依据大卫的品格来评估他的作为。当我们知道了大卫是一个对上帝有信心的人，他的心仰赖上帝，我们就可以明白为什么他能有如此英勇的作为。大卫说："耶和华救我脱离狮子和熊的爪，也必救我脱离这非利士人的手。"又说："你来攻击我，是靠着刀枪和铜戟；我来攻击你，是靠着万军之耶和华的名，就是你所怒骂带领以色列军队的神。今日耶和华必将你交在我手里。我必杀你，斩你的头。"（撒上 17：37、45、46）在大卫行出英雄壮举之前，他已经为上帝所爱，有坚固和持久的信心。

《希伯来书》中又说到"亚伯因着信，献祭与神，比该隐所献的更美"。当经院学者们找到《创世记》4：4 的平行经文，他们的理解只停留在字面上："耶和华看中了亚伯和他的供物。"他们欢呼说："哈哈，你看，上帝看中了祭物。行为的确使人称义。"他们的眼中有泥，所以他们看不到《创世记》的经文是说，上帝首先看中的是亚伯这个人。亚伯是因着他的信心蒙了上帝的悦纳。因为亚伯这个人蒙上帝喜悦，所以他的供物也蒙上帝的喜悦。《希伯来书》很清楚地说道："亚伯因着信，献祭与神，比该隐所献的更美。"

在我们与上帝的互动中，若没有信心，行为是不值一钱的。因为"人非有信，就不能得神的喜悦"。（来11:6）亚伯所献的供物比该隐的更美，是因为亚伯有信心。至于该隐，他没有信心，也不信靠上帝的恩典，却趾高气扬地要炫耀自己虚构的价值。当上帝拒绝认可该隐的价值时，该隐就对上帝和亚伯勃然大怒。

在圣经中，圣灵以不同的方式论及信心。有时候他独立于其他事情单独地提到信心。当圣经纯粹或抽象地讲到信心的时候，这是直接关乎称义的信心。但当圣经谈及行为与奖赏的时候，它是在讲复合的或相对的信心。我们会举出一些例子。比如《加拉太书》5:6，"使人生发仁爱的信心"。《利未记》18:5，"人若遵行，就必因此活着"。《马太福音》19:17，"你若要进入永生，就当遵守诫命"。《诗篇》37:27，"你当离恶行善"。当圣经在这些地方和其他处的经文提到行为的时候，总是在讲一种信心里的行为，一种被信心所激励的行为。"如此做，你就必要活着"，这意味着：首先有在基督里的信心，而基督能够使你活着并行出来。

在上帝的话语中，归给行为的一切事，都是归给信心的。信心是行为的"神性"。信心渗透在相信者的所有作为中，就如同基督的神性渗透在他的人性中。亚伯拉罕被算为义，是因为他的信心弥漫于他的整个性格和每一个行动中。

当你读到这些族长们、先知们和君王们是如何地成就了大事，应记住要像《希伯来书》中所说的那样来解释他们的作为："他们因着信，制伏了敌国，行了公义，得了应许，堵了狮子的口。"（来11:33）这样，我们就可以正确地理解这些似乎是支持因行为称义的段落。只有借着信心，律法才能被真正地遵行。于是每一个"神圣的"、"高尚的"靠行律法称义者都是被咒诅的。

假设这些解释都不能满足经院学者们，假设他们把我完全地裹在他们的论辩中（他们办不到），我宁可是错的也要把全部的功劳唯独归给基督。而基督就是这样的。基督的使徒保罗宣告说："基督既为我们受了咒诅，就赎出我们脱离律法的咒诅。"（加 3:13）我自己亲耳听到，除非借着基督的流血与受死，我不能得救。这样，我得出结论，只有基督才能胜过我的罪，而律法或我自己的努力都做不到。如果基督是我的赎价，如果他为我的称义成为罪，那么，即使你给我引用一千条经文来证明是靠善工称义来反对靠信心称义，我都毫不在意。我有圣经的作者和主在我一边。我宁愿相信他，而不相信那一群"敬虔的"、靠行律法称义的乌合之众。

3:11 没有一个人靠着律法在神面前称义，这是明显的，因为经上说："义人必因信得生。"

使徒在他的论证当中引入了先知哈巴谷的见证，"义人必因信得生"。这段经文分量十足，因为在我们称义的过程中，它排除了律法和行律法之善工的因素。

经院学者们误解了这句经文，他们解释为："义人必因信得生，必须有一个前提，即这是一个有行动的信心，或说是一个由善行形成和成就的信心。"他们的注解是错误的。这种所谓的"信心"的双重性是不合乎圣经的。如果善工能够形成并成全信心，那么最终我就要被迫说，善工构成了基督教信仰的核心因素。我们就丧失了基督和他里面的益处。

3:12 律法原不本乎信。

保罗的宣告是对经院学者们的直接反对，"律法原不本乎信"。经院学者们如此热衷谈论的善工是什么呢？律法不要求善工吗？事实是律法不要求别的，就是要求善工，我们可以从许多经文中得出这一点："你要尽心、尽性、尽力爱耶和华你的神。"（申6:5）"爱我、守我诫命的，我必向他们发慈爱，直到千代"。（出20:6）"这两条诫命是律法和先知一切道理的总纲"。（太22:40）如果律法要求善工，善工就是律法的一部分，而不是信心的一部分。因为基督已经成就了要求善工的律法，我们就可以知道，在称义之事上，善工和律法都不再成为因素，而只剩下了信心这个因素。

3:12 只说："行这些事的，就必因此活着。"

保罗试着解释信心而来的义与行律法而来的义的区别。行律法而来的义是对律法的成全，根据这句经文："行这些事的，就必因此活着。"信心而来的义是相信福音，根据这句经文："义人必因信得生。"律法是宣告我们欠了债，福音是宣告我们被算为有功。借着这个划分，保罗解释了为什么作为律法要求的善工不能使人称义，因为律法在我们称义一事上没有任何功劳。

事实上，善工确实紧随信心之后，但是信心并不是一个有功德的善工。信心是一件礼物。律法的特征和局限必须要被严格地持守着。

当我们信靠基督，我们因信而活着。当我们信靠律法，我们或许很活跃，但我们却没有生命。律法的功能不是给予生命；律法的功能是置人于死地。没错，律法说："行这些事的，就必因此活着。"但是，哪里可以寻见做到这些——尽心、尽性、尽意爱上帝，并且爱人如己——的人呢？

保罗不是反对那些因信称义之后真正行律法的人。他反对那些自以为能够成全律法的人，他们试图通过行律法而称义，但事实上他们只能犯罪违背律法。律法要求我们以真实的信心来敬畏、爱并敬拜上帝。靠律法称义者不能做到这一点。相反，他们发明出许多敬拜的新花样和各类新奇的善工，都是上帝从未要求的。根据这句经文，他们激起了上帝的愤怒:"他们将人的吩咐当作道理教导人,所以拜我也是枉然。"(太15:9)这样,这些靠行律法称义者就是对上帝直接的叛逆,也是不断违背第一条诫命的拜偶像者。一句话,他们毫无用处,虽然从表面上看他们好像极其渴慕上帝的荣耀。

我们这些和古时圣徒们一起因信称义的,也许在律法之下,但不在律法的咒诅之下,因为基督的缘故,罪已经不再算在我们的身上。如果信徒不能成全律法,如果罪仍旧时常抓住他们,尽管他们有爱上帝的心,那么,对那些尚未因信称义的人,对那些仍旧是上帝和上帝之道仇敌的人,就像这些没有信心的、靠行律法称义的人,你又会如何期待呢?这最终显明了,对那些尚未因信称义者而言,成全律法是多么的不可能。

3:13 基督既为我们受了咒诅(原文是"成了咒诅"),就赎出我们脱离律法的咒诅,因为经上记着:"凡挂在木头上都是被咒诅的。"

哲罗姆和他同时代的人绞尽脑汁琢磨这句令人得安慰的经文,想要解除他们自以为的此句经文对主耶稣的"侮辱",因为它称耶稣"成了咒诅"。他们说:"这句引自摩西的经文不可应用在基督身上。保罗随意改变了摩西在《申命记》21:23 所说的话,把它推而广之了。摩西说的是'被挂的人'。保罗写的是'凡挂在木头上的人'。另一方面,保罗在引用摩西的话时省略了'上帝'一词:'因为被挂的人是在上帝面前受咒诅的。'摩西是在讲一个犯罪该死的人。"我们的敌手说,"我们怎能把这句经文应用在基督的身上呢,好像他被上帝咒诅,是当死的?"这样的解经给幼稚无知之人留下深刻印象,好像他们是在热心、努力地维护基督的尊严与荣耀。让我们看看保罗想说的是什么。

保罗并没有说基督为他自己成了咒诅。强调点是在这两个词:"为我们。"基督本身是无罪的,他自己没有犯任何使得他应当被挂起来的罪。但是因为基督站在了我们罪人的位置上,他就像其他犯罪者一样被挂在木头上。摩西律法疏而不漏。它说犯罪之人都当被挂起来。谁是这些罪人呢？是我们。我们已经被宣判了，刑罚就是死和永远的咒诅。但是基督担当了我们所有的罪，并为我们的罪死在十字架上。"他也被列在罪犯之中。他却担当多人的罪，又为罪犯代求"。（赛53:12）

古时所有的先知们都说，基督要站在古往今来地上最大的犯罪者、杀人者、奸淫者、强盗、亵渎上帝者的位置上。当他把全世界的罪都归在自己的身上的时候，基督就不再是一个无罪者。他担当了保罗亵渎上帝的罪；担当了彼得三次不认主的罪；担当了大卫犯的奸淫罪和谋杀罪，以及给上帝的仇敌大得亵渎机会的罪。一句话，基督担当了所有人的罪，这样他以自己的血作为偿还的赎价。这咒诅抓住了基督。律法将他看为罪人。他不仅被列在罪犯之中，他甚至成为罪身的形状。这样律法审判了他，并且将他视为罪人挂了起来。

无知者不认为基督与我们罪人认同，而是把基督作为神圣的榜样高高举起，他们就夺走了我们最好的安慰。他们把基督错误地视为一个暴君，一旦感觉到受挑衅就施行暴虐。

有人告诉我，说上帝的儿子成为咒诅是荒谬和邪恶之事。我这样回答：如果你否认他为我们的罪受了审判，你就必须否认基督曾经死过。而说上帝的儿子曾经死过，比起说上帝的儿子为我们成为罪，至少同样荒谬。

施洗约翰称主耶稣是"上帝的羔羊，除去世人罪孽的"。作为上帝无瑕疵的羔羊，基督本人是无罪的。但是当他担当了世人的罪，他的无罪被世界的罪污染了。无论是你我犯的罪还是我们所有人犯的罪，无论是已犯的罪还是将要犯的罪，都成为了基督的罪，就好像是他自己犯的一样。我们的罪必须成为基督的罪，否则我们都要永远灭亡了。

以赛亚这样论到基督："耶和华使我们众人的罪孽都归在他身上。"我们无权弱化这句话的分量。上帝并不是在玩弄文字。当一个基督徒知道你我的罪和整个世界的罪都由基督担当了，这是何等大的安慰。

教皇党人发明出了他们自己信心的教义。他们说，善行创造并装饰他们的信心。当他们没有把我们的罪归在基督的身上，这便是把罪又扔回给了我们，使得基督对我们而言就是毫无意义的了。这是怎样的善行呢？如果这是他们一个赖以自夸的善行的例子，我们就一点儿也不想在其中有份。

我们满有慈爱的天父看到我们是怎样被律法压制着，我们又是怎样不可能从律法的咒诅下挣脱出来的。这样，他差遣了他的独生子到世上来，并且对他说："你现在要成为彼得，那个说谎者；成为保罗，那个逼迫人者；成为大卫，那个犯奸淫罪者；成为亚当，那个背叛者；成为十字架上的那个强盗。你，我的儿子，必须为这个世界的罪付上赎价。"律法咆哮道："好吧！如果你的儿子愿意担当世人的罪，我就认为罪只在他那里，而不在别处。他应当死在十字架上。"于是律法处死了基督。我们却无罪释放。

使徒保罗对于靠律法称义的驳斥是坚不可摧的。如果基督担当了我们的罪，我们就不再担当它们。但是如果基督与我们的罪无关，没有担当它们，我们就必须担当它们，我们就仍死在我们的罪中。"但是感谢上帝，他使我们靠着主耶稣基督得胜了"。

让我们思想一下基督是如何胜过我们的仇敌的。整个世界的罪，过去的、现在的和将来的，都系在了基督的身上，并且给他定了罪。但是因为基督是上帝，他具有永在的、不可征服的义。世界的罪与上帝的义，这二者在一场决斗中相遇了。这世界的罪疯狂地攻击上帝的义。而义是不能朽坏、不可战胜的。另一方面，罪是一个大力的暴君，它能够制伏所有的人。这个暴君向基督猛扑过去。但是基督的义是不可战胜的。结果不言而喻。罪被打败了，义得胜了，并且永远作王。

死亡也是以同样的方式被打败的。死亡是世界的王。它击败了包括君王、王子在内的所有人。它的目标就是摧毁生命。但是基督具有不朽坏的生命，而不朽坏的生命胜过了死亡。因着基督，死亡失去了它的毒钩。基督以死亡将死亡治死。

类似地，上帝的咒诅也与上帝永远的怜悯在基督里展开争战。咒诅本是要败坏上帝的怜悯。但是它失败了，因为上帝的怜悯是永存的。咒诅必须让路。如果上帝在基督里的怜悯失败了，上帝自己也就失败了，但这当然是不可能的。

保罗说："（基督）既将一切执政的、掌权的掳来，明显给众人看，就仗着十字架夸胜。"（西 2:15）这一切都不能伤害藏在基督里的人。罪、死亡、上帝的愤怒、地狱、魔鬼，这一切都在基督里被攻克了。在基督所在之处，邪恶势力便远远躲开。圣约翰说："使我们胜了世界的，就是我们的信心。"（约一 5:4）

你现在也许意识到了，为什么相信并承认基督的神性是如此的不可或缺。胜过世界的罪、死亡以及上帝的愤怒，不是被造物所能做的事。罪和死亡的权势只能被一种更大的权能所打败。唯有上帝自己能废除罪，毁灭死亡，除去律法的咒诅。唯有上帝自己能够带来义、生命和怜悯。当圣经把这些工作归于基督的时候，就是宣告他是永在的上帝。称义的教义真是非常基要的。如果我们在这一条上信心稳固，我们就在基督信仰的其他众条上信心稳固。当我们教导在基督里因信称义的教义的同时，我们就是在认信基督就是上帝。

我难以容忍教皇周围那群神学家们的瞎眼无知。他们竟然想象罪、死亡和咒诅的强大势力，能够被人那微小可鄙的善行——就如禁食、弥撒、朝圣、发誓等诸如此类的花样——而来的义所制伏。这些带领瞎子们的瞎眼的带领人，他们把人交在罪、死亡和咒诅的手中，盼望得到它们的怜悯。而人这种毫无抵抗能力的被造物，去对阵这些黑暗的势力，他会有什么机会？这些神学家们是在训练比任何盗贼、妓女和谋杀犯还要糟糕十倍的罪人。唯有上帝的神圣权能能够摧毁死亡与罪，并且带来义与生命。

当我们听到基督为我们成为了咒诅，我们就以喜乐和确信来相信它。借着信心，我们与基督交换了位置。我们的罪归给他，他的圣洁归给我们。

我们唯独借着信心就能够成为义，因为信心使基督的圣洁归在我们身上。我们越充分地相信这一点，我们心中的喜乐就越充足。当你相信罪、死亡和咒诅成为无效的，它们便算为无有。任何时候罪和死亡使你感到恐慌，你就该把这视为魔鬼的欺哄。现在罪、死亡、咒诅和魔鬼都已经不在了，因为基督已将它们都除去了。这是真确的事实。事实是不会错的。有问题的是我们信心的不足。

在《使徒信经》中我们宣告："我信圣而公之教会。"这就是说，我相信在上帝的教会中没有罪、咒诅和邪恶。信心说："我相信这事。"但是你如果要相信你眼所见的，你就会发现教会的肢体中存在许许多多的缺陷和伤害。你会看到他们落入试探，你会看到他们信心软弱，你会看到他们轻易发怒、嫉妒和进入各样罪恶的状态。你问："教会怎么可能是圣洁的呢？"对教会而言是这个道理，对个体基督徒而言也是同样的道理。如果我鉴察自己，我会发现自己身上有许多令我震惊的不敬虔之处。但是当我注目基督的时候，我发现我是完全圣洁的。对于教会也是如此。

圣经并没有说基督落在咒诅之下。圣经直接说基督成为了咒诅。在《哥林多后书》5：21中，保罗写道："神使那无罪的，替我们成为罪。好叫我们在他里面成为神的义。"虽然这句经文和其他类似的经文可以被合宜地解释为：基督为着我们的罪和咒诅牺牲了自己，但是在我的判断中，我更愿意按这些经文的字面意思来阅读它们：基督成为了咒诅；基督成为了罪。当一个罪人觉悟的时候，他并不只是觉得自己悲惨，他觉得自己就是悲惨的化身；他不只是觉得自己是个罪人，他觉得自己就好像是罪自身一样。

总结这句经文：如果基督没有被当作最大的律法触犯者，并成为我们所有罪过的承担者，邪恶就要永久胜过我们，就像它胜过不信之人一样。整个世界的罪恶在一瞬间湮没了基督，它们如洪水一样在他的四周泛滥。论到基督，旧约的先知诉苦说："你的烈怒漫过我身。你的惊吓把我剪除。"(诗 88：16) 借着基督的救赎，我们逃离了上帝愤怒的惊吓，进入了永恒生命的福乐。

3：14 这便叫亚伯拉罕的福，因基督耶稣可以临到外邦人。

保罗常把这句话摆在自己的面前："地上万国都必因你的后裔得福。"神应许给亚伯拉罕的福，唯独借着基督临到外邦人的身上，基督就是亚伯拉罕的那一个后裔。为了成为万国的祝福，基督必须成为咒诅，除去地上万国的咒诅。我们所依据的美德，我们所能提供的贡献，就是为我们成为咒诅的基督。

让我们熟练于把我们的罪、我们的死亡和我们各样的罪恶转到基督的身上；把基督的义和从基督而来的益处转到我们身上。

3：14 使我们因信得着所应许的圣灵。

"所应许的圣灵"在希伯来文中是"圣灵的应许"。圣灵使人从律法、罪、死亡、咒诅、地狱和上帝的审判下得到自由。保罗没有提到任何功德是与圣灵的应许和从他而来的所有福分连在一起的。我们是单单靠着信心领受这赐下众多属灵福气的圣灵。保罗在这句经文中所说的是，信心是单单建立于上帝的应许之上的。

很久以前的先知们就预先看到了基督将给万物带来的美妙更新。尽管犹太人有上帝的律法，但是先知们却一直热切地仰望要来的基督。在摩西之后，没有先知或君王在律法书上加添一点点东西。任何的加添和更新，都要等到基督的来临。摩西告诉百姓说："耶和华你的神要从你们弟兄中间给你兴起一位先知像我，你们要听从他。"(申 18：15)

古时上帝的百姓意识到他们不能再改进摩西的律法，直到弥赛亚来临，他要带来比律法更美的事，就是恩典与罪得赦免。

3:15 弟兄们，我且照着人的常话说：虽然是人的文约，若已经立定了，就没有能废弃或加增的。

在前面做了具有说服力的论证之后，保罗又提出了一个论点，就是比较人的文约与上帝的圣约之间的相似之处。就称义这个如此重要的论题而言，保罗以人的文约举例似乎是很弱的论证。我们应当以天上的事情来证明地上的事情，而不是以地上的事情来证明天上的事情。但是既然地上的事情也是上帝所定规的，我们就可以用它来证明神的事情。在《马太福音》7：11中，主耶稣自己以地上之事来说明天上之事，他说："你们虽然不好，尚且知道拿好东西给儿女，何况你们在天上的父，岂不更把好东西给求他的人吗？"

现在让我们来看一看保罗的论证。民事法律，是上帝所设立的，它禁止人们去篡改任何的人类合约。任何人最后的遗愿和遗嘱必须被尊重。保罗问道："为什么人的遗愿被小心翼翼地遵守，而上帝的约却不被遵守？你不会想到要去破坏人类合约的信用。那你为什么不守上帝的约呢？"

使徒说他是照着人的常话说的。他的意思是说，"我从人的惯例中，给你举一个例子。如果人的遗嘱被尊重，那么我们更应该去崇敬上帝的圣约。'地上的万国必因你的后裔得福。'当基督受死之际，这约就被他的血所立定。在基督死后，这约被指示给万民看。那些假使徒们更改了上帝的圣约，他们以律法和人的传统取代了上帝的约。没有人可以这样做"。

就像假使徒们在保罗那个年代更改了上帝的圣约那样，在我们今天这个年代也有许多人做着同样的事情。他们一丝不苟地遵行人的律法，却在触犯上帝的律法时眼睛眨都不眨。到了时候，他们就会发现更改上帝的圣约可不是开玩笑的事情！

3：16 所应许的原是向亚伯拉罕和他子孙说的。神并不是说众子孙，指着许多人，乃是说你那一个子孙，指着一个人，就是基督。

关于上帝对亚伯拉罕所作的关乎基督的应许，另一个称呼它的词是约。一个约不是律法，而是一种继承。当继承人打开一份遗愿时，他们所期待的不是律法和评估，而是赐予和恩惠。上帝向亚伯拉罕所立的约并不包含律法。它包含对属灵福分的美妙应许。

这约是在基督里立定的，是在那一个子孙，而不是在众子孙里立定的。犹太人不能接受这样的解释。他们坚持这个"单数的子孙"表达的是"复数的子孙"的意思。我们同意保罗的解释，他借着这单数的"子孙"一词，为基督作了美好的见证，而且他毕竟是在圣灵的感动之下这么说的。

3:17 我是这么说：神预先所立的约，不能被那四百三十年以后的律法废掉，叫应许归于虚空。

犹太人断言上帝并不满意于他的应许，于是在四百三十年后赐下律法。他们说："上帝一定不再信任他自己的应许，而且认为它们对于救恩不再充分。这样，他就在他的应许之上添加了更好的东西，就是律法。律法便废掉了应许。"

保罗回应道："律法是在给了亚伯拉罕应许的四百三十年后才赐下的。律法不能废掉应许，因为应许是上帝的约，是许多年前在没有律法的时候就在基督里面确立的。上帝不能收回他曾经应许的。上帝的每一个应许都是正式生效的应许。"

那为什么还要在应许之上添加律法呢？律法不是作为获得应许的媒介。律法的加添是为这些原因：这世上有一个特殊的民族，他们为律法所严格地看守，到了时候，要从他们中间降生基督；在律法重担之下的人们，会叹息劳苦，渴望基督，就是他们的救赎主，亚伯拉罕的子孙。甚至律法的礼仪也是预表耶稣基督的。这样，律法出来不是为了废掉上帝的应许。律法是为着确认上帝的应许，直到时候满足，上帝要在耶稣基督的福音里面显明他的圣约。

既然上帝在律法之前这么多年赐下应许，我们就不能说我们称义不是凭着应许，而是靠着行律法。如果上帝的意思是叫我们靠着行律法称义，他就会在赐下应许之前的四百三十年颁布律法，或至少会在赐下应许的同时颁布律法。但是直到四百三十年以后他才提到律法。这样，应许是比律法更美的。律法没有废掉应许，而是在所应许的基督里的信心超越了律法。③

使徒保罗很认真地提到四百三十年这个确切的数字。应许和律法之间相距这么大的时间跨度，帮助我们把握保罗的论点，就是我们称义不是靠着行律法。

让我举例来说明吧。一个非常富有的人收养了一个流浪儿作为自己的儿子。请记住，他并不欠这个男孩任何东西。到了时候，他就指定这个男孩作为他所有财产的继承人。几年以后，这位老人要求这个孩子为他做一些事情。这个孩子去做了。这个孩子能到处说，他配得继承老人的产业，是因为他服从了老人的请求吗？律法是在上帝赐福的应许之后四百三十年才颁布的，所以人怎么能说，他得到了称义是因为他遵守了律法呢？

有一件事是确定的，那就是亚伯拉罕从来不是靠着行律法称义，原因很简单，因为在他那个时候，还没有律法。如果律法在那个时候不存在，亚伯拉罕怎么能靠着行律法称义呢？亚伯拉罕除了上帝的应许，没有别的依据。他信了上帝的应许，这就算为他的义。如果先祖是通过信心称义，子孙也是同样靠此被称义。

我们也使用时间来说明。我们说，一千五百年以前，基督借着他的死除去了我们的罪，此事远远发生在今天各样的宗教规条、功德等等出现之前。在这各式各样的发明出笼之前，人们该拿他们的罪怎么办呢？

---

③ "超越"一词在英译本中为 cancel（废掉）。不知路德拉丁文原文是什么，但英译本在此的翻译欠妥。因为主耶稣说："莫想我来要废掉律法和先知；我来不是要废掉，乃是要成全。"（太 5:17）保罗从来不会说"废掉律法"，而是说"不在律法之下"。信心也不能废掉律法，但可以超越律法。事实上，信心成全了律法。——中译者注

保罗发现证明因信称义的论据到处都是。甚至时间因素都可以用作论据来反驳假使徒们。让我们以类似的证据来坚固我们的信心。在信心受到试炼之际，它们能帮助我们。它们使我们的注意力从律法转向应许；从罪转向义；从死转向生。

保罗在这一争辩上的全力以赴不是没有理由的，他预先看到了有关福音和律法的混淆会渗入教会之中。因此，要使你自己善于区分福音与律法，甚至从时间这个层面上来区分。当律法来拜访你的良心之时，你要说："律法先生，你来得太早了。那四百三十年还没有结束呢。等它们结束了，你再来，好吗？"

3:18 因为承受产业，若本乎律法，就不本乎应许。

使徒保罗在《罗马书》4:14 中写道："若是属乎律法的人才得为后嗣，信就归于虚空，应许也就废弃了。"而这是必然的。律法与应许是截然不同的东西，这一点是不言而喻的。律法咆哮道："你要！你不可！"应许恳请道："请接受上帝的这份礼物。"如果上帝所恩赐的产业是靠着律法获得的，上帝就成为说谎者。我们就会有权利问他："你为什么在最初设立'地上万国都要因你的后裔得福'这个应许呢？你为什么不说'你要因你的善工而得福'呢？"

3:18 但神是凭着应许，把产业赐给亚伯拉罕。

在律法尚未存在以前，上帝就借着应许赐给亚伯拉罕产业与福分，这是如此确定的事情。换句话说，上帝赐给亚伯拉罕罪得赦免、义、救恩与永生。这不仅是赐给亚伯拉罕的，也是赐给所有相信者的，因为上帝说了："地上万国都要因你的后裔而得福。"这份赐福是无条件赐下的。那时律法还没有机会钻进来，因为摩西还没有出生。"你怎么能说人是靠着行律法称义呢"？

现在使徒开始讲明律法的目的与功用。

3：19 这样说来，律法是为什么有的呢？

我们很自然会问一个问题：如果律法不是为着称义或救赎颁布的，那为什么要赐下律法呢？如果律法不能使人称义，上帝何必赐下它呢？

犹太人相信如果他们遵守了律法，就能得救。当他们听到福音是在宣讲一位基督，他来到世上是为拯救罪人，而不是义人；当他们听到，罪人要比"义人"更接近天国，这些犹太人就感到心灰意冷。他们自言自语道："我们整天劳苦受热，那后来的只做了一小时，你竟叫他们和我们一样吗？"（太20：12）他们抱怨那些曾经拜偶像的外邦人现在不用受他们所受的苦工就得到了恩典。

今天我们可以听到同样的抱怨声。"如果任何男人或女人，任何乞丐或清理工，都被视为与我们平等，甚至被认为比我们更能得到上帝的接纳，那么，我在修道院里修道了二十年、三十年、四十年，有什么用处？我起誓遵行圣洁、贫穷、顺服，有什么意义？这些弥撒和这些读经时间，有什么好处？禁食、祷告，等等，有什么益处？"

当听到保罗说"律法原是为过犯添上的"，人的理性感觉受到了冒犯。当保罗这么讲，人们说他废除了律法，说他是个激进分子，说他亵渎了上帝。人们说："如果律法不算数，那就让我们如放纵之人一样生活吧。让我们更多地去犯罪，这样恩典更加显多。让我们行恶以至成善。"

我们该如何做呢？这一类的嘲笑使我们苦恼，但是我们无法使它们绝迹。基督自己也曾被污蔑为一个亵渎者和叛逆者。保罗和其他的使徒也都受到了同样的待遇。就让那些讥诮者污蔑我们吧，让他们毫不留情地这样做吧！但是在他们所说的事情上我们不能保持沉默。为着让受伤的良心得到安慰，我们必须开诚布公地宣讲。对于那些滥用这一教义的愚蠢人和不敬虔之人，我们也不要在意。无论是对律法，还是对别的事情，他们总会加以污蔑的。我们首要关注的是安慰良心受搅扰之人，否则他们就与大多数人一同沉沦了。

当保罗看到一些人被他的教义冒犯了，另一些人则受到鼓励去顺从肉体而活，保罗思想到，向上帝的选民传讲福音是他的责任，而为着选民的缘故他愿意凡事忍耐，这想法带给他安慰。和保罗一样，我们也是为着上帝选民的缘故做这一切的事情，至于那些嘲笑者和疑惑者，我在整个一生中是如此厌恶他们，以至于不愿开口向他们讲一句话。我希望他们回到属于他们的地方，就是教皇的铁腕之下。

愚蠢但自以为聪明之人马上得出了这样的结论：如果律法不能使人称义，那么它就是无用的了。这是什么道理？因为钱不能使人称义，你就说钱财无用了吗？因为眼睛不能使人称义，你就把它们挖出来吗？律法不能使人称义，并不意味着它没有价值。我们必须找到律法正确的作用并加以定义。我们不能因为律法不能使人称义，就草率地说它不好。

我们和保罗一样认为，如果律法被正确地使用的话，它就是良善的。在它的功用范围之内，律法是非常好的。但是我们如果赋予律法本没有的功用，那我们不仅歪曲了律法，也歪曲了福音。

人们普遍都会得出的印象，就是人是靠着行律法而称义的。这一印象是本能的，所以它会带来双重的危险。明显的罪与过犯可以被认出来，或者会因着惩罚的威吓而得到抑制。但是这个罪，就是人的自以为义，却不被列为罪。这种罪被视为高等的宗教。这样，这种罪就构成了魔鬼用来影响整个世界的强大势力。"这样说来，律法是为什么有的呢？"为了讲明律法真正的功用，除去靠行律法称义的错误印象，保罗以下面这句话回答了这个问题：

3:19 原是为过犯添上的。

事物各有不同。让每一样事物按着它独特的目的来发挥功用吧。让太阳在白日发光，让月亮和星星在晚上发光。让海洋孕育鱼，让地球滋生谷物，让森林提供树木，等等。让律法也发挥它独有的功能。

它绝不能越俎代庖。那律法的功用是什么呢？使徒保罗回答说："是为过犯。"

律法的两层功用

律法有两层功用。一层是俗世的。上帝设立俗世的律法是为了惩治罪恶。每一条律法都是为着遏制罪而颁布的。那它不能使人称义吗？不能。我不去杀人，不犯奸淫，不偷窃或犯其他的罪，是出于被迫，因为我害怕坐牢、绞架和审讯椅。这些律法管束我，就像铁笼子管束狮子和熊，否则它们会把一切都咬烂。这样强迫而来的自我约束不能被视为义，反而是不义的一种显明。就像我们把一头野兽绑起来以防它兽性大发，律法也是勒住狂暴之人，以免他们野性发作。对约束的需要清楚地说明了，那些被律法约束之人，不是义的，乃是邪恶的，他们正需要辔头和嚼环。律法能使人称义吗？不，不能。

据此，律法的第一个功用，就是管束恶人。魔鬼使人陷入各种各样的麻烦。这样，上帝设立了政府、家长、法律、规定和民事条例。这一切至少可以绑住魔鬼的双手，使它不能在地上肆意猖獗。上帝设立俗世律法来约束罪恶，是为了保存万物，特别是为了福音传播的益处，以免恶人的扰乱过多地拦阻福音。但保罗现在所关心的，不是有关律法的俗世作用与功能。

律法的第二个功用是属灵的和神圣的。保罗用这句话来描述律法的这一属灵功用，"原是为过犯添上的"，即它是为了向人显明他的罪、他的瞎眼、他的悲惨、他的无知、他的仇恨、他对上帝的藐视、他的死亡、地狱以及咒诅。

这就是律法主要的功用，是它最有价值的贡献。只要一个人不是杀人犯、通奸者和盗贼，他就会发誓说他是一个义人。除了律法，上帝还会使用什么方法使这样的一个人降卑呢？律法是死亡的大锤，是地狱的霹雳，是上帝愤怒的闪电，它使骄傲的、无耻的假冒为善者降卑。当律法在西奈山被赐下的时候，伴随着闪电、暴风、密云、角声，把那个叫作"自义"的怪兽撕成碎片。只要一个人认为他自己是对的，他就会变得不可思议的自大和傲慢。他会仇视上帝，藐视上帝的恩典与怜悯，并且忽略基督里的应许。对这些自义之人而言，耶稣基督的白白赦罪的福音不会有吸引力。

这只自义的怪兽，这个硬着脖子的畜生，需要一把大斧子来对付。而律法，就是这么一把大斧子。于是，律法合宜的功用与目的就是为了威吓罪人，直到良心被吓破了胆。

在西奈山所发生的可怖景象描绘了律法的功用。当以色列百姓从埃及出来的时候，一种奇特的神圣感受抓住他们。他们夸口道："我们是上帝的百姓。凡耶和华所说的我们都要遵行。"（参见出 19:8）当摩西命令会众洁净他们的衣服，不可亲近女人，预备自己，这种神圣的感受达到了高峰。第三天到了，摩西带领百姓们出营，来到山脚下，站在耶和华的面前。然后发生了什么呢？以色列百姓看到整个山燃烧冒烟，在浓重的黑暗中有耀眼的闪电穿过密云，听到有角声渐渐地高而又高，不时被轰鸣的雷声打断，他们是如此害怕，以至于他们对摩西说："求你和我们说话，我们必听，不要神和我们说话，恐怕我们死亡。"（出 20:19）让我来问你，他们的自洁，他们雪一样白的衣服，以及他们的禁欲对他们有何用处？没有任何用处。没有一个人能够站立在荣耀的上帝面前。他们被上帝的可畏所震撼，都逃回自己的营中，就好像有恶魔来抓他们一样。

在今天，律法也是为着同样的效果，就像很久以前在西奈山上的情形一样。我想劝勉所有敬畏上帝的人，特别是那些准备成为福音职事的人，要好好从使徒那里学习律法的正确功用。我担心我们这一代过去之后，正确地使用律法将成为一种消失的艺术。即使是现在，虽然我们不断地解说律法和福音的不同功用，但在我们中间还是有一些人不明白律法应该如何使用。在我们死了、不在了以后，他们又会怎么样呢？

我想要读者明白，我们并不是像对手们所说的那样，要废止律法。相反，我们维护律法。我们说，当律法是为了设计它的目的而被运用的时候，它就是有益的，它要鉴察世上的犯罪，也显明属灵范畴的过犯。律法如福音一样，也是光。但律法不是像福音那样显明上帝的恩典、义和生命，而是显明罪、死亡和上帝的愤怒。这就是律法的作用，而且，律法的作用就到此为止，不应该再往前走了。

另一方面，福音的作用就是去唤醒、安慰和扶起堕落之人。福音传递的信息是，因着基督的缘故，上帝向最为不配的罪人施以怜悯，只要他们相信，基督借着他的死，已经把他们从罪和永死中拯救出来，并赐下恩典、赦罪与永生。当我们记住律法和福音的区别，我们就可以让它们各司其职。无论是在修士和经院学者的著作中，还是在古代教父的著作中，我们都找不到律法和福音之间的这个区别。奥古斯丁多少知道一些这个区别。哲罗姆和其他人对此却一无所知。教会在福音和律法的这一区别上保持沉默，产生了极大的危害。而除非我们清楚地讲明律法和福音在功用以及目的上的区别，基督教的教义将不可能保持完好无缺。

3：19 原是为过犯添上的。

换句话说，过犯就是这样被发觉的，而且过犯还会这样加增。当律法向一个人显明了罪、死亡和上帝的愤怒，他变得不耐烦，向上帝发怨言，并且悖逆。在这以前他是一个虔诚的人；他敬拜和赞美上帝；他在上帝面前屈膝感恩，就像法利赛人一样。可是现在，律法把罪和死亡向他显明了出来，他希望上帝不存在。律法激起人对上帝的仇视。于是，因着律法罪不仅被显明出来，而且实际上还会加增和扩大。

律法是一面镜子，向一个人显明他是怎样的人：一个该死的、配受永刑的罪人。律法之手将人打得如此鼻青脸肿，是为了成就什么呢？这是为了让我们可以走上恩典之路。律法是迈向恩典之路的领路人。上帝是卑微者、哀恸者和受伤者的上帝。上帝出于他的本性，要抬举卑微的人，安慰哀恸的人，医治心灵破碎的人，使罪人称义，拯救被咒诅的人。人们以为可以靠着自己成圣，而这一愚蠢的想法使他们拒绝了上帝喜悦拯救罪人的美意。上帝必须首先举起律法的大锤，把自义这只野兽，并诸如此类的自我信靠、自作聪明、自以为义和自我帮助等，砸得稀巴烂。当良心已经被律法彻底吓破胆的时候，它就会欢迎上帝恩典的福音，那就是，一位救赎主来到世上，压伤的芦苇他不折断，将残的灯火他不吹灭，却向卑微的人传讲好消息，向伤心的人施行医治，向所有被掳之人赐下罪的赦免。

然而，人类愚蠢起来竟是如此惊人，他不是去拥抱恩典的福音以及那凭着基督而有的赦罪的确据，相反，他自己找到更多的律法来满足他的良心。他说："若我活着，我就要改良我的生命。我要做这个，做那个。"人啊，如果你不做与此相反的事情，如果你不把摩西和他的律法送回西奈山，并且牵起基督的手：那双为你的罪被洞穿的手，你就永远不能得救。

当律法把你驱入绝境的时候，就让它使你再往前走一点点，让它把你直接送入基督的怀抱，耶稣说："凡劳苦担重担的人，可以到我这里来，我就使你们得安息。"

3:19 等候那蒙应许的子孙来到。

律法不会无限期地垄断话语权。我们必须晓得律法的控制力要到什么时候。如果这把大锤一直砸下去，那就没有人能得救了。律法有一个界限，是它不能越过的。律法的统治要到什么时候呢？直到"那蒙应许的子孙来到"。

这可以直接解释为直到福音来到的日子。主耶稣说："从施洗约翰的时候到如今，天国是努力进入的，努力的人就得着了。因为众先知和律法说预言，到约翰为止。"（太11:12、13）。当主耶稣来的时候，摩西的律法及礼仪律就止步了。

在属灵意义上，这意味着当律法向一个人显明出他的罪和上帝的愤怒，使得此人降卑自己并感到畏惧之后，律法就不应当在他身上继续工作了。我们必须对律法说："律法先生，放过他吧。他被对付得已经够了。你已经很好地、很正确地把他威吓住了。"现在该是福音上场了。现在就让基督以他的恩言对你讲论更美的事情，就是恩典、平安、罪得饶恕以及永恒的生命。

3：19 并且是藉天使经中保之手设立的。

在这里使徒稍稍离开了一下他当下讲的主题。他想到一些事情，他就讲述出来。他想到了律法和福音还有一个区别，就是作者不同。律法是由天使传递的，但福音是主自己传扬的。这样，福音高过律法，就像上帝的话语高过他仆人的话语一样。

律法的设立是经由甚至比天使更微小之人的手，而此人就是中保摩西。保罗要我们晓得，比起摩西借律法而有的中保工作，基督是更美之约的中保。摩西带领以色列百姓出营去迎见上帝，但是他们都被吓跑了。这就是摩西这样的中保所做的工作。

保罗说："当整个自洁了的以色列百姓，甚至中保摩西，都在上帝的声音之下颤栗时，律法如何能使人称义呢？当众人都从它逃开，并且用最糟糕的方式仇视它时，你称这是哪一门子义呢？如果律法能使人称义，大家会喜欢律法的。但是请看一看，以色列的百姓都从它逃跑了。"

以色列百姓从西奈山逃离这件事显明了人们对律法的感受。他们不喜欢它。如果这是证明称义不是靠行律法的唯一论据，圣经中的这段历史就可以说明这一点。在律法颁布之日，摩西和所有自洁了的百姓都从它逃离，大家跑得如此之快，就是大山甚至是红海都不能阻挡他们一口气跑回到埃及——这样，从律法而来的义是怎样的义呢？如果他们都不能忍受听到律法，怎么能指望他们行出律法呢？

如果整个世界站在西奈山的前面，整个世界都会和以色列百姓一样仇视律法，并且逃离它。整个世界都是律法的仇敌。这样，当每一个人都仇视律法以及它神圣的作者时，律法如何能使人称义呢？

这些都显明了经院学者们对律法是何等无知，他们不知道它的属灵功用与目的。律法不是为着使人称义，或安慰忧伤痛悔的心，而是为了使罪显多，为了威吓良心，为了彰显上帝的愤怒。教皇党人因为自己的无知，天天喋喋不休地讲说人的良善，人有正确的判断力，以及人有能力成全上帝的律法。请问一问西奈山颁布律法之日那些在场的以色列百姓，这些经院学者们说得对不对。也请问一问大卫，他常常在《诗篇》中抱怨被上帝离弃了，落入阴间，他是怎样为自己的罪感到惊惶，为上帝的愤怒和审判感到忧伤。是的，律法不能使人称义。

3:20 但中保本不是为一面作的。

在这里使徒简要地对比了两个中保：摩西和基督。保罗说："中保不是为一面作的。"中保必须是为两面作的：冒犯人者和被冒犯者。摩西就是律法和被律法所冒犯的人之间的中保。人们被律法所冒犯，因为他们不明白律法的功用。这就是摩西放在自己脸上的帕子。人们被律法所冒犯的另一个理由是，他们不能直接注视摩西的脸。摩西脸上有上帝的荣光。当摩西与他们说话时，他只好用帕子蒙上脸。如果没有另一个中保，就是帕子，他们就不能听他们的中保摩西说话。律法必须改变它的面孔和声音。换句话说，律法要变得使人能够容忍。

这样，律法被遮盖了，它不再能以它不加掩饰的威严向众人说话。律法变得更容易被良心容忍。这就解释了人们为什么不能正确地认识律法，结果是，他们变成了自觉安全、傲慢自大的假冒为善者。以下两件事中的一件必要成就：要么律法被帕子蒙上，并随之失去它完整的效力；要么拿去帕子，律法的力量便置人于死地。若没有帕子蒙着，人无法忍受律法。于是，我们要么被迫超越律法去寻求基督，要么作为无耻的假冒为善者和自觉安全的罪人度过一生。

保罗说:"中保原不是为一面作的。"摩西不能只是上帝的中保,因为上帝不需要中保。再者,摩西也不能只是人的中保。他是上帝与人之间的中保。中保的职事就是安抚被冒犯的一方,并且使冒犯人的一方得到平安。然而,摩西中保的工作只是改变了律法的语气,使它变得能为人忍受。摩西中保的工作就像是帕子的工作。他并不能提供使人遵守律法的能力。

若是在赐下律法的时候,没有一位中保,没有一位两下斡旋的侍奉工作,你能想象会发生什么事情吗?人就会灭亡,或者他们即使逃脱了,也需要另一位中保来保全他们的性命,并且维护律法的权威。摩西为此而来,被立为中保。他用帕子遮住自己的脸。但这也就是他力所能及的。他不能救人逃离律法的恐吓,而罪人需要更美的中保。

这更美的中保就是耶稣基督。他并没有改变律法的语气,也没有用一块帕子把律法遮掩起来。他完全承受了律法愤怒的审判,而且一丝不苟地成全了律法的要求。

就这更美的中保,保罗说:"中保不是为一面作的。"我们是冒犯者,上帝是被冒犯者。这样性质的冒犯是上帝所不能饶恕的。我们也不能为我们的过犯提供足够的补偿。这就是上帝与我们之间的冲突。上帝能废除他的律法吗?不能。从上帝那里逃离怎么样?我们根本办不到。这就需要基督来到我们和上帝之间,使上帝与我们和好。基督是如何成就此事的?"又涂抹了在律例上所写攻击我们、有碍于我们的字据,把它撤去,钉在十字架上"。(西 2:14)

"中保"这一个词,就是说明律法不能使人称义的足够证据。否则我们就不需要一位中保了。

在基督教神学中,律法不能使人称义。而事实上它的果效恰恰相反。律法警告我们,它显出我们的罪,乃至我们开始仇视律法以及它神圣的作者。你会称这个就是靠律法称义吗?

你能想象一个比仇视上帝和厌恶他的律法更可怕的大罪吗？下面的律法是多么的棒。请听："我是耶和华你的神，曾将你从埃及地为奴之家领出来。除了我以外，你不可有别的神……我必向他们发慈爱，直到千代……当孝敬父母，使你的日子在耶和华你神所赐你的地上得以长久……"（出20:2、3、6、12）难道这些不是卓越的法律，不是完美的智慧吗？可是以色列百姓却叫道："不要让上帝对我们说话，免得我们死。"一个人会拒绝去听对他好的东西，这不是很稀奇吗？我想，任何人都会喜悦听到上帝是一位满有恩典的上帝，他向千万人存留慈爱。"不可杀人，不可奸淫，不可偷盗"，人们会仇视这样一个增进他们的安全与福祉的律法，这不是很稀奇吗？

律法除了搅动我们的良心不能做别的。没有律法以前，我感觉不到罪。但是当律法来了，罪、死亡和地狱就都向我显明了。你不当把这个叫作称义。你应当把它叫作被定罪，它宣判人要面对死亡和永火。

3:20 神却是一位。

上帝没有亏欠过任何人，所以他不需要中保。但是我们亏欠了上帝，所以我们需要一位中保。并且我们需要一位比摩西更美的中保。我们需要基督。

3:21 这样，律法是与神的应许反对吗？

在保罗谈中保的问题之前，他说明了律法不能使人称义。那我们应该丢弃律法吗？不，不应该。因为它能满足一定的需要。它满足了人认识自己罪性的需要。而现在就产生了另一个问题：如果律法除了显明罪之外不能做更多的事情，那它不是与上帝的应许相反对吗？犹太人相信，借着行律法而来的约束与自律，他们可以加速上帝应许的成就，事实上是赢得上帝的应许。

保罗回答道："不是这样。相反，如果我们过于关注律法的话，上帝的应许就会被耽搁。对一群仇视律法的人，上帝如何能成就他的应许呢？"

3:21 断乎不是。

上帝从来没有对亚伯拉罕说："地上的万国要因你得福，因为你遵守了律法。"在亚伯拉罕还未受割礼，还没有任何律法存在的时候，事实上，是在他仍是一个偶像崇拜者的时候，上帝对他说："离开你的本地、本族和父家；我要作你的盾牌；万国都要因你的后裔得福。"这些都是无条件的应许，上帝将它们白白地赐给亚伯拉罕，这与善工无关。

这是特别针对犹太人的，他们以为他们的罪会拦阻上帝应许的实现。保罗说："上帝不会因为我们的罪，就对他的应许懈怠，也不会因为在我们这一边有什么功德而加速他应许的实现。"上帝的应许并不被我们的态度所影响。上帝的应许完全在于他自己的良善与怜悯。

恰恰因为律法使罪显多，它就不会拦阻上帝的应许。律法确认了应许，因为它预备一个人的心，使他寻求上帝之应许在基督里的成就。

常言说得好，饥饿是最好的厨子。律法使忧伤的良心对基督充满饥渴。这样，基督对他们而言，品尝起来就会变得如此美好。一颗饥渴的心灵仰慕基督。而饥渴的灵魂就是基督所要的。他邀请他们："凡劳苦担重担的人，可以到我这里来，我就使你们得安息。"基督的益处是如此宝贵，他只会把它们分给那些真正需要它们以及真正渴慕它们的人。

3:21 若曾传一个能叫人得生的律法，义就诚然本乎律法了。

律法不能赐人生命，它会置人于死地。律法不能使人在上帝面前称义；它反而使罪加增。律法不能使人获得义，它反而拦阻义。使徒不断地强调和宣告，律法本身不能救人。

尽管保罗的论述清楚易懂，但是我们的敌人还是不能领会它。否则他们不会强调自由意志、天赋的能力、额外的善工，等等。为了逃避谴责，他们总是准备好了他们的注解，就是，保罗所指的只是礼仪性的律法，而不是道德性的律法。但是保罗涵括了所有的律法。他直截了当地说："若曾传一个律法……"

没有一个律法能够使人获得义，一个也没有。

3:22 但圣经把众人都圈在罪里。

在哪里讲到了呢？首先是在《创世记》3:15 和 22:18 里的有关基督的应许，在那里讲到女人的后裔和亚伯拉罕的后裔。因为这些关乎基督的应许是对族长们说的，这就意味着族长们也伏在罪的咒诅和永死之下。否则为什么需要应许呢？

接下来，保罗在圣经中所写的这一节经文把所有人"都圈在"罪里："凡以行律法为本的，都是被咒诅的。"而使徒所引用的《申命记》27:26 中的这句经文也是如此："凡不常照律法书上所记一切之事去行的，就被咒诅。"这句经文很清楚地把所有人都放在咒诅之下，不仅包括那些公开地抵挡律法之人，也包括那些热心遵行律法之人，包括修士、托钵修士和隐士，等等。

结论是不言而喻的：信心本身，可以在律法之外使人称义。若律法本身不能使人称义，那么对律法不完美的遵守以及律法的工作就更不能使人称义了。

3:22 使所应许的福因信耶稣基督归给那信的人。

在这之前使徒说道："圣经已经把众人都圈在罪中。"是永远如此吗？不是，只是等到应许成就的时候。这个应许，你会记得，就是所要继承的产业，或者说，就是上帝向亚伯拉罕所应许的福分：从律法、罪、死亡和魔鬼得释放，白白得到义、救恩和永生这些恩典的礼物。保罗说，这个应许不是靠着任何功德，靠着行任何律法或任何善工得到的。这个应许是赐给的。是给谁的呢？给信的人。在谁里面赐给的呢？在基督里面。

3:23 但这因信得救的理还未来以先。

使徒接着解释律法的功能是什么。之前保罗说过律法的颁布是为着显明上帝在一切罪人身上的忿怒。虽然律法置人于死地，上帝却把坏事变为好事。他使用律法带给人生命。上帝看到，除了律法，没有别的办法能够除去普世存在的自义的幻觉。律法就驱散了所有的自我幻觉。律法把敬畏上帝的心放在一个人的里面。没有这种畏惧，就不会有对上帝怜悯的渴望。于是上帝使用律法作为一把大锤，打碎了人一切自义的幻觉，这样，我们就可以对我们自己的能力以及对自己称义的努力感到绝望。

3:23 但这因信得救的理还未来以先，我们被看守在律法之下，直圈到那将来的真道显明出来。

对那些尚未获得恩典之人来说，律法是一座监狱。没有一个犯人喜欢监禁。他仇恨它。如果他可以，他就会不惜一切代价打烂监牢，获得自由。只要他还待在监狱里面，他就不能做任何坏事。不是因为他不想做，而是因为他不能做。监狱的铁栏和锁链约束了他。他并不为使自己被关在监狱里的罪行悔改。相反，他为自己不能像以前一样抢劫和杀人感到愤愤不平。如果他能逃脱，他马上就会重新去抢劫和杀人。

律法迫使人行为端正，至少是在表面上。我们遵守律法，是因为若我们不这样做，我们就会受到惩罚。我们的顺服是被恐惧促成的。我们在威逼之下遵行律法，并且我们在遵行的时候心怀不满。如果我们是出于对惩罚的恐惧而不去作恶，这是哪门子的义呢？这样说来，靠律法而来的义归根结底就是对罪的喜好和对义的仇恨。

尽管如此，律法仍成就了这么多，即它至少是在表面上以及在某种程度上，抑制了邪恶与犯罪。

但是律法也是一个属灵的监狱，一个名副其实的阴间。当律法开始以死亡和上帝永远的愤怒恐吓一个人的时候，这个人根本无法得到任何慰藉。他不能摆脱律法在他良心中搅动而产生的噩梦般的恐怖。在《诗篇》中，我们能够瞥见因律法而来的许多这样的恐惧。

律法是属世和属灵的监牢。它也本该如此。这正是上帝设立律法的意图所在。只是我们不应在这监牢中被囚禁过久。信心带来的自由必须超越律法的监禁。

知道如何使用律法的人有福了，因为他这样做就能使律法达成它的目标：恩典与信心。不信者对此有福之道一无所知。当该隐在一开始被关进律法的监狱的时候，他对他所犯的弑兄之罪并不感到悲痛。他以为耸一耸肩，就可以把这件事当作一个小插曲轻易打发了。"我岂是看守我兄弟的吗？"他无礼地对上帝作答。但是当他听到这不祥之言："你做了什么事呢？你兄弟的血有声音从地里向我哀告。"该隐开始感到了囚禁之意。他知道怎样从监牢中逃出来吗？不知道。他没有祈求福音来帮助他。他说："我的刑罚太重，过于我所能当的。"他只能想到监牢。他忘了他必须直面他的罪，这样他可以逃向上帝，寻求怜悯与宽恕。该隐仍旧留在监狱之内，并且毫无希望。

正如石头做的监狱是对身体的禁锢，律法作为属灵的监狱是一个折磨人的牢房。但是当那将来的真道显明出来的时候，这光景就不再了。愚蠢的良心必须在这一点上受教。对你的良心说："姊妹，好吧，你现在是在监牢里。但是你不必永远待在那里。因为经上说：'直圈到那将来的真道显明出来。'基督会领你进入自由。不要像该隐、扫罗或犹大一样绝望，他们本可以得到自由，只要他们向基督祈求帮助。放心吧，良心姊妹。你被关一会儿对你是好的。这能教会你敬仰基督。"

一个人怎么可能说自己天然就喜欢律法呢？这对我来讲很不可思议。律法是一个监牢，是需要被惧怕、被仇视的。任何一个未归信者若说他喜欢律法，他就是一个说谎者。他不知道他说的是什么。说我们爱律法，就像是说一个杀人犯喜爱关他的昏暗牢房，喜爱他的手铐脚镣，喜爱他面前的铁栏杆。律法怎么会使我们称义呢？

3:23 直圈到那将来的真道显明出来。

我们知道保罗在这里指的是基督的降临。到那时，信心与信心的对象将会完全地显明出来。我们可以将这一历史的事实应用到我们的内心生活中。当基督来的时候，他废除了律法的咒诅，带来了自由与生命。他继续不断地在信徒的心中做这样的工作。保罗说，在基督徒的身体之中，有罪存在，并且有不断的争战。我认为罪不仅是行为，也包括罪的根、树干和果子在内的全部东西。一名基督徒也许不至于落入杀人、奸淫和偷窃这样明显的大罪之中，但是他免不了会犯缺乏耐心、抱怨、仇恨、亵渎上帝这样的罪。正如年轻人有强烈的肉体情欲，中年人渴求荣耀，老年人易于贪婪。对于一名认真的基督徒而言，缺乏耐心、疑惑和仇恨上帝则会经常占据他的心。这些罪的例证，可以从包括《诗篇》、《约伯记》、《耶利米书》在内的整本圣经中收集到。

于是，每一个基督徒在内心中，会不断地经历到律法的时刻和福音的时刻。当我们感到心灵的沉重，对罪有鲜活的感受，并且有因律法而来的绝望感，我们就可以得知，我们正在经历律法的时刻。只要我们还活在世上，这种律法的时刻就会不断地重复出现。以我自己的经历为证。有很多时候，我对上帝不满，并且对他失去耐心。上帝的愤怒和上帝的审判使我不高兴，而我的怒气和我的缺乏耐心也使他不喜悦。这就是律法的活动期，这时，"圣灵与情欲相争，情欲与圣灵相争"。

当我们的心再一次因上帝慈爱的应许而苏醒的时候，恩典的时刻就回来了。我们的心独白说："我的灵啊，你为何忧郁？为何在我里面烦躁不安？难道除了律法、罪、死亡与地狱，你就不能发觉别的吗？难道那里没有恩典，没有饶恕，没有喜乐，没有平安，没有生命，没有天堂，没有基督与上帝吗？我的灵啊，不要再搅动我令我不安。仰望上帝吧，他没有爱惜他的独生爱子，却因你的罪，舍了给你。"当律法令你不能自拔的时候，你要说："律法先生，你不是这场戏的全部。那里有比你更好更美的事情。它们告诉我，我当信靠上帝。"

律法有时，福音也有时。让我们学习成为优秀的计时员。这不容易。在本质上，律法和福音相差千里，但是在我们的心中，它们贴得很近。在心灵之中，畏惧与信靠，罪与恩，律法与福音，是不断交织在一起的。

当理性听到，在上帝面前称义唯独靠着恩典，它就得出这样的结论，律法是没有价值的。所以，我们要认真学习律法的教义，以免我们犯两种错误：或者完全摒弃了律法，或者容易认为律法有救赎的能力。

我们可能以三种方式滥用律法。第一种，是来自那些自以为义的假冒为善者，他们以为自己可以靠着律法称义。第二种，是来自那些宣称基督徒的自由可以使他不必遵守律法的人。保罗说"这些人把自由当作他们罪恶的遮羞布"，他们使基督的名与福音受到羞辱。第三种，是来自那些不晓得律法是把我们领入基督的人，他们也滥用了律法。当律法被正确使用的时候，我们不可能过高地评价它的价值。它总是把我们带到基督那里。

3:24 这样，律法是我们训蒙的师傅，引我们到基督那里。

这个师傅的比喻是震撼人心的。老师是必不可少的。但是请给我找一个爱老师的学生吧！犹太人在他们对摩西的态度上就显明了他们对师傅的爱是多么可怜，他们本来是要欢呼雀跃地用石头打死摩西的。你期待不了别的。一个小学生怎么能去爱那打消他各种愿望的老师呢？如果小学生不听话，老师就会用教鞭抽他，小学生还必须要乐于接受，甚至去吻那抽打他的鞭子。你觉得小学生会感觉如何？只要老师背转过去，小学生就会把教鞭折断，扔进火里。如果他比老师要强壮，他就不会挨打，却反过来把老师打一顿。尽管如此，老师仍是不可缺少的，不然在孩子们成长的过程中就缺少了纪律、指导和训练。

可是，老师的责骂和鞭打能持续到什么时候呢？只会持续一段时间，直到孩子被训练成为他父亲合格的接班人。没有一个父亲愿意他的孩子一直被鞭打。纪律要持续到孩子被训练成为父亲合格的继承人为止。

律法就是这样的一名老师。但它不总是老师，而是直到我们被它带到基督那里为止。律法不仅仅是另一位老师而已，律法是把我们带到基督那里的专家。如果一个老师只会折磨和鞭打学生，你会怎么看这位老师呢？在过去的日子里，我们不缺少这样的老师，他们常常虐待人。律法却不是那样的老师，它不会一直折磨我们。它鞭打我们，却是为了急于把我们领到基督那里去。律法就像是一位好老师，他训练他的孩子渐渐地喜欢做他原来恨恶的事情。

3:24 使我们因信称义。

律法不是为了教给我们另一个规条。当一个人感受到律法完全的威力时，他很可能会想：我违反了上帝所有的诫命；我应当受到永死的刑罚。如果上帝饶恕我，我就会改过自新，从现在开始好好生活。这种对律法的自然而然却又错误的反应，就产生了各式各样的礼仪和善工，为要使人得到恩典和罪的赦免。

律法本是为了使我的罪变大，使我自己变小，这样我就可以因着在基督里的信心得以称义。信心既不是律法，也不是字句；信心是信靠基督，信靠他是"律法的总结"。基督如何是律法的总结呢？并不是说基督用新的律法取代了旧的律法。也不是说基督使自己成为一个非常严厉的法官，需要用善工来贿赂，就像教皇所教导的那样。对于所有信靠他的人，基督就是律法的成全和总结。律法不能再咒诅他们或定他们的罪。

但是对那些已经在基督里被称义的人，律法为他们成就了什么呢？

保罗在下面的经文中回答了这个问题。

3:25 但这因信得救的理既然来到,我们从此就不在师傅的手下了。

使徒宣告我们已从律法中得自由了。基督为我们成全了律法,我们在基督里可以活在喜乐与平安之中。但麻烦的是,我们的肉体不叫我们全心全意地信靠基督。问题不是在基督那里,而是在我们这里。只要我们还活在世上一天,罪就紧紧地抓住我们,败坏我们在基督里的喜乐。这样,我们只是部分地从律法获得了自由。"这样看来,我以内心顺服神的律,我肉体却顺服罪的律了"。(罗7:25)

就良心本身来说,它是可以欢欢喜喜地忽略律法的。但是因为罪继续地住在我们肉身之内,律法就伺机搅动我们的良心。然而,基督越来越多地加添我们的信心,而罪、律法和肉体也会随着我们信心增长的程度,而相应地消退。

若有任何人根据基督一次并永远地除去了我们的罪这一事实,反对福音与圣礼,你就知道该如何回应了。你回应说:没错,基督已经担当了我的罪。但是,我的肉身、世界以及魔鬼,总是干扰我的信心。我心中的小小信心之光不是一下子就能充满我的全身心的。这是一个逐渐充满的过程。与此同时,我以一个事实来安慰自己,就是在复活的日子,我的身体最终将要变得完全。

3:26 所以,你们因信基督耶稣,都是神的儿子。

保罗是一个真正的使徒,信心这个词总是充满在他的口中。他说,因着信,我们都成为上帝的儿女。律法不能生出上帝的儿女。律法不能重生我们。律法只能使我们记起我们旧造的出生,那时我们生在魔鬼的国度。律法至多只能预备我们通过相信耶稣基督获得新生。在基督里的信心使我们重生,并成为上帝的儿女。使徒约翰在他的福音书中为此作见证说:"凡接待他的,就是信他名的人,他就赐他们权柄,作神的儿女。"(约1:12)人和天使的话语怎能充分地颂扬上帝向我们这些可怜的罪人所发的慈爱呢?因他收纳我们为自己的儿女,又和他的儿子同为后裔,是单单借着在基督耶稣里的信心!

3:27 你们受洗归入基督的,都是披戴基督了。

"披戴基督"可以有两种理解,一种基于律法,一种基于福音。基于律法的理解就像《罗马书》13:14中说的,"总要披戴主耶稣基督",这是说要效法主耶稣的榜样。

基于福音,披戴基督可以理解为给自己穿上基督的公义、智慧、权柄、生命和基督的灵。按着天性,我们穿的是亚当的衣服。保罗喜欢称这件衣服为"旧人"。在我们成为上帝的儿女之前,我们要像保罗在《以弗所书》4:22中所说的那样,必须要脱下旧人。我们必须像脱掉肮脏的衣物一样脱掉亚当的外衣。当然,这并不像换一件衣服那样简单。但是上帝使它变得简单。他借着洗礼将基督的义披戴在我们身上,就如使徒在这一节经文中所说的:"你们受洗归入基督的,都是披戴基督了。"借着这个更新,一次新的出生,一个新的生命,开始在我们里面出现。心里就如泉水般涌起对上帝新的爱慕之情。新的决心也开始影响我们的意志。这一切都是基于福音而披戴基督的表现。不用说,当我们披上了基督的义袍之时,我们一定不要忘记也穿上效法基督的斗篷。

3:28 并不分犹太人、希腊人、自主的、为奴的,或男或女,因为你们在基督耶稣里都成为一了。

这个清单可以一直列下去:不分是传道的还是听众,不分是老师还是学者,不分是主人还是奴仆,等等。在关乎救恩之事上,阶层、学识、正直、影响力,这些都毫无分量。

这句话是保罗对律法的致命一击。当一个人披戴了基督的时候,别的任何事都变得无关紧要。无论他是犹太人——一个严格受割礼的摩西律法的遵行者,还是尊贵的、有智慧的希腊人,这都无关紧要。环境、个人价值、性格、功绩,都与称义无关。在上帝面前,这些根本不算什么。真正算数的是我们披戴基督。

一个奴仆是否很好地完成了他的职责;一个掌权者是否很明智地施行了治理;一个已婚男人是否供养了他的家庭,而且是一个诚实的公民;一个妇人是否圣洁,既顺服她的丈夫,又是一个好母亲;这些都不成为使一个人得救的资格。当然,这些美德都是值得称赞的;但是它们在使人称义之事上没有分量。世上所有最棒的律法、仪式、宗教和善行,都不能除去人的罪孽,都不能使人摆脱死亡,都不能让人赚得生命。

在世上,人和人之间有许许多多的不同,但是他们在上帝的面前没有这些区别。"因为世人都犯了罪,亏缺了神的荣耀"。(罗 3:23)在上帝面前,让犹太人、希腊人,让整个世界都闭嘴吧。那些被称义之人是因着基督被称义。若没有在基督里的信心,犹太人和他们的律法,修士和他们的教规,希腊人和他们的智慧,奴仆和他们的顺服,统统要永远地灭亡了。

3:28 因为你们在基督耶稣里都成为一了。

世上的人都有很多不同之处,这也是一件好事。如果女人和男人换了位置,儿子和父亲换了位置,仆人和主人换了位置,其结果只有混乱。然而,在基督里,他们都是平等的。我们有同一个福音,"一信,一洗,一神,就是众人的父"。一位基督,就是众人的救主。彼得、保罗和所有圣徒的基督,就是我们的基督。可以担保的是,保罗总要加上一个条件句,就是"在基督里"。如果我们不定睛于基督,我们就失丧了。

3:29 你们既属乎基督,就是亚伯拉罕的后裔,是照着应许承受产业的了。

"你们既属乎基督"的意思是,如果你们信靠基督。如果你们信靠基督,那么你们就真是亚伯拉罕的子孙。借着我们在基督里的信心,亚伯拉罕成为我们和地上万族的属灵父亲,正如应许所说,"地上万国要因你的后裔得福"。借着信心,基督属于我们,我们属于基督。

第四章

4:1、2 我说那承受产业的，虽然是全业的主人，但为孩童的时候，却与奴仆毫无分别，乃在师傅和管家的手下，直等他父亲预定的时候来到。

当保罗想到这个承受产业的孩童的例子，他明显已经结束了前面有关称义的谈论。他在这里提到这个例子是为了补充说明。他晓得对于一般人而言，一个有力的例子比深奥的论证更能给人留下印象。

"我想从日常生活中给你们举一个例子，"保罗向加拉太人写道，"只要继承人的年纪还不到，他就像一个仆人一样被对待。他在自己个人的事务上还不能行使权力，还要受到持续的看顾。这样的纪律对他是好的，否则他很快就会挥霍掉他的产业。然而，这个纪律不会一直持续下去，而是持续到'直等他父亲预定的时候来到'。"

4:3 我们为孩童的时候，受管于世俗小学之下，也是如此。

作为律法之下的孩童，我们被当作仆人和囚犯对待。我们被律法所压制和定罪，但是律法的独裁不会永远持续下去，而是到"父所定的时候"，就是基督降临并拯救我们的时候为止。

4:3 受管于世俗小学之下。

保罗在这里所说的"世俗小学"并非如某些人所想的，是指身体而言。保罗称律法是"世俗小学"，意思是，律法在某种意义上是属物质的、凡俗的、属地的。律法可以抑制罪，但是它不能救人脱离罪。律法不能使人称义，不能把人带入天堂。我不能因为我不杀人、不奸淫、不偷窃等等而获得永生。单单外在的品行端正并不构成基督教,因为异教徒为着不受惩罚或得到好名声的缘故,也遵守这些约束。我们在前面的分析已说过,这些外表的克己就形成假冒为善。当律法发挥出它更高层面的功用时,它咒诅并给良心定罪。所有这些律法的功用都不能称为神圣的和属天的。这些功用是世俗小学。

当保罗称律法是世俗小学的时候,他是指着整个律法,主要是指礼仪律,就是有关各样外在的事务,如饮食、穿着、场合、节期、日子、洁净、献祭,等等。这些都是平凡之事,并不能拯救罪人。礼仪律就像政府的法令法规,纯粹是关乎各样民事事务的,如商法、继承法,等等。至于教皇制定的禁止结婚和吃肉的教会法规,保罗在别处说它们是属魔鬼的。你不会称这样的律法是属天的。

摩西的律法是处理凡俗之事。它是用来照出这个世界中罪恶的一面镜子。借着将我们内心中的邪恶显明出来,律法使我们心中产生出一种渴望,渴望在上帝那里的更美之事。律法迫使我们投入到基督的怀抱,"律法的总结就是基督,使凡信他的人都得着义"。(罗 10:4)基督安慰律法之下的良心。就律法把我们逼到基督那里来说,它做了卓越的工作。

我并不想给人留下律法应当被轻看的印象。保罗也不想给人留下这样的印象。律法应当受尊崇。但当保罗讨论的事情是关乎在上帝面前称义时,他不得不以一种轻视的口吻来谈论律法,因为律法与称义无关。如果律法想要在称义之事上插嘴,我们就要很严肃地告诉它要守好自己的本位。良心不应当与律法交往。良心应当只晓得基督。这样说容易,但是当我们面对试炼的时候,当良心在上帝面前痛苦翻滚的时候,便不容易做了。在这样的时刻,我们只当信靠基督,就好像律法和罪不存在,而只有基督一样。我们要对律法说:"律法先生,我搞不明白你。你太啰唆了。我认为你不必对我说什么。"

当问题不关乎我们的救恩与称义的时候,我们应当高举律法,并称它是"圣洁、公义、良善的"(罗 7:12)。对于一个屡遭打击的良心来说，律法不能带来安慰。因此，我们不应当允许律法来统治我们的良心，特别是当我们想到这一事实，就是基督付出了极大、极宝贵的代价把我们的良心从律法的专制下赎买出来。让我们晓得，律法和基督是不能同床共枕的。律法必须离开良心躺卧之处，因为这床是如此窄小，以至于它不能容下两个人，就如《以赛亚书》28:20 所说的（"原来床榻短，使人不能舒身；被窝窄，使人不能遮体"）。

在使徒中间，只有保罗称律法是"世俗小学"，是"软弱的"，它的"字句叫人死"，等等。其他使徒都没有这么"轻忽"地说到律法。那些待在神学院里，想成为一流学者的人，都想学会保罗的语言。基督呼召保罗做一个特选的器皿，也使他具备超过其他使徒的表达能力，这样他作为特别的器皿就能够以清晰无误的语言来建立起称义的教义。

4:4、5 及至时候满足，神就差遣他的儿子，为女子所生，且生在律法以下，要把律法以下的人赎出来。

"时候满足"是指律法得到成就以及基督显明出来的时候。注意保罗是如何讲到基督的。他说："基督是神的儿子，也是为女子所生。"在这些话中使徒说明了基督的位格与职分。他的位格是神人二性合一。"神就差遣他的儿子，为女子所生。"这句话表明，基督是真神，也是真人。使徒这样说明基督的职分："生在律法以下，要把律法以下的人赎出来。"

保罗称童贞女马利亚为"女子"。在历史中不断有人反对保罗的这种说法，甚至一些古代教父也认为保罗应该写"童贞女"而不是"女子"。但是保罗现在是在谈论信心和基督的义，还有基督的位格与职分，不是在讲马利亚的童贞。上帝差遣他的儿子为女子所生这一事实，说明了上帝那不可测度的慈爱。"女子"这个更一般的词说明了基督是生为一个真人。保罗并没有说基督是从男子和女子生的，而只是说他从女子所生。在他的心中，马利亚是童贞女的观念是显而易见的。

这段经文进一步说明了基督降世的目的不是颁布新的律法，而是要废除律法的咒诅,"要把律法以下的人赎出来"。基督自己宣告说:"我不判断人。"(约 8:15)又说:"我来本不是要审判世界,乃是要拯救世界。"(约 12:47)换句话说:"我来不是为了颁布更多的律法,也不是为了根据现存的律法来审判人。我有一个更高更美的职分。我来审判律法并给律法定罪,这样它就不能再审判并给这个世界定罪了。"

基督是如何救赎我们的呢?他"生在律法以下"。当基督来的时候,他看到我们都在监狱里面。对此他又做了什么呢?虽然他是律法的主,他自愿把自己放在律法之下,并且允许律法对他行使权柄,事实上是允许律法来咒诅和定他罪。当律法把我们置于审判之下的时候,它这么做是合情合理的。我们"本为可怒之子,和别人一样"。(弗 2:3)然而,基督"并没有犯罪,口里也没有诡诈"。(彼前 2:22)这样,律法在他身上没有司法权。但是律法残酷地对待这无罪的、公义的、蒙悦纳的上帝的羔羊,就像对待我们一样。律法宣判他犯了亵渎和悖逆的罪。律法使他承受了整个世界的罪咎。律法使他的灵魂如此痛苦,以至于汗滴如血。律法定了他的罪,使他在十字架上受尽凌辱而死。

律法竟然无礼地反对它神圣的作者,这真是一件不可思议之事。反过来,律法在上帝的审判台前为它的无礼受到了谴责。基督本可以通过施展他的无限权能来胜过律法。然而,他为着拯救在律法之下的人并与他们在一起,就降卑自己在律法之下。基督给予律法咒诅他和定罪他的权力。他现在所具有的在律法之上的主权,是凭借他作为上帝儿子的身份以及他替代性救赎的胜利而得来的。

于是基督从良心那里驱逐了律法。律法不敢再驱逐我们离开上帝。律法继续显明罪。它高声地审判罪。但是良心在使徒保罗的话语中很快找到慰藉:"基督已经把我们从律法之下赎了出来。"良心现在可以把头高高抬起,对律法说:"你自己没有那么圣洁。你钉死了上帝的儿子。你做的是一件多么可怕的事情。你已经永远失去了影响力。"

"基督生在律法以下"这句话值得我们集中全部的注意力。这句话说明了,基督不仅只是成全了律法一种或两种容易满足的要求,而且承受了律法带来的所有磨炼。基督承受了由律法而来的一切惊恐,乃至他所经历的剧痛与恐惧是从来没有人体验过的。他汗滴如血,他需要天使的安慰,他在园中战栗地祷告,以及他在十字架上的哀哭:"我的神,我的神,为什么离弃我?"这些都雄辩有力地见证了律法的审判所带给人的刺痛。他忍受了这一切,是为了"要把律法以下的人赎出来"。

在罗马天主教的概念中,基督只是一个律法的赐予者,他甚至比摩西更严厉,而这与保罗的教导截然不同。根据保罗的意思,基督不是一位律法的代理人,而是律法的承受者。他不是律法的颁布者,而是律法的接受者。

没错,基督也教导和阐明律法。但这是附带的工作,而不是基督主要的工作。基督到世上来的目的不是为着教导律法,就像他到世上来也不只是为着行神迹一样。教导律法和行神迹并不构成他到世上来的特有目的。先知们也教导律法和行神迹。实际上,根据基督的应许,使徒们要行比他更大的事(约14:12)。基督降世的真正目的是为了废除律法的咒诅,除去罪和死亡。

如果我们按着保罗在这里所描绘的来认识基督,我们就永远不会错。我们就永远不会错误地领会律法的意义。我们就会晓得律法不能使人称义。我们会懂得一名基督徒为什么要遵守律法,他是要为着世上的和睦,为着对上帝的感恩,为着作美好的见证来吸引人归向基督。

4:5 叫我们得着儿子的名分。

保罗心中仍想着《创世记》22:18的经文:"地上万国都必因你的后裔得福。"在这封信展开的过程中,保罗称这个使人得福的应许是使人称义,是赐下生命,是救人脱离律法,是一个约,等等。现在,他也称这个应许是要我们得着儿子的名分,承受永生之产业。

是什么促使上帝接纳我们为他的儿女呢?是什么使臣服于罪恶、落在律法咒诅之下、只配得永死的人,得到了上帝永生的恩典呢?上帝收纳我们为儿子是因为基督的功德,他是上帝的儿子,却自己降卑,生在律法之下,把我们这些罪恶缠身之人从律法下救赎出来。

4:6 你们既为儿子,神就差他儿子的灵进入你们的心。

在初期教会,圣灵是以某种可见的形式降下来的。他仿佛鸽子降在基督的身上(太3:16),又以火的样子降在使徒和其他信徒身上(徒2:3)。圣灵这种可见的浇灌对于初期教会的建立是必要的,伴随着圣灵恩赐的神迹也是同样。在《哥林多前书》14:22中保罗解释了圣灵所行这些神迹的目的:"说方言不是为信的人作证据,乃是为不信的人。"一旦教会被建立起来,并且也合宜地伴随着神迹,圣灵可见的显明就停止了。

接下来,圣灵就被差遣到信徒的心中,就如这里说的,"神就差他儿子的灵进入你们的心"。这样的差遣是伴随着福音的传讲,借着福音,圣灵以火热和光照,以新的判断力,以新的渴望,以新的动力来激励我们。这一美妙的更新不是理性推理的结果,也不是个人自身发展的结果,而单单是圣灵的恩赐与工作。

我们具备了更好的判断力,我们变得更善于表达,我们无畏地为主作见证:这些圣灵的更新在世人面前或许不显眼,但它却是我们的标记。我们原来不承认基督是我们唯一的功劳,但是现在在福音的光照之下,我们承认这一点。那么,当世人看我们是宗教秩序的破坏者和现有权威的敌对者时,我们何必感觉不舒服呢?我们见证基督,而且我们的良心支持我们所做的。

我们也生活在对上帝的畏惧之中。我们如果犯罪,也不是故意犯罪,而是无意的,我们为此悔改。罪仍在我们的肉体之中,即使是在我们领受了圣灵之后,肉体仍使得我们犯罪。从外表来看,在我们基督徒与世上的任何诚实人之间似乎没有什么大的区别。一个基督徒所做的事情不是轰动性的。他根据他的呼召认真履行他的责任。他好好看顾自己的家庭,对别人友好,帮助他人。这些平凡的、日常的行为并不是引人注目的。但是修士们的操练却引来热烈的掌声。大家都认为这是神圣的工作。只有当一名基督徒所做的是出于信心,是出于一颗喜乐的心,是出于对基督的感恩之情,他所做的一切才是真正良善的,才蒙上帝的悦纳。

我们不应对圣灵是否住在我们里面有任何的担忧。我们是"圣灵的殿"(林前3:16)。当我们喜爱上帝的话语,并且乐意去聆听、谈论、书写、默想基督时,我们就可以知道,这样向着基督的心是圣灵的恩赐与工作。每当你对上帝的话语产生轻蔑之心时,你要知道,这是出于魔鬼。在平常人中,我们常看到这样对上帝话语的轻视。他们行事为人就好像上帝的话与他们无关似的。任何时候当你喜爱上帝的话语,你要感谢上帝,因为这是圣灵把对上帝话语的爱放在了你的心中。我们人自己永远不会天然地生出这种爱,这爱也不能从行律法而来。这是圣灵的恩赐。

罗马天主教的神学家们教导说,没有人能确知他是否得到了上帝的悦纳。这个教导成为他们信仰的重要题目之一。这个教导折磨人的良心,把基督从教会中驱逐了出去,并且限制了圣灵的工作。

奥古斯丁认识到,"一个人如果有信心的话,他自己会清楚地知道"。天主教的神学家们否认这一点。他们敬虔地宣称:"断乎不可!我怎么可以狂妄到自称是站立在上帝的恩典之中,是圣洁的,是有圣灵的呢!"我们应当确知我们如今是站住上帝的恩典之中,这不是从我们自身的价值来看的,而是从基督所成就的美好来看的。就如我们能肯定基督得到上帝的喜悦,我们应当同样肯定我们也得到了上帝的喜悦,因为基督在我们里面。虽然我们每一天都犯罪得罪上帝,然而就在我们常常犯罪之时，上帝的慈爱也一直遮蔽我们。所以罪不能使我们怀疑上帝的恩典。我们的确定是来自基督，那位胜过了律法、罪、死亡和所有邪恶的英雄。只要他坐在上帝的右手边为我们代求，我们就不必害怕上帝的愤怒。

我们内心对上帝恩典的确知，伴随着外在的标记，就如喜爱聆听、传讲、赞美和见证基督，又在上帝安排我们所在的岗位上忠于职守，并且帮助穷人，安慰伤心者。这些都是圣灵外显的工作，证明我们已具有蒙上帝悦纳的地位。

如果我们真的深信自己是在上帝美妙的恩典之中，知道我们的罪已经得到了赦免，知道基督的灵在我们里面，知道我们是上帝所爱的儿女，我们就会感受到前所未有的喜乐并且对上帝充满感恩。但是因为我们常常怀疑和恐惧，我们就不能确知自己处于那种喜乐当中。

操练你的良心，使它确知上帝接纳了你。与疑惑争战，直到把它打败。借着上帝的话语获得确据。对自己说："我与上帝和好了。我有圣灵。是我所信的基督使我配得这一切。我欢喜地聆听、阅读、赞美、书写他。天底下没有比基督的福音传遍天下，使无数人归信他，更令我欢喜的事情了。"

4:6 呼叫："阿爸，父！"

保罗本可以写："上帝就差他儿子的灵，进入你们的心，说（calling）：阿爸，父！"然而，他写道："呼叫（crying）：阿爸，父！"在《罗马书》第 8 章里面，使徒把圣灵的呼叫描述为"说不出来的叹息"。在第 26 节，保罗写道："况且，我们的软弱有圣灵帮助，我们本不晓得当怎样祷告，只是圣灵亲自用说不出来的叹息替我们祷告。"

基督的灵在我们心里向上帝呼求，并且以叹息为我们代求，这一事实应该大大地使我们安心，除去顾虑。然而，在我们这一边有许多因素拦阻我们，使我们不能全然地放心。我们生在罪中。怀疑上帝的良善，是我们所有人与生俱来的对上帝的疑惑。何况，我们的敌人魔鬼，四处游行，想要以这样的咆哮来吞吃我们："上帝恼怒你，他要永远地毁灭你。"在这样的困境中，我们只有一样帮助，就是基督的福音。抓紧福音，这就是诀窍。我们不能用感觉去领受基督。我们看不到他。我们的心不能感受到他的同在以及他带来的帮助。在试炼的时刻，基督徒尤其能感受到罪的权势，他肉体的软弱，魔鬼攻击的火箭，死亡的冷颤，以及上帝的怒容与审判。所有这些事情都向我们喊叫。律法斥责我们，罪恶向我们尖叫，死亡对我们咆哮，魔鬼对我们吼叫。在这一切的喧哗之中，基督的灵在我们里面呼叫："阿爸，父！"这一微弱的呼叫，压过了律法、罪、死亡和魔鬼一切的喧嚣，并在上帝那里得蒙垂听。

圣灵在我们里面呼叫，是因为我们的软弱。因为我们的软弱，圣灵奉差遣进入到我们的心中，照着上帝的旨意为我们代求，并且向我们确保上帝的恩典。

就让律法、罪和魔鬼向我们大声喊叫吧，直到天地都被它们的叫声充满了。上帝之灵的声音比它们更响亮。我们那微弱的呼求"阿爸，父"，会比地狱、罪和律法加起来的喊叫更快地蒙上帝垂听。

我们不觉得我们的叹息是呼叫。它是如此微弱，以至于我们不觉得我们在叹息。但是保罗说："鉴察人心的，晓得圣灵的意思。"（罗8:27）对我们来说，这是微弱的叹息，对鉴察人心者来说，这是寻求帮助的大声呼叫。相比之下，地狱的咆哮、魔鬼的喧嚣、律法的号叫、罪的大喊，都不过是低声耳语。

在《出埃及记》第14章中，上帝在红海之畔对摩西说："你为什么向我哀求呢？"摩西本没有向上帝哀求，他恐惧颤栗几乎不能说话，信心也落入低潮。他看到前有红海，后有追兵，以色列百姓被夹在中间。他们如何逃脱呢？摩西不知道该说什么。那么，上帝为什么说摩西向他哀求呢？上帝听到了摩西心中的叹息，这叹息在上帝听来就是大声的呼求。上帝马上知道人心里所想的。

有些人声称圣徒们是没有软弱的。但是保罗说:"我们的软弱有圣灵帮助,我们本不晓得当怎样祷告,只是圣灵亲自用说不出来的叹息替我们祷告。"我们需要圣灵的帮助,因为我们软弱又无能。而圣灵从不令我们失望。后面有法老的追兵,退路又被红海切断,摩西的处境非常糟糕。他感到自己当受到责备。魔鬼攻击他说:"这些百姓都要死了,因为他们无路可逃了。这都是你的责任,因为是你领他们出埃及的。你做了这一切。"与此同时百姓们也攻击摩西:"难道在埃及没有坟地,你把我们带来死在旷野吗?你为什么这样待我们,将我们从埃及领出来呢?我们在埃及岂没有对你说过,不要搅扰我们,容我们服侍埃及人吗?因为服侍埃及人比死在旷野还好。"(出14:11、12)但是圣灵在摩西的里面,以说不出的叹息为他代求,对上帝呼求:"主啊,因你的命令我带领这民出了埃及。请现在帮助我。"

圣灵为我们代求,不是用许多的话和冗长的祷告,而是用叹息,用像"阿爸,父"这样的微小声音。言虽简,意却无穷。它说:"我的父啊,我现在处于极大的困境中,感觉你是那么远。但是我知道我是你的儿女,因为基督的缘故,你是我的父。因为你的爱子,我成为你所爱的。""阿爸"这小小的一个词,超过了狄摩西尼和西塞罗的雄辩。

我在这一节经文上花了很多时间,是为了反驳罗马天主教会残忍的教导,他们说一个人应当被置于这样的状态:就是不能肯定他与上帝的关系。修道院为了吸引年轻人,在招募他们时说,修道院的"圣规"能够把他们带入天国。但是一旦他们进入修道院,这些年轻人就被告之要怀疑上帝的应许。

教皇一党人为了支持他们的错谬,引用所罗门的话:"我将这一切事放在心上,详细考究,就知道义人和智慧人,并他们的作为都在神手中;或是爱,或是恨,都在他们的前面,人不能知道。"(传9:1)他们把这里的"恨"解释为将要来的上帝的愤怒。其他人解释为上帝现时的愤怒。但是看来没有人能够理解所罗门的这句话。圣经在每一页中都激励我们相信上帝是怜悯、慈爱和忍耐的；他是信实的、真实的，他保守他的应许。上帝所有的应许都在他所赐的礼物，就是他的独生爱子里面成就了，"叫一切相信他的，不至灭亡，反得永生"。福音是罪人的保障。但是当所罗门的这一句话被错误解释的时候，就被用来抹煞圣经中所有的应许。

如果我们的敌手对自己在上帝面前的地位是那么的不确知，甚至到了一个地步，宣称我们的良心应该被置于疑惑的状态之中，那么，他们为什么还要把我们当作异端逼迫呢？当他们逼迫我们的时候，他们看起来从未感到疑惑和不确知。

让我们不要忘记感谢上帝，他把我们从不确知的教义中拯救出来。福音要求我们把目光从自己的善工转离，而定睛于上帝在中保耶稣基督里的应许之上。教皇要求我们不看上帝在基督里的应许，而是专注自己的善工。难怪他们总是成为疑惑与绝望的俘虏。而我们在救恩上倚靠上帝。我们的教义是确定的，就不足为怪了，因为它不是建立在我们的能力之上，不是建立在我们的良知之上，不是建立在我们的感觉、品格和善工之上，而是建立在一个更好的根基之上，是建立在上帝的应许和真理之上。

何况，所罗门的这段话不是在讲上帝对人的愤怒和慈爱，它只是在斥责人没有感恩之心。越配得敬重的人，却越不被敬重。那些应该成为一个人的最好朋友的人，却成为他最大的敌人。那些最不配得到世界赞美的人，却得到了最多的赞美。大卫是一个圣徒，也是一个好王。然而他从自己的国家中被赶了出来。先知们、基督和使徒们都被杀害。所罗门在这段经文里并不是谈论上帝的愤怒和慈爱之事，而是说人之间的爱与恨。所罗门就好像是说："上帝使用了许多圣徒与智者来扩展他的国度。然而，他们的努力却很少赢得人们的感恩。他们得到的报偿往往是仇恨与忘恩负义。"

我们就是这样被人对待的。我们以为我们会赢得众人的喜悦，因为我们带给他们平安、生命和永远之救恩的福音。但我们得到的不是喜悦，而是恼怒。一开始，是有很多人喜欢我们的教义，并且高兴地接受了它。我们把他们当作我们的朋友和弟兄，而且很高兴地以为他们会在传播福音之事上帮助我们。然而，很快地他们显明自己是假弟兄和福音的仇敌。如果你体验到别人的忘恩负义，不要灰心丧志。要像基督那样说："他们无故地恨我。""他们与我为敌以报我爱，但我专心祈祷"。（诗109：4）

让我们永不怀疑上帝在耶稣基督里的慈爱，反而坚定相信，上帝悦纳我们，他看顾我们，而且我们有圣灵为我们祈求代祷。

4：7 可见，从此以后，你不是奴仆，乃是儿子了。

这句话总结了保罗的论辩。他说："当圣灵在我们心里面呼叫'阿爸，父'时，毫无疑问，上帝已经接纳我们成为他的儿女，而且我们被圈在律法以下的日子到了尽头。"我们现在是上帝自由的儿女。我们可以对律法说："律法先生，你的统治权已经被基督拿去了。我现在自由了，是上帝的儿女。你不能再咒诅我了。"不要允许律法躺卧在你的良心里面。你的良心是属于基督的。让基督而不是律法住在那里。

作为上帝的儿女，我们是天国的后裔。天国的礼物是何等的美妙，我们的心不能想象，也是无法描述的。我们就只能依赖我们弱小的信心来度过每一天的生活，直到我们进入天国承受产业。对理性而言，我们的信仰看起来是相当孤单凄凉的。然而，因为我们的信仰是建立在无限之上帝的应许之上，他的应许又是无限的，这样就没有什么事物能够咒诅我们，或定我们的罪了。

4：7 既是儿子，就靠着神为后嗣。

儿子成为继承人，不是靠着丰功伟绩之美德，而是凭借他的出生。他仅仅是一个领受者。是他的出身，而不是他的劳力，使他成为继承人。因着完全同样的道理，我们得到了义、复活和永生这些永恒的礼物。我们不是作为雇工得到这些产业的，而是作为财产受益人得到的。我们成为上帝的儿女和产业继承人，是借着在耶稣基督里的信心。我们要为每一件事情感谢主耶稣。

我们不是某些有钱有势之人的后裔,我们是上帝的后裔,他是创造万有的全能者。如果一个人真的能懂得成为上帝的儿女和后裔对他意味着什么,在他眼中,万国和万国的荣华,和他要继承的天国的产业相比,乃是微不足道的。如果一个人拥有天国,世界对他来讲算得什么呢?难怪保罗极其渴望离世与主同在。对我们而言,再没有比地上的死亡更受欢迎的了,因为我们知道,那意味着我们所有悲惨光景的结束以及我们一切福乐的开始。是的,如果一个人能全然地相信这个,他就不会渴望在地上长久活着。对将来喜乐的憧憬会令我们情愿离世。

但是我们肢体中的律与我们心灵中的律相争,这使得完美的信心与喜乐对我们来说变得不可能。我们需要圣灵持续不断地帮助和安慰,我们需要圣灵的代求。保罗自己喊道:"我真是苦啊!谁能救我脱离这取死的身体呢?"这个取死的身体破坏了灵里的喜乐。信徒不能总是抱持着对天国的产业那甘甜与美好的期待。他常常感到自己很悲惨。

这就说明了信是多么艰难的一件事情。信心是脆弱的,因为肉身与心灵相争。如果我们能够拥有完美的信心,我们就会彻底厌恶我们在世上的生命,对今生就不会那么看重,也不会那么依恋这个世界和这个世界上的事。当我们得到这世上的事时,我们就不会觉得那么好;当我们失去它们的时候,也不会觉得那么糟。我们会远比现在更加谦卑、忍耐,且更具有仁爱之心。但是我们的信心很微弱,因为我们的心灵软弱。正如保罗所言,在今生,我们只能得到圣灵初结的果子。

4:7 靠着神(英文钦定本为 Through Christ)

使徒保罗总是把基督挂在嘴边。他预先看到,有一天,没有什么事物会比基督的福音更不为人所了解。所以他不断地讲到福音。就如他经常言及义、恩典、应许、接纳、天国的产业,他总是加上这样的词句,"在基督里"或"靠着基督",为要显明我们得到这些福分不是靠着律法，不是靠着行律法的功劳，也不是靠着我们自己的努力，或遵守人的传统，而单单是靠着、借着、因着基督。

4:8、9 但从前你们不认识神的时候，是给那些本来不是神的作奴仆。现在你们既然认识神，更可说是被神所认识的，怎么还要归回那懦弱无用的小学，情愿再给他作奴仆呢？

这句话总结了保罗对称义问题的讲论。从这里直到本书信结束，保罗主要是在谈论基督徒的行事为人。但是在保罗论及基督徒的生活实践之前，他再一次责备了加拉太人。加拉太人丢弃了正确的教义，保罗对此很不高兴。他告诉他们："你们现在拥戴假教师，他们把你们重新带回到律法里面。我藉着自己的教义，把你们从无知的黑暗中召出来，带你们进入认识上帝的奇妙光中。我把你们从奴役中释放出来，带入上帝儿女的自由之中，这不是靠着行律法的方法，乃是靠着在基督里的属天的恩典和永远的福分。你们现在怎么这么快又离弃了光明，回到了黑暗之中呢？你们怎么这么快就偏离了恩典，进入到律法，离弃了自由，回到了奴役之中呢？"

加拉太人的例子，重洗派的例子，以及我们今天其他宗派的例子，都说明了失去信仰是多么容易的一件事情。我们煞费苦心地以宣讲、写作来建立因信称义的教义。我们认真地按着福音和律法的正确次序来应用它们。但是我们的进展甚微，因为魔鬼借着使人的目光从基督的身上挪开，注目在律法上面，诱惑人心，使人进入信仰的歧途。

加拉太人在之前从不知道摩西律法，但是为什么保罗在这里责备他们说，他们归回到了律法那懦弱无用的小学呢？他为什么不对他们说："从前你们不认识神的时候，是给那些本来不是神的作奴仆。现在你们既然认识了真神，怎么还要重新侍奉偶像呢？"保罗似乎是把加拉太人的离弃福音、归回律法，与他们原先拜偶像的行为等同了起来。事实就是如此。任何人若放弃因信称义的教义，就意味着他不认识那一位真正的上帝。重新回到律法与侍奉偶像是同一件事情。当因信称义的教义被丢弃的时候，除了错谬、假冒为善、不敬虔和拜偶像，就不会剩下什么了。

除了借着基督，我们不会，也不能以别的途径来认识上帝，而这是根据《约翰福音》1∶18 的经文，"从来没有人看见神。只有在父怀里的独生子将他表明出来"。基督是我们认识上帝并明白他旨意的唯一途径。在基督里，我们认识到上帝不是一个残忍的法官，而是一个极慈爱、极怜悯的天父，他赐福我们，拯救我们，他"不爱惜自己的儿子，为我们众人舍了"。这就是真正的认识上帝。

那些不在基督里认识上帝的人就进入到这样的谬误中："我要以这样或那样的方式来侍奉上帝。我要加入这个或那个修道院。我要活跃在这项或那项慈善活动里。上帝会认可我行善的动机，并且以永生来赏赐我。难道他不是一位慈爱慷慨的父吗？他甚至把好东西赐给最不配、最无感恩之心的人。既然如此，他岂不更要因着我的善行和我的美德，把永生赏赐给我作为报偿吗？"这就是理性的宗教。这就是这个世界天然的宗教。"属血气的人不领会神圣灵的事"。（林前2∶14）"没有明白的，没有寻求神的"。（罗3∶11）这样，在一个犹太人，一名穆斯林，或者任何其他新老异端之间，就没有本质的区别。也许在人物、地点、礼仪、宗教生活、形式上有区别，但是就其根本的信念来说，它们都是一样。

罗马天主教和伊斯兰教互相争斗，这不是一件极愚蠢的事吗？修士们又怎么样呢？我们为什么因为某些愚昧的礼仪就认为一个修士比另一个修士更敬虔呢？其实他们的根本信念就像两个放在一起的鸡蛋一样没有什么区别。他们都想象着，如果我们做了这件或那件事情，上帝就会怜悯我们；而如果我们没有做，上帝就会向我们发怒。

上帝从来没有应许说，要根据一个人对宗教礼仪和规条的遵守来拯救他。那些倚靠这些宗教的人的确是在侍奉一个神,就是他们自己发明出来的神,而不是真实的上帝。真正的上帝是这样说的:任何宗教,只要在那里父不是借着圣子耶稣得到荣耀,它就不能讨我的喜悦。对所有信靠我的儿子的人,我是他们的上帝,他们的父,我接纳他们,救赎他们,使他们称义。所有其他人都落在我的咒诅之下,因为他们不敬拜我,反倒敬拜受造之物。

若没有称义的教义,就只剩下对上帝的无知。那些拒绝在基督里被称义之人都是偶像崇拜者。他们仍旧在律法、罪、死亡和魔鬼的权势之下。他们做的每一件事都是错的。

在今天,有许多偶像崇拜者,他们想要把自己算作真正认信福音的人。他们或许甚至教导人是靠着基督的受死被拯救脱离罪恶。但是因为他们更多地强调善工,而不是强调在基督里的信心,他们就羞辱了基督,扭曲了他的道。他们服侍的并不是真正的上帝,而是他们发明出来的神。真实的上帝从来不会因为一个人的善行和美德来悦纳他,而唯独是因为基督的功德来悦纳他。

常常有反对的声音说,圣经不是要求我们尽心爱主我们的上帝吗?这确实没错,因为上帝命令我们这样做,但这并不意味着我们就能够做到。毫无疑问,如果我们能够尽心地爱我们的上帝,我们就可以因自己的顺服而称义,因为经上写着说,"人若遵行,就必因此活着"。(利18:5)但是现在福音来到了,说:"因为你做不到这些事情,你不能因此活着。""你当尽心爱主你的上帝"这句话,要求完全的顺服,完全的敬畏,完全的信靠,完全的爱。可是哪里有能做到如此完全的人呢?于是,这条诫命非但不能使人称义,反而咒诅人,将人定罪。"律法的总结就是基督,使凡信他的都得着义"。(罗10:4)

"你不认识神","你侍奉神",保罗这两句看似矛盾的话,如何调和呢?我这样回答:所有人按着本性都知道有一位上帝,"神的事情,人所能知道的,原显明在人心里,因为神已经给他们显明。自从造天地以来，神的永能和神性是明明可知的，虽是眼不能见，但藉着所造之物就可以晓得"。（罗1:19、20）进一步，自古以来各个民族中都有宗教存在这一事实，说明了人与生俱来有某种本能的对上帝的认识。

如果所有人都知道上帝，保罗怎么说在听到福音之前，加拉太人不认识上帝呢？我的回答是：有两种对上帝的知识，一种是普遍的，一种是特殊的。所有人都有一种普遍的、本能的认知，就是存在一位上帝，他创造了天地，他是公义圣洁的，他会刑罚恶人。但是上帝如何看我们，他对我们的心意如何，他要为我们做什么，以及他会如何救我们，这些事是人不能凭着本能知道的。这些都必须启示给人。我可以凭肉眼认识一个人，但是仍然不了解他，因为我不知道他对我的感受如何。人本能地知道有一位上帝存在。但是他对人的心意，他们无从得知。经上写道："没有明白的，没有寻求神的"，（罗3:11）"从来没有人看见神"。（约1:18）这样，即使你知道有一位上帝存在，但是你不知道他对你的心意，也不知道他希望你做什么，这又有何益处？人们做过很多很多的猜测。犹太人想象着，如果他们专注在摩西的律法上，他们就成就了上帝的旨意。穆斯林认为《古兰经》是上帝的旨意。修士们异想天开地以为，如果他们能够履行他们所起的誓，他们就成就了上帝的旨意。但是正如保罗在《罗马书》1:21中所说的，他们自欺欺人，"他们的思念变为虚妄"。他们没有敬拜那一位真神上帝，却敬奉他们愚昧心思里的虚妄假象。

当保罗对加拉太人说"从前你们不认识神的时候"，他的意思是很直白的，"从前，你们不晓得上帝在基督里的旨意，你们却敬奉你们自己所发明的假神，以为你们必须要做这样或那样的努力。"

你把"世俗小学"理解为是指摩西的律法，或者理解为是指外邦宗教，其实并没有区别。那些从福音中坠落回到律法里的人，不比那些从恩典中坠落回到拜偶像中的人强。没有基督，所有的宗教都是偶像崇拜。若是没有基督，人们对上帝抱有的观念都是虚假的，无论你怎么称呼那观念，摩西的律法也好，教皇的训令也好，穆罕默德的《古兰经》也好，或者你自己起一个名字。

4∶9 现在你们既然认识神。

"这难道不令人感到惊讶吗？"保罗喊道，"你们本来因着听到福音，对上帝有了真切的认识，可是现在忽然之间，又从对上帝的真知识中转离到世上懦弱无用的小学中，而那只能奴役你们。"

4∶9 更可说是被神所认识的。

使徒把前一句话调转过来讲论。他害怕加拉太人完全离弃了上帝。他喊道："哎呀！你们是否已经到了一个地步，不再认识上帝了？我还能怎么想呢？然而，上帝认识你们。"我们对上帝的认识更多是被动的，而不是主动的。上帝认识我们，远胜过我们认识上帝。"你们被上帝所认识"是说上帝赐下福音给我们，又赐给我们信心与圣灵。就是在这些话中，使徒也否认了我们可以靠着行律法而认识上帝。"一切所有的都是我父交付我的。除了父，没有人知道子是谁；除了子和子所愿意指示的，没有人知道父是谁"。（路 10∶22）"有许多人因认识我的义仆得称为义，并且他要担当他们的罪孽"。（赛 53∶11）

使徒在这里直截了当地表达了他的诧异：原本借着福音已经很真切地认识了上帝的加拉太人，怎么会这么容易地被假使徒们引诱，重新回到了世间懦弱无用的小学中去了呢？若是有一些极端分子来到我们教会，讲了一两篇道，然后就把整个教会带歪了，对此我并不会感到惊讶。我们并不会比使徒们强，他们亲眼看到了自己亲手建造的教会被人拆毁了。然而，基督要掌权直到世界的末了，就像他在中世纪的黑暗时期中仍然掌权一样。

听起来保罗对律法的看法颇为负面。保罗称律法是世上的小学，是懦弱无用的。保罗这样称呼上帝神圣的律法，是不是有些大不敬了？律法应当为基督进入人心预备道路。这是律法真正的目的和功用。但是律法若想要篡夺福音的地位和功用，它就不再是上帝的神圣律法了，而是一个假福音。

如果你想更多思考这事，你也会发现，律法是懦弱无用的，原因在于它使人懦弱无用。律法既无能力，亦无资源使人能够在上帝面前成为刚强和丰富。想要靠着律法称义，就如同一个人已经非常虚弱无力，却想要在虚弱无力中找到力量；又好像一个人，已经得了病，却想要借着把自己暴露在鼠疫中来得到医治；也好像一个麻风病人找到另一个麻风病人来求医治，一个乞丐找到另一个乞丐来求财富。

那些想要靠着行律法称义之人会因此变得越来越软弱无力和绝望。他们一开始就是虚弱和一贫如洗的。但是为了得救，他们就抓住了律法的稻草。律法只能加重他们的贫乏和虚弱。律法使他们比以前要虚弱和贫穷十倍。

我和其他许多人都经历了这一真理。我认识那些修士，他们极其辛苦劳力，为要蒙上帝悦纳，得着救恩，可是当他们越发劳力，他们就变得越发烦躁、苦毒、疑惑和恐惧。你能期待什么呢？你不能借着虚弱成为刚强，借着贫乏成为富足。那些选择将律法置于福音之上的人，就像《伊索寓言》里的那只狗，丢下了肉，却要去抓住水中的影子。在律法中没有满足。不断地收集律法来折磨自己和别人，这里会有什么满足呢？一条律法会孕育出十倍多的律法，直到它们的数目成千上万。

有谁会想到，这些受过大有能力的使徒和教师保罗教导的加拉太人，竟然会这么快就被假使徒们引诱偏离了真道？从福音中坠落是一件很容易的事情，因为极少有人能真正懂得认识基督是怎样宝贵的财富。人们的信心没有在试炼中经过足够的操练；他们没有和罪摔过跤；他们活在没有争战的安全感中。因为他们从来没有在苦难的火炉中经历试炼，他们就没有合宜地穿上上帝的军装，也不知道如何使用圣灵的宝剑。只要有忠心的牧者看顾他们，他们就暂时没有问题。但是一旦忠心的牧者离开了，披着羊皮的狼进入到他们中间，他们会重新回到懦弱无用的世上小学里去。

无论是谁，若回到了律法，他便失去了真理的知识，就未能认识到自己的罪性，就不认识上帝，不认识魔鬼、不认识他自己，也不明白律法的含义与目的。一个人若没有对基督的知识，他就总是争论说律法对救恩是必需的，律法可以使软弱者刚强，使贫乏人富有。凡在这种理论占主导地位的地方，上帝的应许便被否定了，基督被降级，假冒为善和偶像崇拜就被建立。

4：9 怎么还……情愿再给他作奴仆呢？

使徒很尖锐地质问加拉太人，他们是否愿意重新回到律法的奴役之下。律法是软弱贫穷的，罪人也是软弱贫穷的——这两个软弱的乞丐想要互相帮助。他们做不到。他们只能使彼此更加疲惫。但是借着基督，一个可怜软弱的罪人能够被更新，进入永生，成为富足的人。

4：10 你们谨守日子、月份、节期、年份。

使徒保罗知道那些假使徒教导给加拉太人的是什么：遵守日子、月份、节期和年份。犹太人有义务遵守安息日为圣，还有五旬节、逾越节、住棚节和其他节日。假使徒们约束加拉太人要遵守这些犹太节期，否则就威胁说他们会落在咒诅之下。保罗急切地告诉这些加拉太人，他们是以世上懦弱无用的小学掉换了他们作为基督徒的自由。

4：11 我为你们害怕，惟恐我在你们身上是枉费了工夫。

当保罗想到他恐怕是徒然地把福音传给了加拉太人，这令他感到哀伤。但这句话表达的又不仅仅是哀愁，在对加拉太人的失败感到失望的背后，是保罗对他们严厉的斥责，因为他们丢弃了基督，并且证明他们自己是执迷不悟的不信者。但是保罗没有公开地谴责他们，因为害怕过于严厉的语言会使他们更加远离。于是保罗改变了语气，用慈爱的话语对他们讲论。

4:12 弟兄们，我劝你们要像我一样，因为我也像你们一样，你们一点没有亏负我。

到目前为止，保罗关注的一直是加拉太人背道这件事的教义层面。对他们的缺乏恒心，保罗没有隐藏自己的失望。他斥责了他们。他称他们为无知的加拉太人，将上帝的儿子重钉十字架，等等。至此，他书信中相对而言更为重要的部分已经结束了，他意识到他在处理加拉太人的问题上有些严厉了。保罗担心这样做所造成的伤害会大于其所带来的益处，他便特意地让他们知道，他对他们的责备是出于对他们的爱，以及作为使徒对他们的福祉的真正关怀。保罗渴想以温柔的情怀来缓和自己严厉的言辞，以能够将他们重新赢回。

每一个牧者和传道人都应该像保罗那样，对迷失的羊有着深切的关怀，并以温柔的心引导他们。他们是不能以别的方式来归正的。过度严厉的话语会激起恼怒和绝望，但是不能带来悔改。在此顺便让我们记住，纯正的教义总是能产生和谐。当人接受错谬时，基督徒彼此间爱的连结就断开了。

在改教运动开始的时候，我们被视为基督真正的执事而受到尊重。突然间，某些假弟兄们开始恨我们。我们没有冒犯过他们，他们没有恨我们的理由。他们那时和现在都知道，我们唯一的渴望就是在各处传扬基督的福音。是什么改变了他们对我们的态度呢？是错谬的教义。加拉太人被假使徒们诱惑进入错谬，就不再承认保罗是他们的牧者。保罗的名字和教义对他们而言变得臭名昭著。我觉得这封书信恐怕只能把极少数的人从错谬中召回来。

保罗知道假使徒们会滥用他对加拉太人的责备，从而达到他们自己的目的，他们会说："你看，这就是你们赞美有加的保罗。他在这封信里都以什么美妙的名字来称呼你们？当他和你们在一起的时候，他行事为人看起来好像是一位父亲，可是现在他看起来好像是一个独裁者。"保罗知道假使徒们会怎么做，所以他很担心。他不知道该如何说。一个人要在远方为自己辩护，不是一件容易的事情，何况他有理由相信，他个人在当地已经不受欢迎了。

4:12 弟兄们，我劝你们要像我一样，因为我也像你们一样。

当保罗恳请加拉太人像他一样时，他表达了这样的盼望，就是希望他们对保罗的感情能够像保罗对他们一样。"也许我对你们有些严厉了。请原谅。不要以我的言辞来判断我的心"。

我们自己也需要有这样的考量。我们写作的方式是犀利和单刀直入的，但是在我们的心中没有苦毒。我们所求的是荣耀基督，造就别人。我们不是恨教皇以至于盼他得病。我们也不盼望那些假弟兄们死。我们盼望他们能够从他们邪恶的道路上转回，归向基督，与我们一同得救。一个老师管教学生是为了更新他。杖打人是痛的，可是管教是必需的。一个父亲责罚他的儿子是因为他爱他的儿子。如果他不爱他的儿子就不会管教他，而是让他放任自流，直到自食恶果。保罗恳请加拉太人将他的管教视作他真的关爱他们的标志。"凡管教的事，当时不觉得快乐，反觉得愁苦，后来却为那经练过的人结出平安的果子，就是义"。（来 12:11）

虽然保罗要缓和他斥责之言辞的影响，但是他不收回它们。当医生给病人开苦药的时候，他这么做是为了医治这个病人。药很苦这个事实并不是医生的错。疾病需要苦药来治。保罗希望加拉太人能根据相应的处境来判断他的言辞，因为是这样的处境使他的言辞成为必需。

4:12 弟兄们，我劝你们……你们一点没有亏负我。

保罗称加拉太人是"受迷惑的"、"不顺服的"、"将基督重钉十字架者",你觉得他此处是在恳求他们吗?使徒称这是真挚的恳求。事实上也是如此。当一个父亲管教他的儿子时,那意味着他好像是在对儿子说:"我儿啊,我恳求你,做个好孩子。"

4:12 你们一点没有亏负我。

"我不生你们的气,"保罗说,"我为什么要生你们的气呢?因为你们并没有伤及我什么。"

对此,加拉太人回应说:"你如果不是对我们生气,为什么说我们是偏离正路的,说我们背弃了纯正的教义,说我们是无知的、被迷惑的,等等呢?我们一定是在某些事上得罪了你。"

保罗回答说:"你们加拉太人没有伤害我。你们伤害了你们自己。我责备你们是为着你们好。我没有理由盼着你们不好。上帝为我作见证,你们没有得罪过我。相反,你们对我非常好。我给你们写这封信的原因是我爱你们。"

苦口的药必须加上蜂蜜和糖,从而变得甜一些,这样更易下咽。当父母责罚他们儿女的时候,他们给孩子苹果、梨和其他的好东西,说明父母是为着他们的好。

4:13、14 你们知道我头一次传福音给你们,是因为身体有疾病。你们为我身体的缘故受试炼,没有轻看我,也没有厌弃我,反倒接待我,如同神的使者,如同基督耶稣。

"你们加拉太人对我非常好。当我在肉体的软弱之中,在极大试炼之中,向你们开始传福音的时候,你们没有感觉受伤害。相反,你们如此有爱心,如此仁爱,对我如此有情谊,你们接待我如同接待天使,接待基督耶稣。"

事实上,加拉太人在接待向他们传福音的保罗之事上是应当受到称赞的,因为在众人之中保罗外表粗俗平常,又饱经沧桑。无论他在哪里传福音，犹太人和外邦人都会向他吼叫。他同时代的所有宗教人士和有影响力的人都斥责他，但是加拉太人并不介意，对于他们这是很大的荣誉。保罗也没有忘记为此称赞他们。保罗没有将这样的称赞用在别的教会身上。

圣哲罗姆和其他的古代教父断言保罗在这里的软弱是指某些身体的缺陷，或是情欲之事。哲罗姆和其他这样下诊断的人是生活在这样一个年代：教会处在富足与平安当中，神父们的财富和地位都不断攀升，神父和教牧人员们也不再坚守上帝的道。难怪他们不能理解保罗。

当保罗说他自己身体的软弱之时，他并不是说有一些身体的缺陷，或是肉体的情欲，而是指在他身体之中所经历的患难与痛楚。这些软弱是什么，保罗自己在《哥林多后书》12:9、10中做了解释："他对我说：'我的恩典够你用的，因为我的能力是在人的软弱上显得完全。'所以，我更喜欢夸自己的软弱，好叫基督的能力覆庇我。我为基督的缘故，就以软弱、凌辱、急难、逼迫、困苦为可喜乐的，因我什么时候软弱，什么时候就刚强了。"而且在同一卷书中的第11章，使徒写道："我比他们多受劳苦，多下监牢，受鞭打是过重的，冒死是屡次有的。被犹太人鞭打五次，每次四十减去一下；被棍打了三次，被石头打了一次，遇着船坏三次，一昼一夜在深海里。"（林后11:23—25）保罗说到自己身体软弱的时候，不是指某些长期的疾病，而是指各样的患难。他提醒加拉太人，他是怎样常处在险境之中，在犹太人、外邦人和假弟兄的手下，他又是怎样忍受饥饿和缺乏。

而今天，说到圣徒的受苦常常会冒犯人。保罗晓得这一点，所以他对加拉太人有很高的评价，因为他们不在意保罗所受的苦难，而是像接待一位天使一样地接待了他。基督曾事先警告那些忠心跟随他的人，十字架会成为绊脚石，他说："凡不因我跌倒的就有福了。"（太11:6）是啊，认信耶稣是万王之王，是全世界的救主，不是一件容易的事情，因为他被人毁谤，被人轻看，成为世人的笑柄（诗 22∶7）。叫我说，把这一位悲惨的基督，把这一位如此被恶意嘲笑、被往脸上吐口水、被鞭打、被钉十字架的基督，看得比最富有之人的财富、最有能力之人的力量、最有智慧之人的聪明都宝贵，实在是了不起的一件事情。若是这样，真是应当被称为有福的。

保罗不仅有外在的苦难，也有内心的、属灵的苦难。他在《哥林多后书》7∶5 提到了这些，"外有争战，内有惧怕"。在他写给腓立比教会的信中，保罗提到以巴弗提身体的恢复，说这是上帝怜悯的一个特别的作为，"免得我忧上加忧"。

保罗受到了如此多的患难，所以当我们听到他大声夸奖加拉太人不像别人那样被他所冒犯时，就不奇怪了。这个世界以为我们癫狂了，因为我们自己处在压力之下，却四处奔走安慰别人，帮助别人，拯救别人。人对我们说："医生，你医治自己吧！"（路 4∶23）

使徒告诉加拉太人，他会在他的记忆中永远记住他们的友情。间接地，保罗也提醒他们，在假使徒们来到之前，他们是怎样地爱他，并且也给他们一个暗示，盼望他们能回到起初对他的爱里面。

4∶15 你们当日所夸的福气在哪里呢？

"你们过去要比现在有福得多。你们加拉太人曾如何告诉我你们是蒙福的。我原来是怎样地夸奖你们呢？"保罗使他们回想原来更美好的时光，是为了缓和他严厉责备的语气，以免假使徒们乘机毁谤他，为达到支持他们自己并损害保罗的目的而谬解他的信。这些狡猾的草中毒蛇可以做出任何事。他们能够扭曲一个诚实人所说的话，把话的意思颠倒过来，以达到他们想要的目的。他们就像蜘蛛，能够从甜美芳香的花朵里面吮吸出毒汁来。花朵里面并没有毒汁，而蜘蛛的本性能够把任何美好的、完美的东西变为毒药。

4:15 那时，你们若能行，就是把自己的眼睛剜出来给我也都情愿。这是我可以给你们作见证的。

使徒继续夸赞加拉太人："你们不仅善待了我，而且若是需要，你们可以挖出眼睛给我，并为我牺牲性命。"事实确是如此，加拉太人为保罗牺牲了他们的性命。因为接待和供养保罗，加拉太人把所有犹太人和外邦人的仇视和妒恨都引到了自己身上。

今天，路德的名字同样是一个耻辱的标记。任何一个欣赏路德的人，会被看作比拜偶像者、作伪证者或盗贼更糟的罪人。

4:16 如今，我将真理告诉你们，就成了你们的仇敌吗？

保罗夸赞加拉太人的理由在于，为了避免给他们留下一个印象，好像因为他责备了他们，就成了他们的敌人一样。

一个真正的朋友会责备他犯错的弟兄，而犯错的弟兄如果是讲道理的，就会感谢他的朋友。在这个世界上，真理激发仇恨。任何讲真理的人，都被看为仇敌。但是在朋友之间不应如此，更何况是在基督徒之间。使徒希望他的加拉太朋友们知道，他们不应当仅仅因为他告诉了他们真理，就不喜欢他。"我告诉你们真理，是因为我爱你们"。

4:17 那些人热心待你们，却不是好意。

保罗在这里严厉地谴责了假使徒们的曲意奉承。撒旦的爪牙对人口蜜腹剑。保罗称其为"用花言巧语诱惑那些老实人的心"。（罗16:18）

假使徒们对加拉太人表现出热心，却不怀好意。从任何角度，他们都成功地使加拉太人相信，他们非常关怀他们。保罗警告加拉太人要分辨好的热心和恶的热心。"我也对你们热心，"保罗说，"像他们一样。判断哪种热心更好吧，是我的，还是他们的。不要这样轻易地被他们的热心蒙蔽。"

4:17 是要离间你们（原文作"把你们关在外面"），叫你们热心待他们。

"你们加拉太人知道为什么这些假使徒们对你们这么热心吗？因为他们期待从你们这里得到回报。而这会把我排除在外。如果他们的热心是好的，他们就不会在意你们对我的爱。但是他们仇视我的教义，想要将其铲除。为了实现这个目标，他们就四下活动，使你们的心和我疏远，并且使我在你们那里得到恶名。"保罗这样讲就质问了假使徒们。他质疑了他们的动机。保罗坚称他们的热心不过是用来欺骗加拉太人的伪装。我们的救主基督也曾警告我们说："你们要预防假先知，他们到你们这里来，外面披着羊皮，里面却是残暴的狼。"（太7:15）

保罗在每一处传讲福音带来觉醒之后，随之而来的是极大的混乱和变化，这一切都使他很受烦扰。他被称为"如同瘟疫一般，是鼓动普天下众犹太人生乱的"（徒24:5）。在腓立比，合城的人都叫嚷着他搅乱了他们的城市，并且传授他们"不可受、不可行的规矩"。（徒16:20、21）

所有这些麻烦、灾难、饥荒和战争，都被归罪在使徒们所传的福音上面。然而，面对这些因传福音而来的诽谤，使徒们没有退缩。他们知道，"顺从神，不顺从人，是应当的"，（徒5:29）也知道，搅乱世界要强过人们对基督的一无所知。

你是否想过：难道世界的这种种反应从来不曾令使徒们愁烦过吗？他们不是铁打的。他们预先知道福音革命性的特征。他们也预先看到了有一天要钻进教会的结党纷争。当保罗听到哥林多教会中有人否认死里复活之事，听到他所建立的教会正在经历各样的困难，以及当他看到福音被虚假的道理移花接木，这些对保罗来说实在都是坏消息。

但是保罗也知道问题不在福音。他不从他的职分上退缩，是因为他知道他所传讲的福音是上帝的大能，能救一切相信的人。

当时对使徒们的责难如今也同样临到我们的头上。人们告诉我们，福音就是现今世界上一切动乱的源头。没有一样错不是归在我们头上的。这有何根据呢？我们从来没有传过邪恶的谎言。我们传讲的是在基督里的好消息。我们的对手也可以为我们作见证：我们一向鼓励人们顺服权柄，因为这是出于上帝的旨意。

所有这些中伤都不能使我们气馁。我们知道没有比福音更让魔鬼仇恨的了。指责福音造成了世上各样的罪恶，是魔鬼众多的小伎俩之一。当原来教父的传统在教会中被教导的时候，魔鬼并不像现在这样激动。这正说明了我们的教义是出于上帝的，不然魔鬼会继续怡然自得的。魔鬼现在再一次地如同吼叫的狮子遍地游行，到处掀起骚动与混乱，这一事实正说明了它已经感受到了我们讲道的威力。

4∶18 在善事上常用热心待人，原是好的，却不单我与你们同在的时候才这样。

"虽然我在传福音给你们的时候，带着身体上的软弱，但当我和你们在一起的时候，你们却爱我。虽然我现在没有和你们在一处，这并不应该改变你们对我的态度。虽然我身体不和你们在一起，但是我的心和我所传讲的教义与你们在一处，这些教义都是你们要竭尽全力持守的，因为你们正是借着我所传的领受了圣灵。"

4∶19 我小子啊，我为你们再受生产之苦，直等到基督成形在你们心里。

使徒每写一个字，都是为着能够挽回加拉太人的信心。他现在充满慈爱地称他们是"小子"。他打了一个比方说："我为你们再受生产之苦。"就像父母在他们的孩子身上再造了自己身体方面的特征，同样，使徒们也在听道者的心中再造了信心，直到基督成形在他们的里面。当一个人单单信靠基督，不再依赖别物时，就有基督成形在他里面。福音产生出在基督里的信心，就像使徒在《哥林多前书》4∶15 中所说："我在基督耶稣里用福音生了你们"，以及在《哥林多后书》3：3中所说的，"你们明显是基督的信，藉着我们修成的。不是用墨写的，乃是用永生神的灵写的"。福音从使徒或传道人的口中出来，进入到听者的心中。圣灵使上帝的道生长，结出信心的果子。这样，每一位传道人都是属灵的父亲，使基督成形在听道者的心中。

与此同时，保罗也给假使徒们定了罪。他说："我从福音生了你们加拉太人，使基督成形在你们里面。但是这些假使徒们使新的东西成形在你们里面，就是摩西的样式。"请注意保罗没有说"我为你们再受生产之苦，直到我成形在你们心里"，而是说"直到基督成形在你们心里"。 假使徒们把基督的样式从加拉太人们的心中夺去，而把他们自己的样式放在里面。保罗竭力要使基督重新成形在他们心里。

4：20 我巴不得现今在你们那里，改换口气。

俗话说，信是死的通话者。所有书面的文字都缺少某些东西。你永远不能确定所写下的东西是否会打动读者，因为对方的情绪、环境和感受都在不停变化。说话就是另一回事了。如果你觉得言语有些鲁莽，或者不合时宜，就可以随之调整。难怪使徒表达了这样的愿望，就是他希望可以和加拉太人们面对面说话。那样他可以根据他们的态度来调整自己说话的语气。如果看到他们悔改了，就可以缓和自己的语气。如果看到他们仍硬着心，就要更加热切地讲论。但是在信上，使徒就不能做到这样了。如果这封信太严厉了，造成的伤害就会多于所带来的益处。如果太温和了，就不能纠正错误。但是如果保罗和他们面对面交流，就可以根据情形来改变语气了。

4：20 因我为你们心里作难。

"我不知该如何对待你们。我不知该如何在信中和你们交流。"为了确保自己利用每一种可能的方法使加拉太人回到福音当中,保罗嘲讽、恳求、夸奖和责备加拉太人,用尽了各样的方式,想要找准合适的语气。

4:21 你们这愿意在律法以下的人,请告诉我,你们岂没有听见律法吗?

在这里保罗准备要结束他的书信了,因为他不知道还有什么好说的。他希望自己能够当面见到加拉太人们,解决他们的困境。但是他不能肯定加拉太人是否明白了福音与律法之间的区别。为了保险起见,保罗又举了另一个例证。他知道人们喜欢例子和故事。他知道基督自己也大量地使用了比喻。

保罗是一个使用比喻的专家。使用比喻是很危险的事情。除非一个人扎实地把握住了基督教教义,否则最好别用比喻。

保罗所要引用的比喻来自《创世记》,这是一卷他称之为律法的书卷。没错,这卷书中没有提到律法。保罗只是根据犹太人的惯例,把摩西的这第一部书放在整体的"律法书"之内。而主耶稣甚至把《诗篇》也包含在律法书之内。

4:22、23 因为律法上记着,亚伯拉罕有两个儿子:一个是使女生的,一个是自主之妇人生的。然而那使女所生的,是按着血气生的;那自主之妇人所生的,是凭着应许生的。

这就是保罗的比喻。亚伯拉罕有两个儿子:夏甲生的以实玛利,以及撒拉生的以撒。他们都是亚伯拉罕的亲生儿子,只是两者之间有一个区别:以实玛利是按着血气生的,即不是在上帝的命令与应许之下生的,而以撒是根据应许生的。

在撒拉的许可之下,亚伯拉罕与撒拉的使女夏甲同房。撒拉知道上帝曾应许要使她的丈夫亚伯拉罕成为大国之父,她也盼望自己成为这应许之国的母。但是许多年过去了,她的盼望渐渐落空。为着不让上帝的应许因她的不能生育而落空，这个圣洁的妇人，放弃了她的权利与尊荣并将之给予了她的使女。这对她来讲，并不是一件容易做的事情。她降卑了自己。她想："上帝不是说谎者。他所应许的，他一定成就。但也许上帝不希望我成为亚伯拉罕后代的母亲。也许他喜悦夏甲得到这一殊荣。"

这样，在没有上帝话语的情况下，单单是因为撒拉的请求，以实玛利被生了下来。上帝既没有要求亚伯拉罕娶夏甲为妻，也没有祝福他们的结合。很明显，以实玛利是亚伯拉罕肉身所生的儿子，却不是凭着应许所生的。

在《罗马书》第9章里面，保罗提出了这一论证，后来在《加拉太书》中进一步将之作为一个比喻展开。在那里，保罗说，不是所有亚伯拉罕的后裔都做他的儿女。因为亚伯拉罕有两种儿女，一种是从应许生的，像以撒；另一种不是凭着应许生的，像以实玛利。通过这一论证，保罗就使骄傲的犹太人哑口无言，因为他们自以为作为亚伯拉罕的后裔，就必定是上帝的儿女，并以此来夸口。保罗在此非常清楚地表明，作为亚伯拉罕肉身的后裔，是不足以成为上帝的儿女的。成为上帝的儿女，需要信靠基督。

4:24 这都是比方。

比方并不具有很强的说服力，但是它们就像画一样，能够把一件事情形象化。如果保罗没在前面很清楚地对比了因信而来的义与因功劳而来的义，这个比方就不会有什么效果。保罗首先以不可辩驳的论证坚固了自己的立场，然后他就可以加入这个比方使人印象更加深刻，并且增添论述中的美感。

4:24、25 那两个妇人就是两约。一约是出于西奈山，生子为奴，乃是夏甲。这夏甲二字是指着阿拉伯的西奈山。

在这个比方中，亚伯拉罕代表上帝。亚伯拉罕有两个儿子，分别是夏甲和撒拉生的。这两个妇人代表两约。旧约就是西奈山，是使女夏甲

(Hagar)。阿拉伯人称西奈山为亚甲（Agar）。可能是这两个发音的相似性，使保罗想到了这个比方。就像夏甲给亚伯拉罕生了一个不是后裔而只是奴仆的儿子，同样，西奈山，就是律法，也是比方中的夏甲，所产生的是一群在律法之下、没有应许的、属肉体的为奴之人。律法有应许，但那是有条件的应许，要看人是否能成全律法。

犹太人把律法有条件的应许当作了无条件的。当先知们预言耶路撒冷的被毁时，犹太人把他们当作亵渎者用石头打死。他们从来不曾想过，律法有一个附加条件，就是，"如果你能守全律法，你便得活"。

4:25 与现在的耶路撒冷同类，因耶路撒冷和他的儿女都是为奴的。

保罗刚刚称西奈山为夏甲。他本可以称耶路撒冷就是撒拉，是新约，但是他不能这样说。地上的耶路撒冷不是撒拉，而是夏甲的一部分。夏甲就住在那里，那是律法、圣殿、祭司制度、礼仪以及在西奈山从律法所设立的各样事物的家。

若是我，我就会称耶路撒冷是撒拉，是新约。我会对这样的比方感到满意。这显明了不是每个人都有用比喻的恩赐。难道你不认为，称西奈山为夏甲，称耶路撒冷为撒拉，是非常恰当的事吗？是的，保罗也称撒拉是耶路撒冷。但是在他心中的，不是地上的耶路撒冷，而是天上的、属灵的耶路撒冷。撒拉代表属灵的耶路撒冷，在那里，没有律法，只有应许，在那里，居民们都是自由的。

为了显明律法已经被成全了，地上的耶路撒冷就遭到了彻底的毁灭，包括她一切的装饰、殿宇和礼仪。

4:26 但那在上的耶路撒冷是自主的，她是我们的母。

地上的耶路撒冷及其规条和律法，代表了夏甲和她的后裔。他们是律法、罪和死亡的奴隶。但是天上的耶路撒冷是撒拉，是自主的妇人。这个天上的耶路撒冷就是教会，就是世界上所有基督徒的总和，他们领受了同一个福音，在基督里同有一个信仰，有同一个圣灵，以及同样的圣礼。

不要以为"在上的"这个词是指天上的那个得胜的教会，它指的是地上争战的教会。在《腓立比书》3:20 中，使徒这样说："我们却是天上的国民，"这里所说的不是指在地点的意义，而是指在灵里的意义上。当一个人接受了福音属灵的赐福，他便是在天上了。这就是《以弗所书》1:3 中所说的，"他在基督里赐给我们天上各样属灵的福气"。耶路撒冷在这里是指地上的大公教会。

撒拉——教会——就是基督的新妇，生产了自由的儿女，不在律法之下。

4:27 因为经上记着："不怀孕、不生养的，你要欢乐；未曾经过产难的，你要高声欢呼，因为没有丈夫的，比有丈夫的儿女更多。"

保罗引用了先知以赛亚的预言，使用了这一部分作比方，就是多有儿女的母亲要孤单而死，而不能怀孕的妇女要有许多的儿女（赛54:1）。他把这预言用到夏甲和撒拉身上，也用到律法和福音之上。律法作为那能怀孕妇人的丈夫，生养了许多的儿女。因为历世历代的人都认为，只要自己服从律法，在外表上能够遵守它的规条，就是义的了。

虽然律法有许多儿女，但他们不是自由的，而是奴隶。作为奴仆，他们不能在家中产业上有份，却被从家中赶出去，正像以实玛利从亚伯拉罕的家中被赶出去一样。事实上，对于光明与自由的国度，律法的奴仆现在就被禁止入内，因为"不信的人，罪已经定了"。（约3:18）作为律法的奴仆，众人仍在律法的咒诅之下，在罪和死亡的权下，在魔鬼的权势之下，并且在上帝的愤怒与审判之下。

另一方面，撒拉，自由的教会，看起来是不能怀孕的。教会所传讲的十字架的福音并不像律法那样对许多人有吸引力，所以它不能找到很多的跟随者。教会看起来并不兴旺，而不信者也总是在预告教会的消亡。犹太人相当认定教会不会存在太久。他们对保罗说："因为这教门，我们晓得是到处被毁谤的。"（徒 28：22）不论教会看起来是何等的不生养、遭遗弃，是何等的软弱和荒凉，但在上帝面前，唯有她是结果子的！借着福音，教会生了无数的儿女，他们是自由的永生的后裔。

律法，"那原来的丈夫"，实际上已经死掉了。这一点不是所有人都知道或乐意知道。人们汗流浃背，辛苦劳力，担负重担，生养了许多子女，但那些子女像他们自己一样，是私生的，生来就要像以实玛利一样被赶出家门，永远地沉沦。愿一切竭力靠律法及其规条在上帝面前称义的教义、生命和宗教，都被咒诅吧！

经院学者认为摩西律法中的司法律和礼仪律因着主耶稣的到来而被废止了，而道德律却不是这样。他们并不明白。当保罗说我们已经从律法的咒诅之下被搭救出来的时候，他是指整个的律法，特别是指道德律，因为道德律比其他的规条要更加地咒诅、谴责和定罪人的良心。十诫不再有权定罪有基督居于其内的良心，因为基督已经拿去了十诫咒诅我们的权利与能力。

这里并不是说良心不再对律法的威吓敏感了，而是说，律法不能再使良心陷入绝望了。"如今那些在基督耶稣里的，就不定罪了"。（罗 8：1）"天父的儿子若叫你们自由，你们就真自由了"。（约 8：36）

你会抱怨说："但是我没有做任何事啊！"没错。在脱离律法的专制这件事上，你什么也做不了。但是请听一听圣灵借着先知的话语带给你的好消息："不怀孕不生养的，你要欢乐。"正如基督比律法更美，从基督而来的义就更胜过从律法而来的义。

律法在另一个层面上也是被终止的了。摩西的民事法与我们的无关，不会再重新生效。这并不意味着我们不再需要服从我们活在其下的民事法律了。相反，福音要求基督徒服从政府，"不但是因为刑罚，也

是因为良心"。（罗13：5）

摩西的规条或教皇的训令，也都与我们无关。但是因为生活中不能没有一些规矩，所以福音就允许我们在教会中制定一些规范，关乎特别的日期、时间、地点等等，是为了使人们知道哪一天、哪个时间、在哪里聚会听道。这些规定都是需要的，这样就可以做到"凡事都要规规矩矩地按着次序行"。（林前14：40）这些规矩也可以被修改，或被省略，只要不使软弱的人受到伤害。

然而，保罗特别是指着道德律的废止。如果我们单单是因着在基督里的信心而被称义，那么整个的律法就都毫无例外地被废止了。而这就是保罗借着以赛亚的见证所说明的：先知盼咐不能怀孕的妇人欢喜，因为她要生出很多子女，而那有丈夫、又有许多子女的妇人要被离弃。

以赛亚称教会是不能怀孕的，因为她的儿女不是靠着自己的努力而生，而是凭着信心之道，借着上帝的圣灵而生。这事关乎出生，而不关乎努力。信徒也要劳力，但不是为着成为上帝的儿女与后裔而劳力。在他劳苦努力之前，他就已经是上帝的儿女了。他生来是儿女，是后裔。他是为着上帝的荣耀以及弟兄姊妹们的益处而辛苦劳力。

4：28 弟兄们，我们是凭着应许作儿女，如同以撒一样。

犹太人自称是上帝的儿女，因为他们是亚伯拉罕的后裔。主耶稣在《约翰福音》8：39、40中回答他们说："你们若是亚伯拉罕的儿子，就必行亚伯拉罕所行的事。我将在神那里所听见的真理告诉了你们，现在你们却想要杀我。"在经文第42节中，他又说："倘若神是你们的父，你们就必爱我。"换句话来表达，他是说："你们不是上帝的儿女。如果你们是，你们就会认识我、爱我。在同一个家中出生和生活在一起的弟兄会认出彼此。你们不认识我。你们是出于你们的父魔鬼。"

我们和这些犹太人不同，他们是律法、使女所生的儿女，他们被耶稣从家中赶了出来。我们是应许的儿女，像以撒一样，是从恩典与信心生的，得到了永恒的产业。

4:29 当时，那按着血气生的，逼迫了那按着圣灵生的，现在也是这样。

这话使人得到鼓励。我们是从福音生的，在基督里面活，并且以我们的产业为喜乐，有以实玛利为我们的敌人。律法的儿女总会逼迫福音的儿女。这是我们每天的经历。我们的对手告诉我们说，在福音被我们兴旺起来之前，一切都平安无事。之后世界一片混乱。人们为所发生的各样事情怪罪我们和福音，包括为百姓对掌权者的不顺服、为战争、为瘟疫、为饥荒、为革命、为其他各种能想象到的邪恶怪罪我们。难怪当我们的对手仇视和逼迫我们的时候，他们认为自己是为上帝做了一件好事。以实玛利会逼迫以撒的。

我们可以请我们的敌人告诉我们，在使徒宣讲福音之后，有什么样的事情随之发生呢？难道随着福音到来的不是耶路撒冷的毁坏吗？当福音在全世界传播的时候，整个世界不是变得骚乱不安吗？我们不是说，是福音引发了这些动荡。这是人的罪引起的。

我们的敌人为现在的动荡怪罪我们的教义。但我们的教义是恩典与和平的教义。它并没有激起混乱。混乱的发生是因为万国、万民并世上的君王一齐起来，一同商议，要抵挡耶和华并他的受膏者（诗 2:2）。但他们所有的计谋都要化为乌有。"那坐在天上的必发笑；主必嗤笑他们"。（诗 2:4）他们愿意怎样向我们叫喊，就让他们怎样叫喊吧。我们知道他们自己是造成混乱的原因。

只要我们传讲基督，并宣告他是我们的救主，我们就当甘心被称为险恶的麻烦制造者。"那搅乱天下的也到这里来了……这些人都违背凯撒的命令"。（徒 17:6、7）犹太人就是这样说保罗和西拉的。他们这样说保罗,"这个人,如同瘟疫一般,是鼓动普天下众犹太人生乱的,又是拿撒勒教党里的一个头目"。外邦人也发出同样的抱怨:"这些人极大地搅乱了我们的城市。"

这个叫做路德的人也是这样被指责,被看为一个好像瘟疫般的人,搅乱了教皇制和整个罗马帝国。如果我保持沉默的话,一切就都好了,教皇也不会再逼迫我。但是我一开口,教皇就开始狂躁和气恼地冒烟。看起来,我们必须在基督和教皇之间做一个选择。那就让教皇灭亡吧!

基督也预先看到了世界对福音的反应。他说:"我来,要把火丢在地上,倘若已经着起来,不也是我所愿意的吗?"(路 12:49)

不要把我们敌人所说的话当回事,他们说传讲福音不能产生什么益处。他们懂什么呢?即使他们看到了福音的果子,他们也认不出来。

不管怎样,我们的敌人不能在淫乱、谋杀、盗窃和诸如此类的罪行上定罪我们。他们对我们所能说的最恶劣的话,就是我们有福音。福音错在哪里呢?我们教导说,基督,上帝的儿子,把我们从罪和永死中救赎了出来。这不是从我们自己来的教义。这是属于基督的教义。假如福音有什么错,那也不是我们的错。如果他们想否认基督是我们的救主,那就是他们的见解。我们只是见证人,观看谁会最终赢得胜利,是基督,还是基督的敌人。

在一个场合中,主耶稣评论说:"你们若属世界,世界必爱属自己的;只因你们不属世界,乃是我从世界拣选了你们,所以世界就恨你们。"(约 15:19)换句话来表达,他是说:"我是你们遇到一切麻烦的缘由。就是为着我,你们被杀害。如果你们不承认我的名,世界不会恨你们。仆人不能大过主人。如果他们逼迫了我,他们也一定会逼迫你们。"

基督担当了这一切的罪名。他说:"引起这个世界之仇恨和逼迫的,不是你们,而是我。但是欢喜快乐吧,因为我已经胜了世界。"

4:30 然而经上是怎么说的呢? 是说:"把使女和他儿子赶出去,因为使女的儿子不可与自主妇人的儿子一同承受产业。"

撒拉要求把使女夏甲和她的儿子都从家里赶出去,这对亚伯拉罕来说毫无疑问是重重一击。他为他的儿子以实玛利感到非常难过。圣经明确地用这话来形容亚伯拉罕的难过:"亚伯拉罕因他儿子的缘故很忧愁。"(创21:11)但是上帝认可了撒拉的行为,并对亚伯拉罕说:"你不必为这童子和你的使女忧愁,凡撒拉对你说的话,你都该听从,因为从以撒生的,才要称为你的后裔。"(创21:12)

圣灵语带轻蔑地称律法的崇拜者是使女的儿女。"如果你还不认识你的母亲,就让我来告诉你她是怎样的一个妇人。她是一个奴仆。你也就是奴仆。你是律法的奴仆,所以你也就是罪、死亡和永远之咒诅的奴仆。你不适合作后裔。你从家中被赶了出来"。

这就是上帝对以实玛利们,对教皇党人,对所有信靠自己功德并逼迫教会之人的宣判。因为他们是奴隶,逼迫自主妇人所生的儿女,他们就当从上帝的家中被永远地赶出去。他们将不能与应许的儿女一同继承产业。这样的宣判永远成立。

这一宣判不仅关乎那些教皇们、大主教们和修士们,他们因他们的罪恶而臭名昭著,他们的神就是自己的肚腹。这宣判也击打了那些真诚地想要靠自己的功德讨上帝的喜欢,并且通过禁欲和克己来赢得赦罪的人。甚至这些人也要被赶出去,因为他们是使女的子女。

我们的敌人并不为他们自己道德上的过失辩护,好人们却是为它感到悲哀和厌恶的。但是他们辩护并坚持他们因功劳称义的教义,而这一教义是从魔鬼来的。我们不是和那些活在明显之罪中的人争辩,而是和这样的人争辩,他们认为自己过的是天使一样圣洁的生活,宣称自己不但遵守了十诫,也听从了基督的教诲,更做了许多在上帝的要求之外的善工。我们和这类人争辩,因为他们拒绝单单把基督的功劳作为称义的基础。

圣伯尔纳是中世纪最杰出的圣徒之一。他过了圣洁的一生。但是当他面对死亡的时候,他不信靠自己圣洁的一生而获得救恩。他祷告说:"我过了邪恶的一生。但是你,主耶稣,要将天堂赐给我。第一,因为你是上帝的儿子。第二,因为你以你的受苦与受死为我赎回了天堂。你将天堂赐给我,不是因为我赚得了它,而是因为你已经为我赚得了它。"如果在罗马教会中有任何一个人能得救,那是因为他忘掉了他的好行为和美德,并且可以像保罗那样说:"不是有自己因律法而得的义,乃是有信基督的义。"(腓 3:9)

4:31 弟兄们,这样看来,我们不是使女的儿女,乃是自主妇人的儿女了。

保罗以这句话总结了不怀孕妇人的比方。这话明确地拒绝了律法而来的义,重申了因信称义的教义。在下一章里面,保罗特别强调了作为自主妇人之儿女得享的自由。他论及基督徒的自由,这是非常必要的知识。基督为我们赎买来的自由,在我们的属灵争战中,是我们的坚固保障。所以,我们就当认真学习基督徒之自由的教义,这不仅是为着确认因信称义的教义,也是为着安慰与鼓励那些信心软弱之人。

第五章

在这一章中,使徒保罗讲解基督徒之自由的教义,是为了劝说加拉太人离弃假使徒们的错谬教义所做的最后努力。为了达到这个目的,他讲明了危险,也给出了盼望,用了各样可能的方法来保守他们留在基督所赎买回来的自由之中。

5:1 基督释放了我们,叫我们得以自由,所以要站立得稳。

"要站立得稳,不要漫不经心。不要躺下睡觉,要站直。要警醒。持守基督使你们得到的自由"。那些懒洋洋躺下的人不能保守住这样的自由。撒旦仇恨福音之光。当福音之光开始照耀的时候,撒旦就用所有力量和资源来抵挡它。

保罗所说的自由是指什么呢?不是民事自由(我们要为此感谢政府),而是基督为我们买来的自由。

一度,罗马皇帝必须给予罗马大主教某些特权和豁免权。这就是民事自由。这份自由豁免一个神职人员的某些公共职责。也有另外一种"自由",就是一个人既不遵守上帝的律法,也不遵守人的法规,随心所欲地行事。这就是我们今天的人所想要的肉体的自由。我们现在说的不是这种自由。我们所说的也不是民事自由。

保罗指的是一种更美的自由,这自由使我们得到释放,不是从物质的枷锁,不是从巴比伦的被掳,不是从土耳其人的专制下得到释放,而是从上帝永远的愤怒下被释放出来。

这自由是在哪里呢?

是在良心之中。

我们的良心是自由的、安宁的,因为它不必再惧怕上帝的愤怒。这是真正的自由,与此相比,其他类型的自由都不值一提。当一个人在心里确信上帝不再向他发怒,而且为着基督的缘故永远地以慈爱待他,他能充分描述这一确信带给一个人的恩惠与安慰吗?全权之上帝成为我们的益友和父亲,他要保护我们,坚固我们,拯救我们,不仅是在今生,也拯救我们到底,进入永生:这真是一个奇妙绝伦的自由。

作为这一自由的另一结果,我们同时也从律法、罪、死亡、魔鬼的权势、地狱之下获得了自由。因为上帝的愤怒已经被基督平息了,所以就再没有律法、罪或者死亡可以咒诅和控告我们。我们的这些宿敌会继续恐吓我们,但是不会起到太大作用了。然而,基督徒之自由的价值也不能被夸大。

我们必须操练我们的良心,使它紧紧倚靠基督为我们买来的自由。虽然律法的威吓、罪的惊骇以及死亡的可怖还会时常攻击我们,但是我们知道这种感受不会一直持续下去,因为先知引用上帝的话说:"我的怒气涨溢,顷刻之间向你掩面,却要以永远的慈爱怜恤你。"(赛54:8)

当我们想到这自由是上帝的儿子耶稣基督用他自己的宝血为我们赎买回来的,我们就会更加珍惜它。这样,从基督而来的自由被赋予我们,不是因为行律法,也不是因为我们自己的义,而是因为基督的缘故,白白地赐给我们的。在《约翰福音》第8章里,主耶稣宣告说:"天父的儿子若叫你们自由,你们就真自由了。"基督站在我们和搅扰、中伤我们的魔鬼中间,而且基督已经为我们战胜了魔鬼。

理性不足以评估自由这一恩赐的价值。谁能完全懂得罪得赦免及永生的宝贵呢?我们的敌人声称他们拥有这自由。但是他们没有。当他们遇到试炼的时候,他们的信心就丧失了。当他们信靠的是自己的功劳,而不是上帝之道时,他们又能期待什么呢?

我们的自由是建基在基督自己之上,他坐在上帝的右边,为我们祈求代祷。这样,只要我们仍信靠基督,我们的自由就是确定和有效的。只要我们以恒久的信心倚靠基督,我们就拥有他所赐的这自由的礼物。但是如果我们漫不经心且无动于衷,就会失去它。保罗劝勉我们要警醒,要站立得稳,不是没有理由的。他知道魔鬼很高兴把这自由从我们中间拿走。

5:1 不要再被奴仆的轭挟制。

因为理性倾向于行律法而来的义,而不是因信而来的义,保罗称律法为轭,是奴役的轭。彼得也称它为轭:"为什么试探神,要把我们祖宗和我们所不能负的轭放在门徒的颈项上呢?"(徒15:10)

在这段经文中,保罗再次批判了靠律法可以在上帝面前称义这一有害的教义,这是人类的理性中一个根深蒂固的观念。所有人都被这一观念抓住,以至于很难把它从人的思想中拔除。保罗把那些寻求靠律法称义的人与被套在轭上的牛相比。就像牛整日伏在轭下劳力,傍晚被赶到泥泞的路旁吃草,最后当它们无法再劳力的时候被宰杀;那些寻求靠行律法称义的人则是"被奴仆的轭挟制",当他们年老,在律法的轭下筋疲力尽的时候,他们为自己赚得的赏赐是:上帝的愤怒和永远的痛苦。

我们所讨论的不是一件小事。这关乎永远的自由和永远的奴役。就如我们借着基督的职分从上帝的愤怒中得到的释放不是一个暂时的好处,而是永远的福分,同样,律法的轭所带来的折磨也不是暂时的,而是永久的。

称靠行律法称义者为魔鬼的殉道士是不错的。他们为赢得地狱所忍受的痛苦比基督的殉道者为进入天国所忍受的痛楚更多。这对他们是双重的祸患。他们先在地上以自加的苦修来折磨自己,最终当他们离世时,他们得到的是永远的咒诅。

5:2 我保罗告诉你们，若受割礼，基督就与你们无益了。

保罗被律法的暴虐所激动。他对靠律法称义的敌视带着个人性。"听着，我保罗告诉你们，"他说，"我所领受的福音不是从人来的，而是耶稣基督直接的启示。我从天上得到委托向你们传讲福音。我保罗对你说，如果你服从受割礼，基督就与你无益了。"保罗清楚地宣告，如果加拉太人受割礼，就意味着他们失去了基督受苦与受死所带来的益处。这句话也可以说是对所有宗教的批评。当人教导说，在信靠基督以外，为了得到义与永生，还需要其他的手段，比如说善工，遵守律例、传统或仪式，这就是使基督和他的救恩与人无益了。

这句经文给整个教皇制定了罪。所有的教士、修士和修女——我是说他们中间最好的那些——把得救的盼望放在自己的功劳之上，而不是放在基督身上，而且他们把基督想象为一位愤怒的法官。这句经文就是对他们说的，宣告基督与他们无益了。如果一个人能够以自己的努力来赚得罪的赦免和永生，基督为什么还要出生呢？如果人能够胜过一切的邪恶，基督的受苦与受死，他的复活，他战胜罪、死亡和魔鬼，又是为了什么目的呢？把基督变得与我们无益，是多么可怕的一件事情！而这种可怕无法用言语来表达，也是心灵所无法想象的。

一个人若没有被这话所打动，从而离弃靠律法和自己的义去寻求在基督里的自由，那么他的心就比铁石还要刚硬。

保罗并不是谴责割礼本身。如若一个人不赋予割礼任何特别的重要性，割礼对他而言就不是有害的。同样，如若一个人不把善工和任何救赎的能力联结在一起，善工对他而言就不是有害的。使徒并不是说善工不好，而是说，如若把一个人称义的盼望建基在善工之上，就是一场灾难，因为这将使基督与我们无益了。

当魔鬼控告我们的良心时，让我们记住这一点。当那古蛇控告我们，说我们从未做过任何好事，我们所做的只有恶时，要对它说："你用我以往犯罪的记忆来搅扰我；你提醒我从未做过什么善行。但这并不烦扰我，因为如果我信靠自己的善工，或者我因为自己从未行善而绝望，基督就与我无益了。我不会使基督与我无益的。如若我自以为靠我自己的善工能够赚得上帝的恩宠和永生，或者因为想到我的罪，我就对救恩绝望了，我就会使得基督与我无益了。"

5:3 我再指着凡受割礼的人确实地说，他是欠着行全律法的债。

割礼的第一个缺陷是它使得基督无益了。第二个缺陷是它迫使受割礼的人遵守全部律法。保罗如此迫切地想要说明这一点，他起誓"我确实地说"（在英文钦定本中是 I testify），其意思就是"我向着永活的上帝起誓"。保罗的这句话可以从反面来解释，意味着："我向每一个受割礼的人见证说，他不能在任何一点上遵行律法。正是在受割礼的行动上，他没有受割礼，正是在成全律法的行动上，他没有成全律法。"这似乎就是保罗要表达的意思。在后面第 6 章中，保罗清楚地说："他们那些受割礼的，连自己也不守律法。你受割礼这件事实并不意味着你称义了，从律法得自由了。事实是，由于受了割礼，你成为律法的欠债方和奴仆。你越极力成全律法，就越被律法的轭所辖制。"

我和其他人经历了这一事实。我曾经看到很多人，为了获得良心的平安，他们竭力行善以至于死。但是他们越发努力，就越发焦虑。特别是在面对死亡的时候，他们是如此不安，以至于还不如我曾经看到的杀人犯在赴死时所表现出的那种优雅和勇气。

对于教会规条而言，事实也是如此。当我还是一名修道士的时候，我竭尽全力要达到修道院设立的严格标准。我曾把我的罪列成一个清单，时时刻刻都在忏悔，若命令我遵守什么苦修，我都虔诚地履行。尽管如此，我的良心总在疑惑中翻腾不安。当我越想帮助我那可怜的良心，它就变得越糟糕。当我越专心于各样的规条，我就越是触犯它们。

这样，比起税吏、罪人和妓女，那些想要靠着律法称义的人，离义与生命要更远。因为前者更清楚，他们不能倚靠自己的功劳。他们也知道,他们永远不可能借着他们的罪而获得饶恕。

我们可以把保罗的这句话理解为,那些受割礼的人就是把自己置于全律法之下。在一处遵行摩西的律法,便要求人们在所有的地方都要服从它。若说我只需要遵守割礼,而不用遵守摩西律法的其他部分,但这只是一相情愿罢了。使人有义务去遵行割礼的理由,同样也使人有义务去遵守整个的律法。这样,承认律法有使人称义的果效,就是宣告基督还没有来到。若基督还没有来到,那么所有犹太人有关饮食、地方、节期的礼仪和律例就都仍然有效力,而基督仍是我们等待要来的那一位。然而整本圣经都见证基督已经来到,借着他的受死,他废除了律法的咒诅,而且他已经成就了先知们所预言的关于他的一切事情。

有人想要把我们放在摩西律法某些部分的轭下,但是这在任何情况下都是行不通的。如果我们允许摩西律法中的一条统治我们,我们就必须要在所有的事情上遵守它。

5:4 你们这要靠律法称义的,是与基督隔绝。

保罗在这节经文中显明了,他说的不只是割礼之事,更是在讲人如何把信任放在外在的行为之上。我可以听到他说:"我不是说律法不好;我所谴责的是人想要靠着律法称义,就好像基督还没有来到,或者基督自己不足以使罪人称义似的。这是我谴责的,因为它使基督变得没有果效。这使你与基督无分,基督不在你的里面,你也与基督里的知识、圣灵、与基督的团契,从基督而来的自由、生命,以及基督的功劳无关。你完全与基督隔绝了,以至于他和你不再有任何关系,或者你不再和他有任何关系。"这是对靠律法称义所能说出的最重的话。如果你认为基督和律法能够在你的心中并存,你就可以确知,基督并不存在你的心里。因为若基督在你心里,他就既不会定你的罪,也不会要求你信靠自己的好行为。如果你真的认识基督,你就知道善行不具有使人称义的功效,过犯也不能将人永远定罪。我并不想夺去对善行当有的赞美,也不想鼓励人作恶。但是当事关称义之时，我说，我们必须专注在基督身上，否则我们便是使他变为无益。你必须在基督和律法的义之间做出选择。如果你选择基督，你就在上帝面前成为义。如果你坚持靠律法称义，基督对你就无益了。

5:4 从恩典中坠落了。

这就是说你不再处于恩典的国度与范畴之内了。当一个人从船上掉到海里淹死的时候，他是从船的哪一头落水的并不重要。那些从恩典中坠落的人，不管他们是如何坠落的，都是灭亡。那些试图靠行律法称义之人就从恩典之中坠落了，并且要面对永死的威胁。如果对那些靠遵行道德律称义之人是如此，那么我想知道，对那些努力靠自己定的清规戒律称义的人又会怎么样呢？他们会一直落到地狱的最低处。"哦，不是，"他们说，"我们会直接飞入天堂。如果你按着圣法兰西斯、圣多米尼克、圣本尼迪克的标准生活，你会获得从上帝而来的平安与永生的。"让这些魔鬼的把戏，从哪里来的，就回到哪里去吧！听一听保罗在这节经文中是如何说的吧！这符合基督自己的教导："信子的人有永生；不信子的人得不着永生，神的震怒常在他身上。"

"从恩典中坠落了"，我们不要把这句话等闲视之。这话非常关键。从恩典中坠落了，就意味着失去了救赎，失去了罪得赦免，失去了义、自由和基督借着他的受死与复活为我们赚得的生命。失去上帝的恩典，就意味着得到上帝的愤怒与审判，得到了死亡、魔鬼的奴役和永远的咒诅。

5:5 我们靠着圣灵，凭着信心，等候所盼望的义。

保罗以这句话作了总结。"你想要靠着律法、割礼和善工称义，我们不这么看。通过这些手段来获得称义就是使得基督与我们无益了，我们会被迫守全律法。我们却当靠着圣灵等候所盼望的义。"使徒不满足于仅仅说因信称义，他又加上了盼望。

圣经以两种方式谈到盼望：作为情感的对象的盼望，以及作为一种情感本身的盼望。在《歌罗西书》第1章里，我们有一个第一种方式的例子："那给你们存在天上的盼望"，（1∶5）即所盼望之事。而盼望本身作为感情，我们可以引用《罗马书》第8章里的经文："我们得救是在乎盼望。"当保罗在给加拉太人的信中用到"盼望"这个词的时候，按这两种方式理解都可以。我们可以将保罗的话理解为："我们靠着圣灵，凭着信心，等候我们所盼望的义，就是那在时候满足之时要显明给我们的。"或者我们可以理解保罗是在说："我们靠着圣灵，凭着信心，以极大的盼望和憧憬等候义。"是的，我们已经有了称义的地位，但是我们的义还没有最终显明出来；只要我们还活着，罪就纠缠我们，肉体情欲的律就会和我们的心志争战。当罪在我们里面肆虐，我们靠着圣灵与它摔跤的那一刻，我们就有盼望的动因。我们还没有最终地达到义，完全的义尚未得到，所以我们盼望它。

这对我们来说是何等甘美的安慰啊！在安慰受伤者的时候，我们可以使用它。我们对他说："弟兄啊，你想要感受到上帝对你的喜悦，就像你真实地感受到罪一样。你要求太高了。你的义是建筑在比感觉更美的事物上。等候并且盼望，直到上帝的时候临到，义将被显明给你。不要靠感觉而活，而是靠着信心的教义而活，它将基督应许给你。"

我们或许会提出一个问题，就是信心和盼望的区别在哪里？我们觉得很难看出区别。信心与盼望是如此紧密相连，它们是不能分割开的。然而，两者之间仍然有一些区别。

第一，信心与盼望在它们的来源上有区别。信心源自于理解，而盼望是从心志中升起。

第二，两者的功用不同。信心宣告已经做成的一切。信心所做的事是教导、描述、引领。盼望勉励人心，使我们刚强和勇敢。

第三，两者的对象有所不同。信心专注在真理上，盼望仰赖上帝的良善。

第四，两者的次序不同。信心是在试炼来临之前的生命的开始（来11章）。盼望随后而来，并且是在试炼中产生的。（罗5章）

第五，两者在果效上不同。信心是一个法官，它判断对错。盼望是一名战士。盼望与试炼、十字架、沮丧、绝望摔跤，并且在灾祸之中等候更美之事。

若无盼望，信心不能坚持。另一方面，若无信心，盼望就是盲目的粗鲁和傲慢，因为它缺乏知识。在别的任何事发生之前，一个基督徒必须先有信心的理解，这样一个智慧人才知道在患难中生命的方向，并且在心里会盼望更美之事。我们以信心开始，以盼望继续。

这段经文包含了很棒的教义和很大的安慰。它宣告我们不是靠着善工、牺牲或礼仪称义，我们是唯独靠着基督称义。这个世界或许会看一些事物从来都是好的；但是若无基督，它们都是错的。割礼、律法和善工是属于这个世界的。保罗说："我们超越这些事情。"我们靠着信心拥有基督，并且在我们的患难当中，我们怀着盼望等候我们的义最终完全到来。

你也许会说："问题是，我并不感觉我是义的。"你一定不能感觉，而是要相信。你若不相信你称了义，你就是说基督错了，因为他已经用重生的洗洁净了你，他已经为你死，这样，借着他你可以得到义和永生。

5:6 原来在基督耶稣里，受割礼不受割礼全无功效，惟独使人生发仁爱的信心才有功效。

信心当然必须是真诚的。它必须是一个能凭着爱产生善工的信心。一个缺乏爱的信心不是真信心。这样，使徒就从两个方面堵住了假冒为善者自以为能进天国的道路。一方面，保罗宣告："在基督里，割礼是无益的。"就是说，不是善工，而单单是信心，在功德之外的信心，使我们能够站住上帝面前。另一方面，使徒宣告：不结果子的信心是没用的。

若有人想："既然信心使人在行为以外称义，那么我们就不要行为了。"这就是蔑视上帝的恩典。闲懒的信心不是能使人称义的信心。保罗以这种严厉的态度，展示了一个基督徒整全的生命。在内里，它由对上帝的信心组成；在外面，它彰显出对弟兄姊妹的爱。

5:7 你们向来跑得好。

这句话说得很直白。保罗坚称，他现在教导加拉太人的真理就是他一直教导他们的，而只要他们顺从真理，他们就跑得好。可是现在，他们被假使徒们诱惑了，就不能跑了。保罗把基督徒的生命比喻为一场赛跑。当每一样事情都顺利地进展的时候，希伯来人称它为一场赛跑。"你向来跑得好"的意思是，加拉太人所经历的每一件事情都很顺利且使他们充满喜乐。他们正过着一个基督徒的生活，并且在通往永生的正路上。"你们向来跑得好"，实际上是一句激励人的话。很多时候，我们的生命好像是在爬，而不是在跑。但我们若是持守纯正的教义，与圣灵同行，我们就没有什么好担心的。上帝以不同的方式来看待我们的生命。 在外面看来也许是很缓慢的成长，在上帝眼中或许是在恩典之中的大步前进呢！

5:7 有谁拦阻你们，叫你们不顺从真理呢？

当加拉太人从信心与恩典转向律法的时候，他们就在基督徒生活中受到了拦阻。保罗在暗暗地责备假使徒们拦阻了加拉太人生命的成长。假使徒们说服了加拉太人，使他们以为自己处于错误之中，而且在保罗的影响下，他们几乎没有成长。在假使徒们有毒的教导之下，加拉太人还以为自己交上了好运，现在正在基督徒的生活与知识中迅速成长。

5:8 这样的劝导不是出于那召你们的。

保罗在此说明那些受到假使徒们欺哄的人应如何重获属灵的健康。

假使徒们看上去是很和蔼的一伙人。在学问和敬虔的表现上，他们明显超过保罗。加拉太人很容易被这些外在的东西迷惑。加拉太人以为这伙人的教导是直接从基督领受的。保罗向他们证明，他们带来的新教义不是属基督的，而是属鬼魔的。就这样，保罗挽回了一些人的心。通过证明他们所信的是虚构的、歪曲的，是与上帝的道相悖的，我们也可以赢回许多被错谬迷惑了的人的心。

魔鬼是一个狡猾的骗人者。它知道如何把一个最小的罪夸大为一座山一样的大罪，直至我们认为我们已经犯了在地球上所能犯的最可怕的罪。此时，受到控告的良心必须要得到安慰和纠正，就如保罗对加拉太人所做的：他告诉他们，他们的观念不是出于基督的，因为那与福音相悖，福音描绘的基督是一位柔和与怜恤的救主。

撒旦会绕过福音，以自己邪恶的方式来描述基督："没错，基督是柔和、温柔和怜恤的，但他只是对那些圣洁的义人才如此。如果你是一个罪人，就没你的份。难道基督没有说过不信之人罪已经定了吗？难道基督没有行过许多善事，而且忍受了许多苦难，并且要我们效法他的榜样吗？你难道是说你自己符合了基督的规诫和榜样？你是个罪人。你不够格。"

我们应当这样回答撒旦：圣经从两个方面启示了基督是怎样的。一方面，基督是一件礼物。"神又使他成为我们的智慧、公义、圣洁、救赎"。（林前1:30）这样，当我信靠基督时，我许多可怕的罪就被抹去了。另一方面，圣经视基督为我们的榜样。只是在某些时候，基督作为一个榜样摆在了我们的面前。当我们喜乐和欢欣的时候，基督是我们的一面镜子，使我们反思我们的不足。但是在遇到困苦的时候，我们只当把基督作为礼物。除了基督为我的罪舍己以外，我不听别的任何东西。

对那些为自己的罪心灰意冷的人，必须将基督作为一位救主和一件礼物，而不是一个榜样来介绍给他们。但是对于生活在虚假的平安之中的罪人，我们必须将基督作为一个榜样介绍给他们。圣经中那些严厉的话语和上帝可怕的审判,也必须清楚地告诉他们。在绝望中要抵挡撒旦。对他说:"哦,受咒诅的撒旦,你选择了一个很好的时机和我谈善工和行为,就是当你知道我正在为我的罪烦恼的时候。我不听你的。我要听信基督,他说他到世上来是拯救罪人。这就是真正的基督,并无别的基督。在亚伯拉罕、以赛亚、施洗约翰、保罗和其他圣徒那里,我可以找到许许多多敬虔生命的榜样,但是他们都不能宽恕我的罪。他们都不能救我。他们也不能为我买得永生。所以,撒旦,我不会把你当作我的老师的。"

5:9 一点面酵能使全团都发起来。

对某些加拉太人来说,保罗的担心不值一提。许多人不再把他当作他们的导师,而是随从了那些假使徒们。无疑地,这些假使徒们利用各种机会把保罗污蔑为一个固执的、可鄙视的家伙,称他出于自己私欲的骄傲和嫉妒,一点儿不考虑自己的说法会破坏教会的合一。

另一些加拉太人或许认为从因信称义的教义里偏离一点是一件小事。当他们注意到保罗为了一件在他们眼中看为不重要的事情大动干戈的时候,他们就皱起眉头,对彼此说:"我们就是从保罗的教义中偏离了一点又怎么样呢?我们就是有一点错又怎么样呢?我们应当顾全大局,而不是抓住一件事情不放,免得我们破坏了教会的合一。"对此,保罗的回应是:"一点面酵能使全团都发起来。"

我们的敌人对我们所怀的也是同样的抱怨。他们把我们贬低为好挑起争端的、脾气恶劣的挑刺者。但这都是魔鬼狡猾的伎俩,它想要借此动摇我们的信心。我们的回应和保罗一样:"一点面酵能使全团都发起来。"

小错误能够长成大错误。容忍一个看似微小的错谬,会导致可怕的异端。圣经的教义不是我们能够随便处理的。我们甚至没有权力去改变它的一丝一毫。只要仍旧保持信仰和教义的纯正与完整,我们作为基督徒,在生活之中情愿去做、去忍耐、去宽恕我们的敌人所要求的一切。

使徒雅各说:"因为凡遵守全律法的,只在一条上跌倒,他就是犯了众条。"这句经文支持了我们,驳斥了我们的敌人,他们指责我们丢弃了一切的仁爱,乃至给教会造成巨大的破坏。我们不同意,因为我们渴望与人和睦胜过一切。只要他们允许我们保留信心的教义!纯正的教义要优先于仁爱、使徒,或者天上来的天使。

让别人把仁爱与和谐赞美到天上去吧;我们要彰显上帝话语的权柄与信心。在一些时候,我们可以忽视仁爱而不造成什么破坏,但对上帝的道和信心不是如此。仁爱忍耐一切的事,它总是让步。信心不能容让,它总不让步。仁爱常被欺骗,但是永不会被熄灭,因为它本没有可损失的;它继续不断地发挥作用,甚至是对忘恩负义之人。但是当谎言和错谬包围了信心和救恩,并以真理的面孔出现,哄骗了许多人时,仁爱既不发言,也不投票。让我们不要被仁爱与合一这些流行的说法所影响。若我们不爱上帝和他的道,却说我们爱任何事情,又有什么意义呢?

于是,保罗告诫讲道的人和听道的人都不要小看信心的教义,把它当作一个任由人在闲暇时间消遣自己的玩具。

5:10 我在主里很信你们。

"我对你们的教导、劝诫、责备,已经足够多了。我真是盼你们好"。

现在的问题是,保罗信任加拉太人这件事对不对?圣经不是禁止我们信靠人吗?信心是信靠上帝的,是永远不会错的。仁爱相信人,常常出错。在生活中,这样仁爱的信任是必要的。如果没有信任,我们就不可能在这个世界上生活了。如果在人和人之间没有任何信任,我们该怎样生活呢?真基督徒要比今世之子更愿意信任他人。这样出于仁爱的相信是圣灵所结的果子。虽然加拉太人离弃了保罗的教义,但他对他们有这样的相信。保罗是"在主里"信他们,就是说只要他们在基督里,基督在他们里,他就信任他们。一旦他们完全弃绝了基督,使徒对他们就不再有任何信任可言了。

5:10 你们必不怀别样的心。

"除了我教导你们的，你们必不怀别样的心。换句话说，我对你们有信心，你们不会接受和我的教导相悖的教义"。

5:10 但搅扰你们的，无论是谁，必担当他的罪名。

保罗在这里是以一个法官的角色说话，他谴责那些假使徒们是搅扰者。他想要以自己对假使徒们严厉的判断来警告加拉太人，这样他们就可以像逃避传染病一样逃避假教义。我们可以听到保罗对加拉太人说："首先你们为什么要给这样瘟疫般的家伙一个机会，让他们对你们讲话？他们只是搅扰你们。他们带来的教义只能搅扰你们的良心。"

"无论是谁"这句话好像是说，这些假使徒们，从外表看来，至少是非常良善和敬虔的人。在他们中间，可能有使徒们的某个很显眼的门生，是具有名望和权柄的人。使徒保罗一定是面对着这样的情况，否则他以如此强烈的语气说话就是没有道理的了。毫无疑问，有很多加拉太人不喜欢使徒保罗说话的语气。他们或许会想："他为什么在这样的小事上这么固执呢？他为什么对他的弟兄这么快就下结论，定他们的罪呢？"

我说多少遍都不够，就是我们必须留心把教义和生活分开。教义是天上的一部分，而生活是地上的一部分。生活充满罪、错误、不洁和凄惨，仁爱必须忍耐、相信、盼望和忍受一切事。对罪的宽恕必须是持续不断的，这样才能不断消除罪和错误。但是对教义而言，不会有错误，也不需要宽恕。在教义和生活之间没有可比性。就是教义中最小的一点，其重要性也超过整个天地。所以，我们绝不能允许教义里最小的一条被破坏。我们或许可以忽略生活中的伤害和过失，因为每天我们都犯很多罪。甚至圣徒们也犯罪，正如他们每日在诵读主祷文和使徒信经时所承认的。但是感谢上帝，我们的教义是纯净的，因为我们信仰中的所有信条都是基于圣经的。

5∶11 弟兄们，我若仍旧传割礼，为什么还受逼迫呢？若是这样，那十字架讨厌的地方就没有了。

因为极其盼望能够挽回加拉太人，保罗把自己也放在了论述之中。他说："因为我拒绝把割礼当作得救的因素，这就使得我所有的同胞憎恶我、逼迫我。如果我承认割礼，犹太人就会停止对我的逼迫；事实上，他们会称赞我、喜欢我。但是因为我传讲基督的福音，因信称义的教义，我就必须忍受逼迫。假使徒们晓得如何逃避十字架，逃避犹太同胞致命的仇视。他们传讲割礼，这样他们就讨得犹太人的喜欢。若是能行，他们就会抹煞教义上的任何区别，为了保持一团和气，他们会不惜任何损失。但是他们所谓'合一'的梦想不可能成就，除非损害十字架纯正的教义。如果十字架令人讨厌的地方没有了，这是太糟的事情。"对哥林多人，保罗也说过同样的话，"基督差遣我……乃是为传福音，并不用智慧的言语，免得基督的十字架落了空"。（林前1∶17）

至此，可能有人会称基督徒是癫狂的。明知道这会带来危险，仍公开地认信和宣讲真理，并给自己引来全世界的仇恨与敌意，这难道不是发疯吗？但是保罗不在乎全世界的敌意，这使他更放胆地宣扬基督。在保罗的估算中，世间的敌视预示着教会的成功与成长，因为教会在受到逼迫时发展得最好。如果十字架令人讨厌的地方没有了，如果十字架仇敌的咆哮消停了，如果一切都安安静静的了，这就说明，撒旦已经成了教会的看门人，上帝话语纯正的教义已经丧失了。

圣伯尔纳观察到，当撒旦从各个方向以诡计和强暴攻击教会的时候，是教会最健康的时候；而当一切太平的时候，是教会最糟的时候。为支持自己的观点，圣伯尔纳引用希西家的歌中的话："看哪，我受大苦，本为使我得平安。"（赛38∶17）对任何不能引起冲突的教义，保罗都以怀疑的态度来看待。

逼迫总是随着上帝的道接踵而来，就像诗人所经历的。"我因信，所以如此说话：'我受了极大的困苦。'"（诗 116：10）基督徒们被毫不留情地谴责和毁谤。杀人犯和窃贼们比基督徒受到更好的待遇。世界把真基督徒看作最恶劣的冒犯者，对他们有怎样的刑罚都不为过。这个世界以不可思议的残酷来仇恨基督徒，并且毫不迟疑地把他们以最羞辱的方式处决，然后彼此庆贺，认为把这些令人讨厌的基督徒从世上除去了，就是为上帝和为和平所做的贡献。我们一刻也不容这些逼迫来影响我们对基督的忠诚。只要我们经历这样的逼迫，我们就知道，福音是完好无损的。

在《马太福音》第 5 章里面，主耶稣给予了他的门徒们同样的安慰："人若因我辱骂你们，逼迫你们，捏造各样坏话毁谤你们，你们就有福了。应当欢喜快乐，因为你们在天上的赏赐是大的。"教会绝不能少了这样的欢喜快乐。除非他们认可我的教义，我不会与教皇、大主教们、君王们、宗派们和睦。与他们的"合一"就是一个无误的信号——纯正的教义已经被妥协丧失了。简而言之，只要教会传讲真道，她就必然会受到逼迫，因为福音所传扬的是上帝的怜悯与荣耀。这就使魔鬼愤怒不已，因为福音显明了它是怎样的，魔鬼就是魔鬼，不是上帝。这样，只要福音坚持不倒，就必然会有逼迫伴随，否则就是有魔鬼掺杂其中了。当魔鬼被命中的时候，你会知道，它将在各处掀起何等的混乱。

这样，当地狱大发雷霆的时候，不要以为惊奇，也不要觉得惧怕。反而要把这当作十字架的福音完好无损的一个喜乐的标记。上帝禁止十字架让人讨厌的地方被拿去。若我们传这个世上的君王和他们的追随者所极其乐意听到的东西，即靠善行能够称义，那我们就是挪去了十字架令人讨厌的地方。若是那样，你就会从魔鬼那里经历到从未有过的温柔，从世界那里体验到从未有过的甜蜜，从教皇那里领受到从未有过的恩宠，从世上君王那里领悟到从未有过的魅力。

但是，因为我们寻求基督的益处和荣耀，他们就竭尽全力地一齐来逼迫我们。

5:12 恨不得那搅乱你们的人把自己割绝了。

保罗不仅谴责假使徒们是搅扰教会的人，把他们交给魔鬼处置，而且还希望他们被彻底割绝了，讲这样的话，对于使徒而言看起来似乎不太妥当。除了说这是直截了当的咒诅，还能说它是什么呢？我想，保罗是在借喻割礼这个礼仪。他仿佛是对加拉太人说："假使徒们强迫你们割去身体上的包皮。好吧，我希望他们也把自己从根上割绝了。"

我们现在最好就回答这个问题：基督徒发咒诅对不对？当然不能总是发咒诅，也不能在一般事情上发咒诅。但是当事情到了一个地步，上帝和他的道受到亵渎的时候，我们必须说："愿上帝和上帝的话语得到称颂，愿一切违背上帝和上帝之道的受咒诅，无论他是使徒，还是从天上来的天使。"

这就再一次说明了，即使是教义上的最小之处，保罗也是多么的看重，以至于他敢于咒诅那些明显是大受欢迎、大有影响力的假使徒们。这样，我们有什么权利轻看教义呢？不论教义上的某一点看起来是多么的不重要，如果更改它，至终会导致有关救恩的整个真理渐渐解体。

让我们竭尽全力来高举上帝话语的荣耀和权威。它的一点一滴都要比整个天地重要。基督徒的仁爱与合一不可干涉上帝的道。对于在最小一点上歪曲上帝话语的任何人，我们都要敢于咒诅和定罪他，"一点面酵能使全团都发起来"。

保罗做得对，他咒诅那些搅扰加拉太人的人，希望他们被割绝，从上帝的教会中被根除，他们的假教义永远灭亡。这样的咒诅是圣灵的礼物。同样，彼得咒诅行邪术的西门说："你的银子和你一同灭亡吧！"在圣经中，记载了许多这样"神圣的咒诅"，特别是在《诗篇》里，例如，

"愿死亡忽然临到他们,愿他们活活地下入阴间"。(诗 55:15)

关于善行的教导

现在,各样的劝告和规诫都出现了。使徒们的惯例是,在教导完了信心的教义并疏导了良心之后,他们就跟着教导要行善,这样信徒们可以彰显彼此相爱。为了避免给人留下基督教反对善行、与政府敌对的印象,使徒们勉励我们竭力行善,过一个诚实的生活,持守信仰,并且彼此相爱。世界指责我们,说我们基督徒是正派与和睦的敌人,而使徒的教导显明他们的指责是一个谎言。事实是,我们基督徒比世间所有的哲人和立法者都更知道是什么构成了真正的善行,因为我们把信心和行为连在一起。

5:13 弟兄们,你们蒙召是要得自由,只是不可将你们的自由当作放纵情欲的机会,总要用爱心互相服侍。

换句话讲:"你们在基督里已经获得了自由,即就良心而言,你们已经不在律法之下了。你们已经得救了。基督是你们的自由和生命。这样,律法、罪和死亡再也不能伤害你们,或者使你们绝望了。这就构成了你无限宝贵的自由。现在你要留心,不要将你奇妙的自由当作放纵情欲的机会。"

撒旦想要把我们从基督得到的自由变为自我放纵。使徒犹大已经在当时对此发出了警告:"有些人偷着进来……将我们神的恩变作放纵情欲的机会。"(犹1:4)肉体的逻辑是:"如果我们没有律法,我们就可以随意放纵自己了。既然没有律法强迫我们做任何事,为什么行善呢,为什么施舍呢,为什么忍受苦难呢?"

这种心态非常普遍。人们谈论基督徒的自由,然后就体贴各样肉体的私欲,如贪婪、享乐、骄傲、嫉妒以及其他的罪。没有人想要履行自己的责任。没有人愿意帮助自己在患难中的弟兄。这一类事情使我有时变得非常不耐烦,乃至我希望那把宝贵珍珠践踏在脚下的野猪再次从教皇专制下冲回来。蛾摩拉城中的人们是不能被和平的福音唤醒的。

甚至我们如今在蒙了福音的光照之后,我们尽职尽责的殷勤程度却不如我们从前活在黑暗之中的时候,这是因为当我们对基督为我们买赎来的自由越有确据的时候,我们就越是忽略上帝的道、祷告、善行和苦难。若不是撒旦不断地用试探来搅扰我们,若不是敌人们的逼迫,若不是因为我们弟兄的忘恩负义,我们就会对各样的善行变得如此漠不关心,以至于我们最终会失去在基督里的信心,从上帝话语的职分上退下来,寻求过更安逸舒适的生活。我们中间的许多传道人正是在做这样的事情。他们抱怨手中的事工,他们坚称现有的薪水不能供他们生活下去,他们哭诉那些曾听了他们所传福音而脱离了奴役的人们而今却待他们不公。这些传道人离弃了贫穷的、被诽谤的基督,却参与到世界的事务当中,为他们自己而不是为基督寻求好处,如今他们又能得到什么样的果子呢?

因为魔鬼会特别攻击那些弃绝世界的人,想要夺走我们在圣灵里的自由,或是把它变质为属肉体的自由,我们就要和我们的众弟兄一起像保罗那样恳求,我们永远不可将基督为我们所买来的自由当作放纵情欲的借口,就如彼得所说的:"藉着自由遮盖恶毒。"(彼前2:16)

为了不使基督徒滥用他们的自由,保罗就用彼此相爱的法则来约束他们,要求他们以爱来彼此服侍。让每一个人都按着他的职责和他的岗位来殷勤地尽自己的责任,并且竭尽全力来帮助他的邻舍。

基督徒乐意听到并遵守这种有关爱的教导。当别人听到有关基督徒的自由时,他们马上就推论说:"如果我是自由的,我可以随心所欲。如果救恩不是有关行为的,我们为什么还要帮助穷人呢?"他们以这样粗鲁的方式,把灵里的自由变为任意而为和放荡无度。然而,我们想要他们知道,如果他们为着自己的享乐来使用他们的生命与财富,如果他们不帮助穷人,如果他们在生意中欺诈同行,并且坑蒙拐骗、不择手段要谋取一切能得到的利益，我们要告诉他们，不管他们觉得自己是多么的自由，实际上他们不是自由的。相反，他们是魔鬼的肮脏的奴仆，他们比教皇的奴仆还要糟糕七倍。

至于我们，我们务要传扬福音，这福音能使任何人从律法、罪、死亡和上帝的愤怒中得自由。我们无权隐藏或者撤销这福音所宣讲的自由。对于那些一头扎进放荡污秽当中的猪类，我们也不能做什么。我们做我们所能做的，我们不断劝诫他们要去关爱和帮助别人。如果我们的劝诫没有效果，我们把他们留给上帝，他在自己合宜的时候要对付这些轻看他良善的人。与此同时，当我们想到我们的辛苦在那些真信徒身上没有白费，我们就得到了安慰。这些真信徒们珍惜这属灵的自由，并且时刻准备着去以爱服侍他人；虽然他们的人数很少，但他们带给我们的满足远超过那许多滥用这自由之人所加给我们的沮丧。

当保罗说"弟兄们，你们蒙召是要得自由"，这不会让人产生误解。为了不使人误认为他所说的自由是肉体的自由，保罗就加了一个注脚，"只是不可将你们的自由当作放纵情欲的机会，总要用爱心互相服侍。"保罗现在就十诫来解释什么是用爱心互相服侍。

5:14 因为全律法都包在"爱人如己"这一句话之内了。

保罗通常会先打好教义的根基，然后在其上建造金、银、宝石的善行的工程。除了耶稣基督以外，没有别的根基。在此根基上，使徒建起善行的结构，对此他用这一句话来定义："你当爱人如己。"

使徒在此加上的关于爱的教导，令假使徒们非常难堪，就好像他对加拉太人说："我已经向你们讲述了属灵的生活是什么。现在我也要告诉你们真正的善行是什么。我这么教导是为了使你们能够明白，那些假使徒们大大推崇的愚蠢的礼仪，远远不如从基督徒之爱中而来的善行。"这就是所有假教师的记号：他们不仅歪曲了纯正的教义，而且也不懂得如何行善。他们的根基被破坏了，他们只能建造草、木、禾秸的工程。

这真是一件奇怪的事情：这些假使徒们如此热衷于善行，然而他们从来不想要仁爱的行动，就如基督徒彼此相爱，以及具体地以言语、行动和心灵来帮助别人。他们所要的只是遵行割礼、日子、月份、节期。他们不能想到其他的善行。

使徒劝勉所有的基督徒在接受了纯正的因信称义教义之后，都要实践善行，因为他们虽然称义了，他们的肉体仍然拦阻他们行善。这样，传道人就有必要在信徒心中殷勤地培植善行的真理，就如殷勤地教导称义的教义，因为撒旦同样是两者的仇敌。然而，信心必须在先，否则我们不可能明白什么是真正讨上帝喜悦的行为。

任何人不要自以为知道了"你当爱人如己"这句诫命的全部。这话听起来简单且容易，但是请给我找一个能完美地教导、学习和遵行这诫命的人来看看。我们中间没有一个人能够正确地听从、推动和实践这条诫命。虽然当我们不能完全遵行这条诫命时，我们的良心会感到难过，但是我们不应当被我们的失败压垮，反而要继续向我们的邻舍展示我们真诚的弟兄之爱。

"全律法都包在这一句话之内了"，这句话成为了对加拉太人的一个批评。"你们如此沉溺于毫无益处的各样迷信与礼仪之中，却忽略了最重要的事，就是爱"。圣哲罗姆说："我们以不睡、禁食和辛劳来刻苦己身，却忽略了仁爱，就是所有善行的皇后。"看看这些一丝不苟地操练着禁食、不睡等事的修士们吧！对他们来讲，如果忽略了修道院规条里的最小一条，都是犯了最高级别的罪。与此同时，他们却高高兴兴地忽略了仁爱的责任，而且彼此仇恨一直到死亡。他们认为，这不是罪。

旧约中有很多例子都显明了上帝是何等看重仁爱。当大卫和他的跟从者饥饿，没有食物吃的时候，他们吃了只有祭司才能吃的陈设饼。基督的门徒们摘麦穗的时候，就违反了安息日。基督自己也违反了安息日（在犹太人看来），因为他在安息日治好了病人。这些例子都说明了，我们要把爱看得高过所有律法和礼仪。

5∶14 全律法都包在这一句话之内了。

我们能够想象到使徒对加拉太人说："你们为什么要那么沉溺于礼仪、饮食、日子、地方诸如此类的事呢？离开这些愚蠢的事，听我讲。全律法都包含在这句话里面了，'你当爱人如己'。上帝对礼仪没有那么感兴趣，这些对他也无用处。他要求你的那一件事是你要信他所差遣的基督。信心是首要的，因为它是最为上帝所悦纳的侍奉，你若想要在信心上加上律法，那你就要知道，全律法都成全在这简短的一句话之内了，'你当爱人如己'。"

保罗晓得如何诠释上帝的律法。他把摩西全部的律法提炼为一句话。保罗以如此简练的方式来处理律法，这使得理性感觉受到冒犯。于是，理性就轻看因信称义的教义，以及由此而来的真正的善行。用爱心互相服侍，就是说，引导犯错误的人，安慰受伤的人，扶起跌倒的人，以各样可能的方式帮助邻舍，担当他人的软弱，在教会并世界中忍受困难、劳苦和别人的不知感恩，与此同时顺服政府，孝敬父母，忍耐家中唠叨的妻子和不听话的家人：这些事情都根本不被看作是善工。而事实是，这些都是美好的侍奉，这个世界不可能以它们真正的价值来估量它们。

"要爱人如己"，说起来就是这么简洁。还需要说什么更多的呢？你找不到一个比你自己更近和更好的榜样了。如果你想知道你该如何去爱你的邻舍，就问问你自己你是如何爱你自己的。若是你落入麻烦或危险，你会很乐意得到所有人的关怀和帮助。你不需要教科书来告诉你该如何去爱你的邻舍。你所有要做的就是看一看你自己的内心，它会告诉你，你该如何像爱你自己一样去爱邻舍。

我的邻舍是每一个人，特别是那些需要我帮助的人，就像基督在《路加福音》第10章里所诠释的。如果一个人向我做了错事，或者以什么方式伤害了我，他仍是一个有血有肉的人。只要一个人仍旧是一个人，他就应当是我爱的对象。

这样，保罗勉励加拉太人，顺便也是在勉励所有的信徒，要用爱来彼此服侍："你们加拉太人不必接受割礼。如果你急于行善，我告诉你们一句话使你知道该如何成全律法，那就是'用爱心互相服侍'。你们永远不会缺少行善的对象。这个世界充满了需要你帮助的人。"

5：15 你们要谨慎，若相咬相吞，只怕要彼此消灭了。

当在基督里的信心失丧了的时候，和睦与合一就在教会中走到了尽头。对于教义和生活的不同意见与观点就会如雨后春笋般冒出来，信徒彼此间会相咬相吞，即他们会彼此定罪，直到将彼此消灭。对此，圣经和历世历代中的经验教训都可以作见证。现今存在这么多的宗派，就是因为它们彼此之间相互定罪。当圣灵所赐的合一失去的时候，在教义和生活教导上的认同就很难达成。新的错谬一定会层出不穷，而且毫无止境、毫无底线。

为了避免不合，保罗定下了这个原则："让各人在上帝所呼召他的生活岗位上各尽其职。没人可以把自己高举在别人以上，或者对别人的努力横加挑剔，却对自己的大力夸口。让每一个人都用爱心来彼此服侍吧！"

教导使人称义的是不需善行的信心，却又仍然要求人们行善，这不是一件容易做到的事情。上帝的工人若非有智慧把握上帝奥秘的事，正确地分解上帝的道，信心与善工就很容易被混淆。因信称义的教义和善工的教义都要被细致地教导，我们的教导也要使得这两项教义都置于上帝为它们设定的范畴之内。如果我们像我们的敌人一样只教导善工，我们就会失去信仰。如果我们只教导信心，人们会认为善工都是多余的。

5：16 我说：你们当顺着圣灵而行。

"我没有忘记我在这封信的开始告诉你们的有关信心的真理。我劝勉你们要彼此相爱，你们不要因此就以为我从因信称义的教导上让步了。

我的观点仍是一样。为了避免任何可能的误解，我加了这个注脚：'当顺着圣灵而行，就不放纵肉体的情欲了。'"

保罗以这节经文解释了他前面所说的："总要用爱心彼此服侍。当我要求你们彼此相爱时，我所要讲论并要求的是，'顺着圣灵而行'。我很清楚你们无法成全律法，因为只要你们还活着，你们就是罪人。然而，你们当竭力顺着圣灵而行，即与肉体争战，跟随圣灵的引导。"

很明显，保罗没有忘记因信称义的教义，因为当他吩咐加拉太人顺着圣灵而行的同时，他就否定了人可以靠着善工称义。"当我说成全律法的时候，我不是说你们是靠律法称义。我的意思是说，你们应当跟随圣灵的带领，抵挡肉体。这是你们所能达到的最大努力。顺服圣灵，抵挡肉体"。

5:16 就不放纵肉体的情欲了。

肉体的情欲在我们里面没有完全地灭绝。它一次又一次地抬头，与圣灵争战。没有人的肉体——包括真信徒的——是完全地处于圣灵的影响之下；这样，肉体总是要反咬、吞噬，或者至少是忽略爱的命令。稍稍受到刺激，肉体就会发动起来，要求被满足，仇恨邻舍好像仇恨敌人一样，或者至少是不爱对方到他应当被爱的程度。

这样，使徒就为信徒们建立了这个爱的原则。用爱心彼此服侍。担当你弟兄的软弱，彼此饶恕。若没有担当与忍耐，若没有给予与宽恕，合一就无从谈起，因为人的本性无可避免的就是彼此伤害和互相设防。

无论何时为着任何缘由你被你的弟兄激怒，你都要借着圣灵克制你暴躁的情绪。担当他的软弱，爱他。并不因为他得罪了你，他就不再是你的邻舍和弟兄了。相反，在这个时候，他更需要你爱的关怀。

经院学者们认为这里所说的肉体的情欲是指性方面的。没错，信徒也常常受到性的试探。甚至性方面的试探对结了婚的人也不能免除。人总是轻看所拥有的，贪恋所没有的，正如诗人所说：

> 最禁止的事物，我们最为渴望；
> 最不允许的事物，我们最想得到。

我并不否认肉体的情欲包括性方面的。但是它包含更多内容。它包含了一切败坏的心思，例如骄傲、仇恨、贪恋和无耐心，信徒在这些事上或多或少都有沾染。后面保罗在列举情欲的事的时候，甚至把拜偶像和异端也包括进去了。使徒的意思是很清楚的："我要求你们彼此相爱。但是你们没有这么做。事实上因为你们的肉体，你们做不到。这样你们不是因着爱的行为而称义。一刻也不要以为我改变了我在因信称义上的立场。信心与盼望都必须要持守。借着信心我们得以称义，借着盼望我们坚持到最后。不仅如此，我们用爱心彼此服侍，因为信心不是闲懒的。然而，我们的爱心是不完全的。当我要求你们顺着圣灵而行的时候，就是对你们指明了爱是不足以使我们称义的。我也不是要求你们除去肉体，而是要求你们控制它，克服它。"

5:17 因为情欲和圣灵相争，圣灵和情欲相争。

当保罗指明"情欲和圣灵相争，圣灵和情欲相争"，他的意思是说，我们不要按着肉体所怂恿我们的去想、去说、去做。他说："我知道肉体是恋慕罪的。你们要做的事就是靠着圣灵抵挡肉体。如果你们丢弃了圣灵的引导，却随从肉体的引导，你们就会放纵肉体的情欲，并且死在罪中。"

5:17 这两个是彼此相敌，使你们不能作所愿意作的。

这两位带领者，肉体和圣灵，彼此是死敌。就它们彼此之间的针锋相对，保罗在《罗马书》第7章里写道："但我觉得肢体中另有个律和我心中的律交战，把我掳去叫我附从那肢体中犯罪的律。我真是苦啊！谁能救我脱离这取死的身体呢？"（7:23、24）

经院学者们完全不明白保罗在这里所作的宣告，他们感觉有义务要维护保罗的尊严。因为对他们来讲，保罗作为基督所拣选的器皿，却有犯罪的律在他的肢体之中，乃是不可思议和荒谬的事情。他们于是绕开保罗直截了当的陈述，解释说，使徒是指着那些恶人说的。但是，恶人是从来不会为他们内心的争战，或者为自己成为罪的奴仆而苦恼。他们无所顾忌地去犯罪。这段话是保罗自己的哀叹，也是每一个信徒的心声。

保罗从来没有否认过他也会感觉到肉体的情欲。有可能在一些时候，他甚至会感受到性试探的诱惑，但毫无疑问，他总是能很快地胜过它们。什么时候当他感觉到怒气和不耐烦，他就会靠着圣灵来抵挡这些情绪。我们不会袖手旁观，任由人错误地解释保罗这段使人得安慰的告白，从而使它失去作用。经院学者们、修士们以及他们一类的人，只是和表面的罪争战，并且为一场没有的胜利自夸。与此同时，他们内心里怀着骄傲、仇恨、蔑视、自我信靠、对上帝话语的轻看、不忠、亵渎以及其他的肉体的情欲。他们从来不和这些罪争战，因为他们从来不以为这些是罪。

唯独基督带给我们完全的义。这样，我们必须总是信靠和仰望基督。"信靠他的人必不至于羞愧"。（罗9：33）

如果你感觉到肉体正在和圣灵争战，或是你感觉自己不能胜过肉体，不要绝望。因为你要在一切事上随从圣灵的引导，却又不受从肉体而来的干扰，这是不可能的。你要尽你所能，抵挡肉体，不随从它的要求。

当我还是一个修士的时候，每当我感受到邪念、性诱惑、怒气、仇恨或者嫉妒的时候，我就想我是永远地失丧了。我用尽办法来使我的良心平静下来，但是都不奏效，因为情欲总会重新回来，使我无法安宁。我对我自己说："你已经容纳了这个或那个罪，嫉妒、不耐烦以及诸如此类的东西。你加入这个修道院是徒然的了，所做的一切善工也都是徒然的了。"如果在那个时候，我能明白"情欲和圣灵相争，圣灵和情欲相争"这句话，我就能够免除自己许多日夜的自我煎熬。我会对自己说："马丁，你永远不会没有罪的，因为你有肉体。不要绝望，只要抵挡肉体。"

我记得施道比茨博士曾对我说："我承诺过上帝一千次，要成为一个更好的人，但是我从来没有兑现过。从现在开始我不会再发誓了。经验告诉我，我做不到。除非上帝为着基督的缘故怜悯我，使我蒙福地离开这个世界，否则我不能站立在他的面前。"他的绝望是上帝所喜悦的绝望。没有一个真信徒会信靠他自己的义，他却要同大卫一起说："求你不要审问仆人，因为在你面前，凡活着的人没有一个是义的。"（诗143:2）还要说："主耶和华啊，你若究察罪孽，谁能站得住呢？"（诗130:3）

没有一个人因为感受到了自己肉体的情欲，他就对得救感到绝望。就让他感受到这一点吧，只要他不屈从于它。情欲、怒气或其他罪性的冲动可以摇动一个人，但是却不能把他打垮。一个人可以被罪攻击，但是他不能拥抱它。是的，一个人越是好的基督徒，他就越要经历心灵的争战。这就解释了《诗篇》和整本圣经中为什么会有这么多懊悔的表达。

每一个人都当判断他特别的弱点在什么地方，然后看严它。在圣灵里警醒并与你的弱点争战。即使你不能完全地胜过它，至少你要不断与它争战。

根据这句经文的描述，我们可以知道一个圣徒并非草木，从来不会感受到情欲或肉体的诱惑。一个真正的圣徒宣告他自己称义的地位，并祷告祈求他的罪能够得到赦免。整个教会都为罪得赦免祷告，并且宣告"我信罪得赦免"。如果我们的对手去读圣经，他们就会发现他们在所有事情上都判断错了，无论他们的判断是关乎罪，还是关乎圣洁。

5:18 但你们若被圣灵引导，就不在律法以下。

在这里会有人提出反对意见："怎么说我们不在律法以下呢？保罗，

你自己说过,我们的肉体与圣灵争战,并且使我们臣服在它之下。"

但是保罗说不要让它来搅扰我们。只要我们被圣灵引导,并且愿意随从圣灵抗拒肉体,我们就不在律法以下。真信徒不在律法以下。律法不能再给他们定罪,尽管他们会感受到罪,并认罪。

圣灵是大有能力的。当信徒由圣灵所引导的时候,律法就不能定他们的罪,虽然他们所犯的是真实的罪。因为我们所信靠的基督就是我们的义。他没有罪,律法不能定罪他。只要我们抓住基督,我们就由圣灵所引导,我们就从律法中得自由。即使使徒在教导我们要行善的时候,他也不忘记因信称义的教义,却在每一处都说明,我们根本不可能靠着善行称义。

"但你们若被圣灵引导,就不在律法以下",这句话充满了安慰。在怒气、仇恨、暴躁、性试探、恐惧、抑郁,或是其他肉体情欲极强烈地冲击一个人的时候,虽然他竭尽全力,但是却仍然不能挣脱它们,这句话就会带给他安慰。他该如何做呢,他应该绝望吗?断乎不可。他要对自己说:"现在我的肉体看来又一次地与圣灵激烈交战了。开战吧,肉体,尽你所能吧!但是你不会得逞。我跟从圣灵的引导。"

当肉体开始叫嚣的时候,唯一的办法就是举起圣灵的宝剑,即救恩的话语,与肉体交战。如果你把上帝的话语置之一旁,你对肉体就会无能为力。我晓得这是一个事实。我曾经被许多强烈的情欲冲击过,但是只要我一抓住圣经的话语,那些试探就退去了。若没有上帝的话语,在与肉体的交战中,我们是无能为力的。

5:19 情欲的事都是显而易见的。

保罗是在说:"现在你们没有一个人能用无知来掩护自己了,因为我要先列举情欲的事,然后列举圣灵的果子。"

在加拉太人当中有许多的伪君子,就如今天在我们中间一样,他们假冒自己是基督徒,说非常属灵的话,但是他们却不是随从圣灵行事;

相反，他们随从肉体行事。保罗现在一心要向他们显明，他们并不像他们想让别人以为的那样敬虔。

生命中的每个阶段都会面对其特殊的试探。每个真信徒都会感受到肉体对他的持续不断的刺激，而这种刺激会使他变得恼怒、暴躁和骄傲。然而，被肉体试探是一回事，屈从于肉体的试探，做肉体想要做的，却没有惧怕和懊悔，而且持续陷在罪中，就是另一回事了。

基督徒也会失败，落入肉体的情欲当中。大卫就完全落入到奸淫的罪中。彼得否认主的时候，也悲惨地跌倒了。然而，不管这些罪是多么大，它们不是出于对上帝的恶意攻击，而是出于软弱。当这些人看到自己的罪的时候，他们没有固执地继续犯罪，而是悔改了。那些因着软弱而犯罪的人，只要他们站起来，停止犯罪，他们就不会失去蒙赦免的机会。再没有比继续犯罪更糟的了。如果人不悔改，而是继续顽固不化地放纵肉体的情欲，这就清楚地说明了，他们不是真心的信徒。

没有人能免于试探。有人在某些方面易受试探，有人在另一些方面易受试探。这个人更容易被苦毒试探，落入心灵的抑郁、亵渎、不信和绝望中。那个人更容易被肉体情欲、恼怒、嫉妒和贪恋所试探。但不论我们的倾向是什么，我们要随从圣灵，抵挡肉体。那些属基督的人，会把他们的肉体钉在十字架上。

有一些古时的圣徒，他们努力地要达到完全，以至于他们失去了感受任何事物的能力。当我自己还是一个修士的时候，我常常盼望能够见到这样的一位圣徒。我想象着，他生活在旷野之中，不吃肉，不喝酒，靠着草根和冷水维生。我对伟大圣徒的这种古怪的观念是从经院学者们和早期教父们的书中得到的。但是，如今我们从圣经里知道真正的圣徒是什么样子的。真圣徒不是那些孤独一生的人，也不是那些着迷什么日子，着迷吃什么、穿什么以及诸如此类事情的人。真正的圣徒是那些相信他们借着基督的死已经被称义的人。无论何时，保罗给这里或那里的基督徒写信，他都称他们为圣徒，是上帝的儿女和后裔。所有信靠基督的人，无论是男是女，是自主的还是为奴的，都是圣徒；他们是圣徒，不是在于他们自己的善行，而是在于他们以信心得着了上帝的作为。他们的圣洁是上帝的恩赐，而不是他们靠自己的功劳得来的。

福音的工人、政府的官员、做父母的、做儿女的、做主人的、做仆人的，等等，只要他们以基督为他们的智慧、公义、圣洁和救赎，只要他们按着上帝话语的标准在自己不同的职分上尽职尽责，并且靠着圣灵抵挡肉体的情欲和诱惑，他们就都是真正的圣徒。不同的人抵挡试探的能力是不同的。不完全是注定的，但这并不妨碍他们成为圣徒。如果他们能恢复自己在基督里的信心，他们无意的过失就会得到宽恕。只要他们喜爱上帝的道，并且遵守圣餐，上帝便禁止我们对那些在信心和生活中有软弱的人横加论断。

我感谢上帝使我看到的（那是我作为一个修士时所渴望看到的）不是一个圣徒，而是许多的圣徒，千千万万真正的圣徒。不是教皇所推崇的那种圣徒，而是基督所要的圣徒。我可以确定我也是基督真正的圣徒之一。我受了洗。我相信基督我的主把我从我所有的罪中救赎了出来，相信他永远的义与圣洁归在了我的身上。那些修士们躲在山洞里面，骨瘦如柴，留着长长的头发，他们错误地以为，过这样脱离正常的生活就可以在天国中获得特殊的尊敬，他们这样的生活其实并不是敬虔的生活。一个敬虔的生活是在基督里受洗并相信，且靠着圣灵胜过肉体的生活。

能感受到肉体的情欲对我们来说并不是没有益处的。这拦阻我们心存虚妄，不使我们自以为靠着自己的功德可以称义，就自我膨胀起来。修士们自满于自己的义，以至于他们认为他们的敬虔多到可以出售一些给别人，尽管与此同时他们的内心告诉他们自己是不敬虔的。基督徒感受到他们内心里的不敬虔，他知道他不能信靠自己的善工，这令他降卑下来。这样，他就来到基督那里去寻找完全的义。这使得一个基督徒可以保持谦卑。

5:19、20 情欲的事都是显而易见的,就如奸淫、污秽、邪荡、拜偶像、邪术、仇恨、争竞、忌恨、恼怒、结党、纷争、异端、嫉妒、醉酒、荒宴等类。

保罗没有列举所有情欲的事,只是举出其中一部分。首先,他提到几类淫乱的罪,例如奸淫、污秽和邪荡,等等。然而情欲的事却不限于淫乱的罪这一种,这样保罗也列举出拜偶像、邪术、仇恨,等等。这些罪我们都很熟悉,不需要我们长篇的解释。

拜 偶 像

最好的宗教,最挚诚的敬虔,若没有基督,就只是拜偶像而已。当修士们在他们的小房间里默想上帝和他的工作,以某种宗教的狂热跪下来祈祷并喜极而泣的时候,这被认为是一项敬虔之举。但是保罗称这就是拜偶像。任何一个敬拜上帝的宗教,若不知道或忽略了上帝的道和旨意,就是拜偶像。

他们或许思想上帝、基督和天上的事,但是他们是按着自己的方式来做,而不是按着上帝的道。他们以为,他们的衣着、生活方式和行为都是敬虔的,是蒙基督悦纳的。他们不仅盼望以他们克己的生活来抚慰基督,也期待他们能因为他们的善行得到赏赐。这样,他们最好的"属灵"想法就是邪恶的想法。任何对上帝的敬拜,任何的宗教,若是没有基督,就是拜偶像。唯独在基督里,才能蒙上帝的悦纳。

在此之前我说过情欲的事是显而易见的。但是拜偶像伪装得如此之好,而且行出来又是如此属灵,这样,只有真信徒才能认出它的虚假来。

邪 术

在福音之光来临之前,这个罪非常普遍。当我还是一个孩子的时候,四周有许多的男巫和女巫,他们向牲畜,向人,特别是向孩子,施巫术,造成许多危害。但是如今福音已经来到,你就很少再听到这样的故事了,因为福音将这些邪灵驱走。今天,行邪术者向人施以属灵的巫术,给人造成更大的危害。

邪术是拜偶像的一个分支。就像术士曾施魔法给人和牲畜,拜偶像者,就是那些自义的人,他们四处活动,把上帝妖魔化,使人以为上帝使人称义不是出于借着在基督里的信心所赐予人的恩典,却是出于人自己所选择的善工。他们也施法术迷惑了自己。如果他们继续抱持着他们对上帝错谬的认识,他们就要死在自己的拜偶像之中。

异端(sects)

保罗在这个标题下面来阐述异端。教会中总是有异端存在。在所有不同的修士和修道院之间,能有什么信仰上的合一呢?什么都没有。在教皇制下,没有圣灵里的合一,没有一样的心思意念,只有极大的纷争。在教义、信仰和生活中也没有合一。另一方面,在新教的所有基督徒当中,上帝的道、信心、宗教、圣礼、事工、基督、上帝、心思和意念都是同样的。这样的合一,不会被外在的职业和地位上的区别所干扰。

醉酒和荒宴

保罗没有说吃喝是情欲的事,但是在吃喝上不节制是情欲的事,这在今天是相当普遍的事情。那些被贪食所辖制的人要知道,他们是属肉体的,不是属灵的。对这一类人,有宣判说:行这样事的人必不能承受神的国。保罗盼望基督徒能够避免醉酒和荒宴之事,这样他们就可以过一个节制和清醒的生活,以免他们的身子变得松垮懒散并充满情欲。

5:21 我从前告诉你们，现在又告诉你们，行这样事的人必不能承受神的国。

这是很严厉的一句话，但是对那些假基督徒和伪善者们非常必要，因为他们大谈福音、信心和圣灵，却随从肉体过活。然而这句严厉的话主要是对着那些异端分子说的，因为他们自觉重要而自高自大，这样他们需要感到战兢，从而靠圣灵与肉体争战。

5:22、23 圣灵所结的果子，就是仁爱、喜乐、和平、忍耐、恩慈、良善、信实、温柔、节制。

使徒保罗没有像谈论"情欲的事"那样谈论圣灵的工作，而是给这些基督徒的美德起了一个更美的名字，就是"圣灵的果子"。

仁 爱

其实只提到爱这一个圣灵的果子就可以了，因为其他的果子都是从爱而出的。在《哥林多前书》第13章里面，保罗把圣灵所结的所有果子都归于爱，"爱是恒久忍耐，又有恩慈"，等等。在这里，保罗把爱单独列出来，作为圣灵众果子中的一个，是为了提醒基督徒们要彼此相爱，互相尊重，又要各人看别人比自己强，因为他们有基督和圣灵在他们中间。

喜 乐

喜乐意味着对基督甜美的默想，悠扬的赞美诗和诗篇，颂词与感恩，基督徒以此来劝勉、激励和更新自己。上帝不喜欢疑惑和沮丧。他不喜悦干巴巴的教义、忧郁和消沉的思想。上帝喜悦喜乐的心。他把他的儿子赐给我们，不是为了使我们被忧伤充满，而是为了使我们的心中充满喜乐。为了这个原因，先知、使徒和基督自己劝勉我们，是的，也是命令我们，要喜乐，要欢欣。"锡安的民哪，应当大大喜乐！耶路撒冷的民哪，应当欢呼！看哪，你的王来到你这里"。（亚9:9）在《诗篇》中，我们不断被告知要在主里喜乐。保罗说："要常常喜乐。"基督说："你们要为你们的名字记在天上而欢喜快乐。"

平　安

平安是与上帝和睦，与人和睦。基督徒应当是和平的和安详的。不争论，不仇恨，只有体贴与忍耐。没有忍耐就没有平安，所以保罗下面就列出了忍耐这个果子。

忍　耐

忍耐是这样的一种品格，它可以使一个人经受挫折、伤害、批评，并且使他能够等候那些伤害他的人在生命中的改变。当魔鬼发觉它不能通过强力来战胜某些人的时候，它会尝试着从长远的角度来战胜人。魔鬼知道我们是软弱的，是不能够长时间地忍受任何事的。于是它就不断地试探我们，直到它得逞。为了抵挡魔鬼不断的攻击，我们必须忍耐，要耐心地等到魔鬼厌倦了它的把戏的那一天。

恩　慈

在行为举止和生活上都要有恩慈。福音真正的随从者一定不是尖酸刻薄的，而是恩慈、温柔、有礼貌和言语和蔼的，这样就会吸引别人来和他们做朋友。恩慈能使人不记念别人的过错，且会遮盖它们。恩慈能使人总是乐于迁就别人。恩慈能使人与鲁莽和难处的人相处，就如一句外邦人的谚语所说："你必须晓得你朋友们的习惯，但是你不能憎恶它们。"那真正有恩慈的人就是我们的救主耶稣基督，正如在福音书中所描绘的那样。据说，使徒彼得每一次想到基督在每日与人相处中所彰显出来的甜美恩慈的时候,他就会流泪。恩慈是一个卓越的美德,在每日生活中都大有用处。

良　善

一个人如果乐意帮助那些有需要的人,他就是良善的。

信　实

保罗把信心放在圣灵所结的果子里,显然这不是指在基督里的信心,而是指对人的信实。有这样信心的人不会怀疑人,而是把人想得最好。自然地,拥有此种信心的人会被欺骗,但是他不以为然。他时刻准备着信任别人,但是他不会相信所有的人。哪里缺乏这样的美德,哪里的人就充满疑惑、无礼和自负,他们既不会信任任何事情,也不会接纳任何事情。不论一个人说得多好,行得多好,他们都能从中挑出错来;如果你不迎合他们,你就永远不能令他们喜欢。你几乎不可能和他们好好相处。于是,这种对人的信心就是相当必要的了。如果一个人压根不能信任另一个人,他过的将是什么样的生活呢?

温　柔

一个不轻易发怒的人是温柔的人。日常生活的许多事都会激起一个人的怒气,但是基督徒借着温柔而胜过自己的怒气。

节　制

基督徒应当过冷静和圣洁的生活。他们不是通奸犯、淫乱者或迷恋色情者。他们不是闹事者,不是酗酒者。在《提多书》的第1章和第2章,保罗劝告长老们、年轻人们、已婚者们,要谨守圣洁和纯全。

5∶23 这样的事，没有律法禁止。

　　律法当然会存在，但是它们并不适用于那些结出圣灵果子的人。律法不是为义人设立的。一个真正的基督徒在为人处事当中，是不需要有律法来警告和约束他的。不需强制，他就会遵守律法。律法并不是为他设立的。就他的处境而言，可以不必有任何律法。

5∶24 凡属基督耶稣的人，是已经把肉体连肉体的邪情私欲同钉在十字架上了。

　　真正的信徒不是假冒为善者。他们是把肉体连肉体的邪情私欲同钉在十字架上的人。因为他们还没有完全摆脱自己的肉体，所以他们还有犯罪的倾向，就不能以应有的爱与敬畏来爱和敬畏上帝。他们还可能被激动以至于恼怒、嫉妒、烦躁，产生情欲或其他的冲动。但是他们不会去做肉体激动他们要做的事。借着禁食、操练敬虔，以及最要紧的，就是借着随从圣灵，他们把肉体连肉体的邪情私欲钉在十字架上。

　　以这种方式抵挡肉体就是把它钉在十字架上。虽然肉体还是活着的，但是因为它已经被捆绑并且被钉在了十字架上，它就不能随心所欲做它所要做的。

5∶25 我们若是靠圣灵得生，就当靠圣灵行事。

　　之前不久保罗刚责备了那些争竞嫉妒的人，他们带来了异端和纷争。使徒仿佛忘记了他已经严厉地斥责了他们，这里他再一次责备那些招惹和嫉妒别人的人。点出这些人一次难道不够吗？保罗重申他的劝诫，是为了强调骄傲的邪恶性，骄傲给加拉太的教会带来搅扰，也不断地给基督的教会带来无尽的麻烦。在使徒写给提多的信中，他说不要给一个贪图虚荣的人按立职分，因为就如圣奥古斯丁所言，骄傲是万恶之源。

　　在当今的世界上，虚荣是一个常见的毒药。即使是最小的村庄，其中也有人要显得自己比别人更好、更聪明。那些被骄傲抓住的人往往会为了名誉来谋求学问和智慧。虚荣对一位牧师的可怕性，要远超过对一个平常人的，甚至对一个官员的。

当虚荣的毒汁进入到教会之中的时候，你想象不到它能造成怎样的混乱。你可以为知识、艺术、钱财、国家这类事情争论，而不会造成什么特别大的危害。但是为救恩或定罪、为永生或永死争论，就不可能不对教会造成巨大的伤害。难怪保罗劝告所有上帝话语的工人要严防这样的毒药。他写道："我们若是靠圣灵而生"，圣灵所在之处，人的心便会更新。若他们原先是贪图虚浮的荣耀的，是心中充满恶毒和嫉妒的，今天他们就会变得谦卑、温柔和忍耐。这样的人不寻求他们自己的荣耀，而是上帝的荣耀。他们不会惹动彼此的怒气或妒忌，而是看别人比自己强。

尽管这令人作呕的骄傲会对教会造成如此的危害，然而它却是随处可见。撒旦差役的问题就在于，他们把事工看作是得到荣耀和名声的垫脚石，就是在此撒下了各种各样纷争的种子。

因为保罗知道那些假使徒们的贪图虚荣给加拉太的教会带来的无尽搅扰，他就决意要遏制这样的罪恶。当保罗不在的时候，假使徒们来到加拉太，开始活动。他们假装和使徒们很亲近，而保罗却从来没有亲眼见过基督，也没有和其他的使徒有很多的联络。借此，假使徒们盖过了保罗，排斥了他的教义，抬高了他们自己的教导。通过这种方式，假使徒们搅扰了加拉太人，并且在他们中间造成争论，以至于彼此间互相惹气和嫉妒；这显明了，假使徒们也好，加拉太人也好，都没有靠着圣灵行事，而是靠着肉体行事。

福音不是为着使我们自己显大。福音是为了彰显基督和上帝的慈爱。福音赐给人永生的礼物，这不是我们自己赚得的礼物。我们有什么权利为不是从我们自己来的礼物而接受赞美与荣耀呢？

难怪，上帝要在他特别的恩典中，使福音的工人经受各种各样的患难,否则他们就不能胜过这只叫作虚荣的怪兽。如果没有逼迫、十字架和辱骂,而只有赞扬和美誉随着福音的真理,那么福音的工人就会在骄傲中窒息。保罗虽有基督的灵,但有一根刺,就是撒旦的差役不断地攻击他,这样他就不会因为所得的启示很大,就把自己看得过高。圣奥古斯丁说得很对:"如果一个福音的传道人被赞美,他就处在危险之中;如果一个传道人被藐视,他也处在危险之中。"

福音的工人不应当轻易就被人的夸奖或批评所影响。他只当单单地宣讲基督的益处以及荣耀,寻求灵魂的得救。

什么时候别人夸你了,记住,夸的不是你,而是基督,所有的赞美唯独属于基督。当你纯正地传讲上帝的话语,并且能够活出你所讲的,这不是你自己做成的,而是上帝做成的。当人赞美你的时候,他们真正要赞美的是你所彰显的上帝。当你明白这一点——你应当明白的,因为"你有什么不是领受的呢?"——一方面,你就不会自吹自擂;另一方面,当你受到羞辱、斥责和逼迫的时候,你就不会想要从你的职分上打退堂鼓了。

上帝使我们一路上遇到许多的毁谤、批评、仇视和咒诅,实在是出于莫大的慈爱,使我们免得因我们的恩赐而骄傲。我们需要一个大磨盘挂在脖子上以使我们保持谦卑。有一小部分人站在我们这一方,为我们话语的职事而尊敬和爱戴我们,然而对每一个站在我们一边的人来说,有一百个人站在另一方,仇恨我们、逼迫我们。

主是我们的荣耀。对我们所拥有的恩赐,我们承认这是上帝赐给我们的礼物,是为着基督教会之益处的缘故而赐下的。这样,我们就不会因为有它们而骄傲了。我们知道,多给的要多收,少给的要少收。而且我们知道上帝是不偏待人的。一个工厂里的工人若忠心地做他的工作,上帝会像喜悦一个传道人一样喜悦他。

5:26 不要贪图虚名。

贪图虚名就是贪图谎言,因为当一个人夸奖别人的时候,他就是在撒谎。在任何人里面,有什么可夸的呢?但夸奖一个职分却是不同的事情。我们不仅要渴望人夸赞福音的职分,也要竭尽所能来使福音的职分配得夸赞,因为这使得我们的职分更加有果效。保罗警告罗马信徒不要损害基督教的美誉。"不可叫你的善被人毁谤"。(罗 14:16)他也请求哥林多的信徒,"我们凡事都不叫人有妨碍,免得这职分被人毁谤"。(林后 6:3)当人夸赞我们的职分的时候,它们实在不是在夸赞我们个人,而是在夸赞上帝。

5:26 彼此惹气,互相嫉妒。

这就是贪图虚名带来的恶果。那些教导错谬的人惹动别人。当别人不赞同和拒绝的时候,教导错谬的教师就反过来恼羞成怒,于是你就有了冲突和麻烦。各宗派仇视我们,是因为我们不赞同他们的教义。我们没有直接地攻击他们。我们只是让众人注意教会中的一些恶习。他们对此大为不悦,变得恼恨我们,因为这伤害了他们的骄傲。他们希望自己是教会唯一的统治者。

第六章

6:1 弟兄们,若有人偶然被过犯所胜,你们属灵的人就当用温柔的心把他挽回过来。

如果我们仔细思想使徒的话,我们就会注意到他说的并不是教义上的错误和缺陷,而是小得多的过犯,就是人因肉体软弱而被胜过的过犯。这就解释了使徒为何选择了一个轻一些的词,"过犯"。为了进一步降低这种过失的程度,就好像我们可以完全谅解它,不把过错归在犯这个过失的人身上,保罗说他们是"偶然被胜过",就是被肉体和魔鬼所诱惑。保罗好像说:"一个人失败,被诱惑,犯错误,岂不是人性使然吗?"这句使人安慰的话曾一度救了我的命。因为撒旦的攻击在于,一方面它试图通过纷争来更改教义的纯正性,另一方面,它借着不断地试探人去犯罪来摧毁我们圣洁的生活。这样,保罗就告诉我们该如何对待那些失败的人。刚强的人应当以温柔的心挽回跌倒的人。

上帝话语的工人们特别需要将这一点牢记在心,这样他们就不会忘记保罗对守望灵魂的牧人们的要求:为父之心。当然,牧师和传道人必须责备失败的人,但是当他们看到跌倒之人为此忧伤的时候,他们应该安慰他们,尽量宽恕他们的过失。圣灵在维护与持守真理之事上决不妥协。同样,当罪人悔改的时候,圣灵对犯罪之人也是温柔和怜恤的。

在教皇的会堂里所教导的与使徒所教导的恰恰相反。这些神职人员是人良心的暴君和屠夫。每一个微小的错误都被严加查看。为了证明他们这样的审查有理,他们引用教皇格列高利的话说:"美善生命的特性就是,没有犯错误的时候,也觉得犯错误了。""人们必须要惧怕我们差派出去的检察官，即使他们是不公平的，是错的"。而教皇开除教籍的教义就是建基于这些宣告之上的。他们不应当恐吓和斥责人的良心，反倒应该以真理来扶起他们，安慰他们。

福音的工人要从保罗学习如何对待犯罪的人。他说："弟兄们，如果有人被过犯所胜，不要加大他的忧伤，不要斥责他，不要给他定罪，而是把他挽回，温柔地重建他的信心。如果你看到一个弟兄因为自己所犯的罪感到绝望，就到他那里去，伸出手帮助他，以福音安慰他，并且像母亲一样地接纳他。当你看到一个故意犯罪，并对犯罪感到无所谓之人，不要放过他，你要严厉地斥责他。"但是对一个偶然被过犯所胜，并为此忧伤痛悔之人，不要用这种方式对待他。要以温柔的心，而不是严厉的心来对待他。我们不应该把苦胆和醋给一个悔改的罪人喝。

6:1 又当自己小心，恐怕也被引诱。

对那些毫不怜恤跌倒之人的牧者而言，这句话非常必要，因为这话可以使他们不再对别人严苛无情。圣奥古斯丁说："这世上没有一样罪，是别人犯过，我却不会犯的。"我们站在滑地之上。如果我们变得专横傲慢，忽略我们的职责，我们就会很容易落入罪中。一本叫作《教父们的生活》的书曾这样记载：一位教父在每一次听到有弟兄犯了奸淫罪的时候，他会说："他昨天犯的罪，我今天可能犯。"这样，保罗警告牧者们对有过失的人不要过于严苛无情，而是要向他们显出各样的慈爱，也总要记住："此人犯罪了；我可能犯更可怕的罪。那些快快给别人定罪的人，若是查看他们自己的生活，他们就会发现，比起他们自己的罪，别人的罪不过是微尘。"

"所以，自己以为站得稳的，须要谨慎，免得跌倒"。（林前10：12）大卫作为信心的伟人，为上帝行了如此多的大事，在一生中经受了许多从上帝而来的为要试炼他信心的考验，却在年纪不轻的时候，被少年人的情欲所胜。我们是谁呢,却说自己能站得更稳?这些从上帝而来的教训实例向我们说明了,在所有事之中,上帝极憎恶骄傲。

6:2 你们各人的重担要互相担当,如此,就完全了基督的律法。

基督的律法就是爱的律法。除了这一条彼此相爱的命令,基督没有给我们别的律法。"我赐给你们一条新命令,就是彼此相爱"。去爱就意味着担当别人的担子。基督徒必须要有强壮的肩膀去担当弟兄的重担。忠心的牧者在他们督理的教会中会看出很多的缺点与过失。而在世俗事务中,一个称职的官员,必须要做许多监督的工作。如果我们能够监督我们自己的过犯与缺点,我们也应当以"各人的重担要互相担当"为原则,监督他人的不足。

做不到这一点的人,就是不明白基督的律法。保罗说,爱是"凡事相信,凡事盼望,凡事忍耐"。这条命令不是对那些不信主之人讲的,也不是对那些持续活在罪里的人讲的,而是对那些愿意听从上帝的道,却无意地犯了罪,并为此极其忧伤痛悔的人讲的。保罗鼓励我们要担当他们的重担。对他们,我们不要很苛刻。如果基督没有刑罚他们,我们有什么权利这么做呢?

6:3 人若无有,自己还以为有,就是自欺了。

保罗再一次斥责那些宗派发起者们是心里刚硬的独裁者。他们藐视软弱的人,要求每件事都要按着他们的标准。除了他们自己所做的,没有能令他们满意的。你若不赞美他所说所做的每一件事,你若不顺服哪怕是他们最小的一个想法,他们就向你发怒。他们为什么这个样子呢?正如保罗所说,他们"自己还以为有",他们认为自己明白关于圣经的一切事。

当保罗把他们算为零的时候,保罗是算对了。他们以自以为是的智慧和敬虔自欺欺人。他们并不认识基督,也不懂得基督的律法。他们坚持在每一件事上都要完美，这样，他们就未能担当软弱者的担子。事实上，他们以他们的严苛伤害了软弱的弟兄。人们开始仇视他们，躲开他们，不接受他们的劝勉与安慰。

当保罗说这些人是"自己还以为有"时，他准确地描绘了这些人的刚硬和毫无恩典。他们因为自己的愚昧和野心而自我膨胀，就自我感觉良好地高看自己，然而在事实上，他们什么也不是。

6:4 各人应当察验自己的行为。这样，他所夸的就专在自己，不在别人了。

在这一节经文中，使徒保罗继续抨击那些贪图虚名的派系人士。虽然这节经文可以应用到任何一种工作上，但在使徒心中，它是特别针对牧师职位的。

这些贪图荣耀之人的问题在于，他们从不考虑他们的事工是不是真诚和忠心的；他们所想的就是人们是否喜欢他们、夸奖他们。这是一个三重的罪。第一，他们对夸赞贪得无厌。第二，他们非常狡猾，非常诡诈地暗示，别的牧者所做的工作都不到位。通过与别人比较，他们盼望抬高自己在别人的心目中的地位。第三，一旦他们为自己建立了某种地位和名声，他们会变得如此骄傲，乃至为所欲为。当他们赢得了人的赞誉，骄傲就使得他们继续轻看别人的事工，单单为自己的工作喝彩。他们以这样高超的技巧欺哄了许多人，使得他们希望自己的牧者被降级，让位给这些"后起之秀"。

"让上帝的仆人在他的职分上忠心，"这就是使徒的命令，"他不当寻求自己的荣耀，或为他人的赞扬而活。他应当渴慕善工，以完全的纯正来传讲福音。这个不懂得感恩的世界是否会赞许他的工作并不要紧，因为归根结底，他不是为着自己的荣耀，而是为着基督的荣耀，才受了这职分。"

一位上帝忠心的仆人很少在乎别人是如何看他的，只要他的良心是无亏的。若他的良心印证他所做的是对的，这就是一位牧者能够得到的最好奖赏。晓得我们已经传讲了上帝的话语，已经正确地执行了圣礼，这就是我们永远不会被夺去的荣耀。

派系人士所寻求的荣耀非常脆弱，因为它建立在别人的想法上。如果保罗在事工中倚靠这样的荣耀，他就会绝望，因为在每一次宣讲福音之后，他都会看到有许多的毁谤和恶行随之而来。

如果我们必须以我们的受欢迎程度来衡量我们的事工是否成功，我们就只有死路一条，因为我们不受欢迎。相反，整个世界以罕见的恶毒仇视我们，无人赞许我们。每个人都以我们为怪。但是我们以上帝为我们的荣耀，并且欢欢喜喜地做着我们手中的工作。有谁会在乎魔鬼是否喜悦我们的侍奉呢？有谁会在乎世界是否会赞美我们呢？无论"荣耀、羞辱、美名、恶名"，（林后6:8）我们都向前行。

福音必会带来逼迫。福音就是那样的真理。福音的跟随者们也不是那么可靠。许多人今天接受了福音，明天就丢弃了它。传讲福音不是一件容易的工作，特别是在无人赞美你的时候。那么，就从你平安的良心所作的见证中找到你的赏赐吧！

这句经文也可以应用在圣职以外的工作上。当一个官员、一个仆人、一个老师，在他分内之事上尽职忠心，不去担忧在此以外的事情，他就可以欢喜快乐。一个人在任何工作中的最好回报就是，他晓得自己已经做好了上帝托付给他的工作，并且他的努力蒙上帝悦纳。

6:5 因为各人必担当自己的担子。

这就是说：若有任何人贪恋夸赞，他就是愚蠢的，因为在你死的时候，别人的赞美有什么益处呢？在基督的审判台前，每个人都要担当自己的担子。当我们死的时候，就是人的赞誉停止的时候。在永远的审判官面前，算数的不是别人的赞美，而是你自己的良心。

做好工作的责任心并不能使良心安息。在末日审判的时候，有一个无亏的良心是好的，它能见证你已经按照上帝的旨意，忠心地履行了你的职责。

为着克制骄傲，我们需要祷告而来的力量。无论什么人，即使他是一名基督徒，也会因着别人夸奖自己而高兴。唯有圣灵能把我们从骄傲的灾难中拯救出来。

6:6 在道理上受教的，当把一切需用的供给施教的人。

现在使徒保罗要求，在道理上受教的人"当把一切需用的供给施教的人"。我常常困惑，使徒们为什么会如此高频率地重申这个要求，以至于让我觉得很尴尬。在教皇制下，我看到，为着建造和维护奢侈的教堂建筑，为着喂养那些教皇所委任的服务于他们拜偶像事业的人，人们慷慨地奉献。我看到，主教和神父们变得非常富有，乃至他们拥有最好的地产。我想，保罗在这上面的劝勉有些过了。我觉得他应该要求人们减少他们的奉献。我目睹了教会会众的慷慨奉献如何刺激了神职人员的贪欲。可是现在，我明白了。

每一次我读到使徒保罗劝勉教会要供应他们的牧者，鼓励众人捐输来帮助贫穷的弟兄姊妹；想到伟大的使徒不得不常常地触及这个话题，我就觉得有些难堪。在写给哥林多人的信中，保罗用了两章来向他们强调这一件事。因为不厌其烦地敦促哥林多人要奉献，怜恤穷人，保罗就使哥林多人丧失了名誉。我可不愿意像保罗败坏哥林多人声誉那样败坏维腾堡人民的声誉。无人愿意为福音的事工做奉献，这一现实看起来好像成了福音的副产品。当魔鬼的道理被传讲的时候，人们却乐意为那些欺哄他们的人慷慨解囊。

我们现在明白了为什么不断重复这句经文中的劝勉是如此必要。当撒旦不能靠着武力镇压福音的宣讲时，它就通过使福音的事工陷入经济困境来达到这一目的。魔鬼减少教会的收入到一个地步，以至于工人不能再靠福音养生，他们不得不离开事工。没有福音的工人传讲上帝的道，人们就会变得像野兽一样野蛮。

保罗要求领受福音的人把一切需用的供给他们的牧者和教师，这个劝勉真是合理的。给哥林多人的信中，他写道："我们若把属灵的种子撒在你们中间，就是从你们收割奉养肉身之物，这还算大事吗？"（林前9：11）在以前教皇以至高无上的权柄施行统治的时候，人们为弥撒付了很多的钱。讨钱的修士们赚了他们的那一份。像生意人一样的神父们天天在那里数钱。如今，借着福音，我们的同胞们从这些欺哄中获得了释放。你会以为，他们会为自己的自由感恩，会慷慨地支持福音的事工，并且帮助贫穷的弟兄姊妹。事实上，他们是在掠夺基督。当教会的信徒任凭他们的牧者生活缺乏的时候，他们连异教徒还不如。

不用多久，他们就会为自己的不知感恩而受罚。他们会失去他们属地的和属天的财富。这个罪配得最严厉的惩罚。加拉太、哥林多和其他地方的教会为什么会被假使徒们搅扰的原因就在于，他们轻看忠心服侍他们的牧者。对赐给你一切美好事物甚至永生的上帝，你拒绝给他一枚硬币，相反，对给你一切折磨包括永死的魔鬼，你却给它金银——你定会为此受到惩罚。

"一切需用的"这个短语不是说人们要把他们所有的一切都给他们的牧者，而是说，他们应当甘心乐意地支持他们，并且给予充足的奉献使他们能够安心生活。

6：7 不要自欺，神是轻慢不得的。

使徒在这件事上是如此的激动，以至于他不满足于只是单单的劝勉。他语带震慑地说："神是轻慢不得的。"我们的同胞把蔑视福音事工当作儿戏。他们喜欢对待牧师就像对待仆人和奴隶一样。"不要自欺，"使徒警告说，"神是轻慢不得的。"在他的仆人中间，上帝是轻慢不得的。基督说："弃绝你们的就是弃绝我。"（路10：16）对撒母耳，上帝说："他们不是厌弃你，乃是厌弃我。"（撒上8：7）当心，你们这些轻慢人的人。上帝会允许他的审判推迟一会儿,但是在时候满足的时候,他会找到你,为你轻慢他的仆人而惩治你。你不能嘲弄上帝。人们也许会对上帝的警告不以为然,但是在他们临死的时候,他们就知道他们所轻慢的是谁了。上帝绝不会任凭他的仆人挨饿。当富人被饥饿折磨的时候,上帝喂养他自己的仆人。他们"在饥荒的日子必得饱足"。(诗37:19)

6:7 人种的是什么,收的也是什么。

这些经文都是为着帮助我们这些传道人。我必须承认,我不太喜欢解释这些经文。我在讲解这些经文的时候,就好像是为着我自己的益处说的。如果一个传道人传讲奉献金钱的事,人们就有可能指责他贪婪。然而,人们必须要在这些事上得到教导,以便知道他们对自己牧者的责任。我们的救主说:"吃喝他们所供给的,因为工人得工价是应当的。"(路10:7)保罗在别处也说:"你们岂不知为圣事劳碌的,就吃殿中的物吗?伺候祭坛的,就分领坛上的物吗?主也是这样命定,叫传福音的靠着福音养生。"(林前9:13、14)

6:8 顺着情欲撒种的,必从情欲收败坏;顺着圣灵撒种的,必从圣灵收永生。

撒种与收割的比喻也可以指对牧人合理的供养。"顺着圣灵撒种的",就是说,一个人敬重上帝的仆人,就是做了一件属灵的事情,并且要收获永生。"顺着情欲撒种的",就是说,一个人若只想着他自己,什么也不留给上帝的仆人,这人就要收获身体的败坏,不仅是在今生,就是在永世中也是如此。使徒保罗想要鞭策读者,使他们对自己的牧者慷慨些。

教会的牧者需要供养,这是每一个有常识的人都可以看到的事情。虽然这样的供养是物质上的,但是使徒毫不犹豫地称它为顺着圣灵撒种。当人挖空心思要得到他们可以得到的一切，并把所有的都留给自己，使徒称这是顺着情欲撒种。使徒宣告说，那些顺着圣灵撒种的人，他们不仅会在今生蒙福，而且会在永世中蒙福；而那些顺着情欲撒种的人，他们不仅在今生受咒诅，在永世中也是如此。

6:9 我们行善，不可丧志，若不灰心，到了时候就要收成。

使徒准备很快就结束这封信，所以他再一次重申要行善的劝勉。他是说："我们不仅要对福音的工人行善，而且对所有人都当如此，并且不能灰心。"一次两次的行善固然容易，但是坚持不懈地行善，并且不因为我们所帮助者的不感恩而气馁，就不那么容易了。这样，使徒就是在激励我们不仅当行善，更要坚持不懈地行善。为着鼓励我们，使徒补充道："若不灰心，到了时候就要收成。""等待丰收的时刻，那时你就要收获你顺着圣灵撒种而得的奖赏了。在你行善的时候，想到这些，人的不感恩就不会使你灰心了"。

6:10 所以，有了机会，就当向众人行善，向信徒一家的人更当这样。

在这节经文中，使徒总结了他在供养传道人和帮助穷人上的教导。他重申了基督的话："趁着白日，我必须作那差我来者的工；黑夜将到，就没有人能作工了。"（约9:4）我们的善行首先要做在和我们有一样信仰的人身上，就是保罗所说的"信徒一家"，而在他们中间，作为善行的对象，上帝的仆人又是列在首位的。

6:11 请看我亲手写给你们的字是何等的大呢！

保罗期待着能以这句话来拉近他与加拉太人的关系。保罗说："我从来没有给别的教会亲手写过这么长的信。"对于保罗其他的书信，他都是口述的，只是在信头和信尾亲笔祝福和署名。

6：12 凡希图外貌体面的人，都勉强你们受割礼，无非是怕自己为基督的十字架受逼迫。

保罗再一次斥责那些假使徒们，为着能够将加拉太人从他们错谬的教义中挽回。"你们所跟从的那些假教师们不是寻求基督的荣耀和你们灵魂的得救，而是寻求他们自己的荣耀；他们逃避十字架；他们不晓得他们所教导的。"

保罗斥责假使徒们的这三点内容，性质非常严重，以至于任何基督徒都不当再与他们来往。但并不是所有加拉太人都遵从了保罗的告诫。

使徒保罗对假使徒们的抨击不是没有道理的。我们对教皇的抨击也是如此。当我们说教皇是敌基督，他的走狗们是毒蛇的种类，我们没有言过其实。我们不过是以上帝的话语作为试金石来判断他们，就如记录在这封书信中的："无论是我们，是天上来的使者，若传福音给你们，与我们所传给你们的不同，他就应当被咒诅。"

6：13 他们那些受割礼的，连自己也不守律法。他们愿意你们受割礼，不过要藉着你们的肉体夸口。

换句话来表达，就是说："我现在来告诉你们，你们所跟从的导师们都是怎样的。他们逃避十字架，他们所讲的变来变去。他们以为自己遵行了律法，但他们没有。他们没有圣灵，而没有圣灵，就无法遵行律法。"人若没有圣灵居住在他里面，他里面就有邪灵存在，这邪灵憎恶上帝，并且把每一次遵行律法的努力变为双重的罪行。

记住使徒在这里所说的：那些受割礼的，连自己也不守律法。没有自义之人能够守律法。在基督之外的善工、祈祷和受苦，都是徒劳的，"凡不出于信心的就是犯罪"。如果一个人的心中没有基督，受割礼、禁食、祈祷或者别的任何事，对他都是毫无益处的。

"假使徒们为什么坚持要求你们受割礼呢？那不是为着你们的称义"，虽然他们表面上给人留下这样的印象，但是他们是为了"藉着你们的肉体夸口"。这是怎样的一种野心呢？最恶劣的是，他们强迫你们受割礼，不是为着别的，而是为了因着你们的顺服而带给他们的满足感。

6:14 但我断不以别的夸口，只夸我们主耶稣基督的十字架。

使徒保罗说："上帝禁止我像假使徒那样以别的任何事夸口，因为他们所以为荣耀的都是毁坏灵魂的毒药，我希望它们都被埋葬在地狱里面。如果他们乐意，就让他们藉着肉体夸口吧，并和他们所夸口的一同灭亡。至于我，我只夸主耶稣基督的十字架。"在《罗马书》第5章里面，保罗表达了同样的情感，他在那里说："就是在患难中也是欢欢喜喜的"；在《哥林多后书》第12章里面，保罗说："所以，我更喜欢夸自己的软弱。"根据这些经文，一个基督徒当以他所经历的试炼、羞辱与软弱来夸口。

这就是我们今日的荣耀：教皇和整个世界都在逼迫我们，想要杀害我们。我们知道，我们为这些事受苦，不是因为我们是贼，是杀人犯，而是为基督、为我们所宣讲的福音的缘故。我们没有理由抱怨。这个世界当然把我们看为不幸福的、受咒诅的一群，但是我们为之受苦的基督，宣告我们是有福的，并且要我们为此欢喜快乐。"人若因我辱骂你们，逼迫你们，捏造各样坏话毁谤你们，你们就有福了。应当欢喜快乐，因为你们在天上的赏赐是大的"。（太5:11、12）

这里，基督的十架指的不是钉死耶稣的那两根木头，而是象征基督徒所经历的一切苦难，他们的苦难也就是基督的苦难。保罗在别处写道："现在我为你们受苦，倒觉欢乐，并且为基督的身体，就是为教会，要在我肉身上补满基督患难的缺欠。"（西1:24）

知道这一点与我们是有益的，这样能使我们避免因受逼迫而灰心丧志。让我们为着基督的缘故而背起自己的十字架。正如基督所说，晓得

十字架的荣耀能够在患难中赐给我们安慰,能够使我们的担子变得轻省:"我的轭是容易的,我的担子是轻省的。"(太11:30)

6:14 因这十字架,就我而论,世界已经钉在十字架上;就世界而论,我已经钉在十字架上。

"就我而论,世界已经钉在十字架上",就是说,我已经给世界定了罪。"就世界而论,我已经钉在十字架上",就是说,反过来,世界已经将我定罪。我轻蔑这个世界的教训、自义和善工。反过来,这个世界轻蔑我的真理,并且将我定罪为一个狂热的异端分子。于是,世界对我们已经被钉在十字架上,我们对世界已经被钉在十字架上。

修士们想象着,当他们进入修道院的时候,世界对他们而言就被钉在十字架上了。事实上,不是世界,而是基督,被钉在修道院里面了。

在这句经文里面,保罗表达了对这个世界的憎恶。这样的憎恶是相互的。和保罗一样,我们也蔑视这个世界和魔鬼。有基督在我们一边,我们可以轻蔑魔鬼,对它说:"撒旦,你越伤害我,我越抵挡你!"

6:15 受割礼不受割礼都无关紧要,要紧的就是作新造的人。

因为受割礼与不受割礼是相反的两件事,我们就期待着使徒保罗会说,其中的一样能够带来什么益处。但是他认为这两者都不能带来益处。两者都无价值,因为在基督里,受割礼也好,不受割礼也好,都不算什么。

理性不能明白这一点,"然而,属血气的人不领会神圣灵的事"。(林前2:14)这样,理性在外在之事上寻求义。然而,我们从上帝的话语里晓得,除了基督,日光之下,没有任何东西能够使我们在上帝面前称义,使我们成为一个新造的人。

一个新造的人就是上帝的形象在他身上被更新过的一个人。这样的新造不是靠着善工重生，而是唯独借着基督重生。善工能够改良外在的表现，但是不能产生一个新造的人。一个新造的人是圣灵的工作，他将信心、爱心和其他基督徒的美德注入在我们心中，并且赐给我们力量，使我们能够胜过肉体，拒绝这个世界的义。

6：16 凡照此理而行的，愿平安、怜悯加给他们和神的以色列民。

这就是我们应当照着收获的准则，"穿上新人……有真理的仁义和圣洁"。（弗4：24）那些照此理而行的人，他们享受上帝的眷顾、罪的赦免，以及良心的平安。若他们偶尔被过犯所胜，上帝的恩典能够挽回他们。

6：17 从今以后，人都不要搅扰我。

使徒说这句话的时候，是带着某种情绪。"我已经向你们传讲了福音，就是照着我直接从耶稣基督所领受的启示。如果你们不在乎，那好吧。从此，不要再搅扰我。不要再搅扰我。"

6：17 因为我身上带着耶稣的印记。

"在我身上的印记显明了我是谁的仆人。如果我急于讨人的喜悦，如果我赞同受割礼或行善是我们得救所必需的组成部分，如果我向那些假使徒们一样要借着你们的肉体夸口，我就不会有这些印记在自己身上。但是因为我是耶稣基督的仆人，我公开宣告在基督以外，无人能得到灵魂的救恩，我就必须带着我主的印记。这些印记加在我身上，不是我自愿的，而是出于魔鬼的逼迫；不是为着别的，而是为着要将基督的名传遍天下。"

使徒保罗常常在他的书信中提到他身上的受苦的印记。他说："我想神把我们使徒明明列在末后，好像定死罪的囚犯；因为我们成了一台戏，给世人和天使观看。"（林前4：9）以及，"直到如今，我们还是又饥、又渴、又赤身露体、又挨打、又没有一定的住处,并且劳苦,亲手作工。被人咒骂,我们就祝福;被人逼迫,我们就忍受;被人毁谤,我们就善劝。直到如今,人还把我们看作世界上的污秽,万物中的渣滓"。(林前4:11—13)

6:18 弟兄们,愿我主耶稣基督的恩常在你们心里。阿们!

这是使徒最后的告别。就如他开始这信的时候一样,他在结束这信时,愿上帝赐恩给加拉太人。我们可以听到他说:"我已经把基督向你们讲明,我已经恳求了你们,我已经责备了你们,我没有略过一样对你们有益的事情不讲。我现在所能做的,就是祷告,愿我们的主耶稣基督能够赐福我写的信,并赐给你们圣灵的引导。"

愿赐给我力量和恩典讲解这卷书,也赐给你们恩典去聆听的主耶稣基督,我们的救主,保守、坚固我们的信心,直到我们得赎的日子。愿荣耀归给他,即圣父、圣子和圣灵,直到永世,无有穷尽。阿们!

译后记

（一）

这本注释书是路德自己最喜爱的作品之一。曾有人问他，如果只出版他的几本书，该是哪几本，路德不加犹豫地首选就是这本《〈加拉太书〉注释》。路德甚至称他的这本注释书为"我的凯瑟琳"，就是他妻子的名字。

这本注释书也是基督教历史上影响极为深远的作品。在改教运动中，这本注释书成为一面真理的旗帜，一盏黑暗中的明灯，一件攻破天主教错谬最有力的武器。

直至今日，这本书也影响了后世无数圣徒个人的生命。若我们以为这既是几百年前写就的"经典"，便是晦涩难懂，离我们很遥远的东西，那可就大错特错了！这本注释书实在能跨越历史之时空，以直白热情的文风，直抒胸臆，直指人心，对今天的每一个圣徒说话。这本注释书对我们信仰生活的实用性和适切性是跨越时代的，它仿佛正对着我们当下的挣扎与困惑说话！

就像《天路历程》的作者班扬在自传中谈到自己的挣扎时所说："在我脱离这些试探之前，我就已渴望见到以往那些敬虔之人的经验，他们或活在我出生之前几百年。当我与主谈到这件事之后，主使我看到马丁·路德所著的一本书《〈加拉太书〉注释》。这本书因为太老旧,以致都松散了,但我却非常高兴能得到它。一读到这本书,我就觉得自己的情形和书中所描写的如出一辙,就好像这本书是我所写的一样。我异常惊讶于路德竟能知道我们现在基督徒所经历的一切,而且他所谈、所写的正是我们现在的经验……起初这对我来说很稀奇,在我思考并观察自己的经验之后,我发觉这的确是真的。此时,我不愿意再谈别的,而且我把马丁·路德所著的《〈加拉太书〉注释》视为除了圣经之外的第二重要书籍。这本书对那些良心曾受过创伤的人大有帮助。"①

我热忱地向读者推荐这本注释书,深切地盼望今天的每一个基督徒都能拿出时间来仔细阅读它,我们的信心必能因此得着坚固,生命也因此得着造就。无疑,此书也能使我们更好地认识福音,传扬福音。我自己特别感谢上帝的恩典,深感能够有幸翻译此书实在是一件蒙福之事。 在这个过程中我极大地受益,亦能够跨越时空与以往圣徒相交,时常被路德的信息和热情所震撼、抓住和感染,不由得停下译笔,掩卷默想、惊叹、唏嘘,并在整个翻译过程中,内心因着被福音大光不断照耀,常常被极大的喜乐充满,发出对上帝由衷的敬拜与赞美!感谢赞美主!

感谢上帝在历史中兴起路德这样好的牧人来喂养他的群羊,保守、归正他的教会。在翻译这本书的时候,我深深地感受到上帝要使用当初赐给他仆人的智慧,仍然对今天的我们说话,造就今日的信徒与教会,使他仆人"所说的话一句都不落空"。(撒上3:19)愿上帝借着他仆人的话语,在今天再次向我们彰显耶稣基督福音的荣耀,向我们显明他的心意、怜悯、慈爱与恩典。阿们!

路德的这本注释书涉及内容广博,我在这里只能列出主线,愿读者

---

① 见《班扬自传》第一章。

自己可以投身其中，沉浸在真理的海洋，用心品味，必能拾取许多喂养自己生命的珍珠。

（二）

《加拉太书》的主题是"因信称义"，如路德所言，这是基督信仰最核心的真理。既然是"因信称义"，那么人首先就有称义的需要，因为我们都是罪人，并且"罪的工价乃是死"（罗6：23）和永远的沉沦。称义作为一个法庭用语，是指有罪的人如何在公义的上帝面前得蒙赦罪，就如同有罪的被告如何在法官面前被算为无罪。世人说到罪，往往是想到违反了国家法律，或只是某些外在的行为，而圣经看罪，不仅是外在的行为，也是内心的心思意念。上帝的律法不仅要求人的行为，更要求人的内心。贪婪、仇恨、嫉妒、自私、狂妄、自大、撒谎、诡诈、自夸、不守信、不孝敬、无怜悯……这些都是罪。罪有罪行（罪的行为）和罪性（罪的本性），后天环境和个人经历决定了各人的罪行大小多少不同、形式不同，但各人的罪性是一样的。每个人都是罪人。这好像一个木桩子的情形，在地表之上的部分，因为日头晒，是干燥的、干净的，然而把它从地里拔出来会看到地下的部分是潮湿肮脏的，爬满蛆虫。

此外，罪也是对上帝的一种敌对状态。这是其他一切罪的根源。上帝造了亚当和夏娃，把他们安置在伊甸园中，园中的生活非常美好，他们一无所缺。上帝在园子中央摆放了一棵善恶树，禁止他们吃。然而他们就是吃了。魔鬼引诱他们吃的时候，说："你们吃的日子眼睛就明亮了，你们便如上帝能知道善恶。"人类罪恶的根源是自己想要成为上帝。原文中的"善恶"是掌管一把尺子两端的意思，就是成为万物的尺度。人类最大的罪在于顽固的自我中心，拒绝上帝，以自己为万物的尺度，为一切的中心和主宰，好像上帝一样。今天世上有多少的人，就有多少个标准，然而真正的标准只有一个，就是上帝，今天的人类都把自己当作审判官，把别人当作被审判者，然而真正的审判官只有一位，就是上帝。圣经中说到罪的时候，总是有一个共同的特性，即罪是人对神的偏离，是存在于人里面的一种敌对神、与神隔绝的状态。如果我们要给罪下一个定义，罪就是根植于人性之中的、使人悖逆神并导致人走向死亡的、人自身无法克服的一种权势和力量。

接下来，就是有罪的人如何在公义的上帝面前称义/赦罪的问题。称义必须要解决罪的问题。这里问题的核心是，人在称义和赎罪的问题上，自己能不能有贡献？事实是，人称义是完全靠着上帝的恩典，是通过信，人自己完全不能有任何贡献。"你们得救是本乎恩，也因着信"（弗2:8）。保罗写《加拉太书》的动因就是，有假教师进入到他曾教导过的加拉太教会，告诉那里的信徒，人称义不仅是靠着耶稣基督，也要靠着遵行律法而来的义。路德在讲解《加拉太书》的时候，也正在与天主教交锋，天主教教导人得救不仅靠着上帝的恩典，也靠着自己的行为，而这些人比当年保罗面对的假教师们更恶劣。

认为靠着自己的行为可以在上帝面前称义的人，犯了若干的错误。第一，他们对罪缺乏真正的认识。任何一个罪都是对至高上帝的悖逆，亏缺了上帝无限的荣耀，是对上帝至高律法的藐视，这不是一点外在的行为就可以轻描淡写地弥补的。路德说："这种心态源于对罪的错误认识，即罪是一件小事，我们凭着善工就可以轻易处理。""这种心态普遍存在，而对那些自觉比别人强的人，尤其如此。这些人随时可以承认他们经常犯罪，但是他们并不认为他们的罪是如此重大，以至于他们不能够靠着自己的善工化解它们。"

第二，人的善行无法抵消已经发生的罪行。这就像一个谋杀犯，即使在杀人之后救了一个落水儿童，他也不能不为自己杀人的罪伏法。这又就好像一个小孩子，父母离开家一会儿，对他说："你在家里的时候，千万要小心，不要碰坏了那个花瓶，因为那是古董，非常贵重。"

可是小孩在家玩球的时候把花瓶打碎了。他害怕父母的责备，就在父母回家之前，把房间打扫得干干净净，而这是他从来不做的，他也把第二天的功课很努力地完成了。父母回家了，问："花瓶呢？"孩子回答说："你看，我把每个房间都打扫得干干净净的了。"父母又问："花瓶呢？"孩子回答说："我明天的功课做得特别好。"……你看到没有，这解决不了罪的问题。当我们人说靠着自己能赎罪的时候，不仅是对罪的无知，也是对上帝的羞辱。更何况，人一点外在的善行，又是怎样地被我们的私欲、自义、骄傲、伪善和自我荣耀等罪所玷污了呢？"我们都像不洁净的人，所有的义都像污秽的衣服"。（赛64:6）

第三，外在的行为并不能证明人的义。为什么？因为上帝的律法不仅约束人的行为，更是对人内心的要求。人或许能在口头上和外表行为上遵行上帝的律法，但是在心里却做不到。也就是说，人在心里还在持续地犯罪。路德讥讽那些天主教的修士们，他们认为他们的功德多到自己用不完，足以出售给别人，然而与此同时，他们内心深处知道，他们里面充满了不敬虔。

路德说："看看这些修士们吧，他们一丝不苟地禁食，警醒不睡，等等。如果忽略了修道院规条里的最小一条，对他们来讲都是犯了最高级别的罪。与此同时，他们高高兴兴地忽略了仁爱的责任，而且彼此仇恨直到死。他们认为，这不是罪。"

路德对天主教修士的评论，也适用于佛教、伊斯兰教等一切寻求靠着自身修行与积攒功德进入天堂的人士："称靠行律法称义者为魔鬼的殉道士是不错的。他们为赢得地狱所忍受的痛苦比基督的殉道者为进入天国所忍受的痛楚更多。这对他们是双重的祸患。他们先在地上以自加的苦修来折磨自己，最终当他们离世，他们得到的是永远的咒诅。"

这样，罪人称义，唯有靠着基督在十字架上做成的工作。福音所表达的不是在得救之事上我们能做一些，但不够完美，所以耶稣基督来

"帮助"我们达到目标；主耶稣来，不是帮助我们，而是替代我们，因为我们在得救之事上完全无能，完全无力。福音的核心是替代性的救赎：耶稣一生完全遵守了上帝的律法，做到了我们本该做，但无力做到的；在十字架上，无罪的耶稣基督站在我们的位置上，为我们、为我们的罪，受了我们本该受的审判、刑罚和咒诅。这就是所谓"替罪的羔羊"。十字架的救赎工作使我们的罪归在他的身上，而他的义归在我们头上。"世人都犯了罪，亏缺了上帝的荣耀。如今却蒙上帝的恩典，因耶稣基督的救赎，就白白地称义"。（罗3:23、24）

福音不是"补救"，而是拯救，不是说我们已经做了一些，还差一些，就差最后一下子、一里路了，耶稣来帮我们一把，达到目标，就好像我们和耶稣一起开合资公司，我们拿出一些资金，但还差一些，耶稣便拿出一些，补足缺口。不是！耶稣是拯救我们。圣经明说，我们人完全是无能的，完全失丧，在道德上完全破产，毫无能力，是已经"死在过犯罪恶之中"的。（弗2:1）救恩百分之百是耶稣做成的，完全是恩典，我们毫无贡献。哈利路亚，感谢上帝！

路德在解释《加拉太书》1:4"基督……为我们的罪舍己"(gave Himself for our sins)时，清楚地说明了福音的本质：这里"并没有说'他接受了我们的善工'，而是说'他给'。给了什么？不是金子、银子、羊羔、天使，而是他自己。为了什么？不是为了皇冠、国家或是我们的良善，而是为了我们的罪。这些话如同天上发出的抗议的惊雷，反对一切以及各样的自义……真正明白基督信仰的人把保罗的话'为我们的罪舍己'看作是真实且有效的。我们不应当把罪看作是无关紧要的微小之事。另一方面，我们也不应当因罪的可怕而绝望。学会相信基督的舍己，不是为着微不足道、虚构想象的罪，而是为着巨大的罪过；不是为着一两样的罪，而是为着所有的罪；不是为着那能被丢弃的罪，而是为着那顽固不化、根深蒂固的罪"。

路德继而强调，我们要特别注意"我们"这个代词及其重要性。你会马上同意基督是为着彼得、保罗等人舍己的，但是却发觉自己很难相信基督也是为着你的罪舍己的。在感觉上，我们似乎不好意思将这个"我们"应用到自己的个人层面上。但要确信基督不只是赦免了某些人的罪，也是赦免了你的罪。

人排斥因信称义的真理，是因为人性中根深蒂固地认为"我能"，只要我足够努力，就配得在上帝面前有一席之地，配得上帝的接纳。这是人性的骄傲。人性坚决否认自己安全的破产，不肯承认自己的无能，不肯对自己绝望。路德说："靠律法可以在上帝面前称义的这一有害的教义，这是人类理性中一个根深蒂固的观念。所有人都被这一观念抓住，以至于很难把它从人的思想中拔除。""人类的理性只能从律法的角度来思考问题。它嘀咕着：'这个我做了，这个我没做。'但是信心仰赖耶稣基督。"②

后人正确地评论道："路德有一个基本的看法，他认为宗教是人心的原本模式，这不仅适用于有宗教信仰的人，也适用于没有宗教信仰的人。人们通过自己努力达到某一套价值观的要求，来赚取自己存在的价值和被接纳的感觉，让自己感觉重要。而且，'靠功德称义的宗教'在人心里根深蒂固，连在某种程度上相信福音的基督徒都时常故态复萌，在内心深处相信是靠自己的功德得救。"③

人的本性、人的文化在根本上是抵挡福音的，路德正确地说道："以智慧和正直这两种天赋为例。没有基督，智慧是双倍的愚蠢，正直是双倍的罪恶，因为它们不仅不能认识到基督的智慧与义，还要拦阻和亵渎基督的救恩。保罗很公正地称这个世界是罪恶的和邪僻的，因为当这个世界处在它最好的时刻，便是它最恶的时刻。最严重的恶习与这个

---

② 详见《〈加拉太书〉注释》2：5。
③ 引自纽约救赎主教会提姆·凯勒（Tim Keller）牧师。

世界的智慧和义相比也不过是小过失。这些事拦阻人接受基督之义的福音……因为对没有基督之人而言,他们越好,越有智慧,不理睬和抵挡福音的可能性就越大。""这个世界或许会看一些事物从来是好的;但是若无基督,它们都是错的"。

(三)

路德强调了律法的两层功用（加尔文则阐述了律法的三层功用④）：一层是世俗的,即律法能够约束罪恶,惩治罪恶。这时,人不犯罪,不是因为不想,而是因为惧怕；就像一个被关在监狱里的人,他不是不想犯罪,而是不能,若是可以,他就会打烂监狱,重新犯罪。

另一层是属灵的、神圣的,即律法使人知罪,"原是为过犯添上的"。人有一种根深蒂固的自义,只要没有犯明显的大罪,就以为自己是一个好人；也常常自以为敬虔和良善,然而"上帝使用律法作为一把大锤,打碎了人一切自义的幻觉,这样,我们就可以对我们自己的能力以及对自己称义的努力感到绝望"。⑤"律法是一面镜子,向一个人显明他是怎样的人：一个该死的、配受永刑的罪人……上帝必须首先举起律法的大锤,把自义这只野兽,并诸如此类的自我信靠、自作聪明、自以为义和自我帮助等,砸得稀巴烂"。⑥ 律法最终是要把绝望的人引向耶稣基督的福音。

这样,律法会在人心中产生三种反应。第一种,律法达到了使人知罪的效果,使人对自己、对自身的义绝望。然而,对这第一类人,律法的功用就到此止步了：只是使人心绝望,却没有把它带到耶稣基督那里。对这类人,律法甚至使罪过加多,"律法向一个人显明了罪,死和上

---

④ 见加尔文《基督教要义》第二卷第八章。 加尔文看律法的功用有三重：一是在世俗生活中约束罪恶；二是使人知罪；三是引导已重生之人成圣和行善。

⑤ 见《〈加拉太书〉注释》3:23。

⑥ 见《〈加拉太书〉注释》3:19。

帝的忿怒，他变得不耐烦，向上帝发怨言，并且悖逆。在这以前他是一个虔诚的人；他敬拜和赞美上帝；他在上帝面前屈膝感恩，就像法利赛人一样。可是现在，律法把罪和死向他显明了出来，他希望上帝不存在。律法激起人对上帝的仇视。于是，因着律法，罪不仅被显明出来，而且实际上还会加增和扩大"。

　　第二种，在人心中产生的就是法利赛人式的反应：他们妥协了律法的原意，认为在表面行为上遵行了律法就是满足了律法。这样，对这一类人，律法没有起到使他们绝望的作用，反倒使他们更加自义，因为他们觉得自己满足了律法，达到了上帝的要求。

　　对自以为守了律法的犹太人，保罗说："你讲说人不可偷窃，自己还偷窃吗？你说人不可奸淫，自己还奸淫吗？"（罗马书2：21、22）路德对此的注释是："上帝按人心下判断，因此，他的律法是向人的内心深处下命令，而不能以行为为满足……所以，保罗在第二章里断言犹太人都是罪人……在表面的行为上遵守律法，可是这并不是出于内心或乐意，或对律法的喜爱，而是出于不愿意和强迫；如果没有律法，你就会宁愿别样行。可见，在你内心深处，你是恨恶律法的……实在说起来，表面的行为总是和伪善者离不多远的……你从来就没有对律法有过正确的了解。"⑦

　　在此，路德对保罗在《哥林多后书》中"蒙在摩西脸上的帕子"的比喻作了精彩的解经。⑧律法本应是使人彻底绝望的，然而这第二类人削减了律法的力度，对律法的功用产生了妥协，这样，他们就自以为能够满足律法，从而过一种自义的生活，活在虚假的平安之中。路德精辟地说："这样，律法被遮盖了，它不再能以它不加掩饰的威严向

---

⑦ 《路德选集》第十五篇，《罗马书》德译本序言。
⑧ "我们既有这样的盼望，就大胆讲说，不像摩西将帕子蒙在脸上，叫以色列人不能定睛看到那将废者的结局。但他们的心地刚硬。直到今日诵读旧约的时候，这帕子还没有揭去。这帕子在基督里已经废去了。然而直到今日，每逢诵读摩西书的时候，帕子还在他们心上。但他们的心几时归向主，帕子就几时除去了。"（林后3:12—16）

众人说话……结果是，他们变成了自觉安全、傲慢自大的假冒为善者。以下两件事中的一件必要成就：要么律法被帕子蒙上，并随之失去它完整的效力，要么拿去帕子，律法的力量便置人于死地。若没有帕子蒙着，人无法忍受律法。于是，我们要么被迫超越律法去寻求基督，要么作为无耻的假冒为善者和自觉安全的罪人度过一生。"⑨而后者，是上帝最为憎恶的。⑩

自义之人因为不能明白律法的真义，便认为自己能够做到遵守律法，并因此可以称义，而不需要基督。这乃是最糟的情况。路德说，他们只满足于摩西做他们的中保："摩西中保的工作只是改变了律法的语气，使它变得能为人忍受。摩西中保的工作就像是帕子的工作。"却失落了律法所指向的真正的中保耶稣基督："这更美的中保就是耶稣基督。他并没有改变律法的语气，也没有用一块帕子把律法遮掩起来。他完全承受了律法愤怒的审判，而且一丝不苟地成全了律法的要求。"

第三种，就是律法所真正要达到的目的，就是把绝望的人引向耶稣基督的福音，引向信心与恩典。路德说："律法之手将人打得如此鼻青脸肿，是为了成就什么呢？这是为了让我们可以走上恩典之路。"并发出对罪人的殷切呼唤："人啊，如果你不做与此相反的事情，如果你不把摩西和他的律法送回西奈山，并且牵起基督的手：那双为你的罪被洞穿的手，你就永远不能得救。""当律法把你驱入绝境的时候，就让它使你再往前走一点点，让它把你直接送入基督的怀抱，耶稣说：'凡劳苦担重担的人，可以到我这里来，我就使你们得安息。'"⑪

路德反复强调要对律法和福音做出正确的区分。这是基于以上对律法功用的正确认识的讨论，即律法使人知罪并把人驱入基督恩典的怀

---

⑨ 见《〈加拉太书〉注释》3：20。
⑩ 路德在《〈加拉太书〉注释》1：14中说："和这些教皇制下假装圣洁的伪君子比起来，税吏和妓女就不是那么糟了。他们至少会懊悔。他们至少不会将他们邪恶的行为合理化。但是这些伪善的'圣徒们'，根本没有意识到他们的错误，却自以为义，认为他们自己是上帝所悦纳的祭物。"
⑪ 见《〈加拉太书〉注释》3：19。

抱；律法绝不能越俎代庖，担负起使人称义的作用，因为这角色是单单留给福音的，唯有福音能承担起这个作用。明白律法和福音各自不同的功用，并且使它们各自在正确的场合和正确的时间"各司其职"，正如太阳在白日发光，月亮在夜晚发光，是非常重要的。在称义的问题上，我们要拒绝律法，单单拥抱基督；而在称义之外的善行的问题上，让律法来指导我们，鞭策我们。[12]路德的一句名言是："一个好的神学家，必须能够懂得福音和律法之间的区分。"又说："我害怕过了我们这一代之后，正确地使用律法就成为一样失去的艺术。"

（四）

有意思的是，路德谈到律法与福音的区分，不仅是指向称义的主题，也应用于基督徒日常的生活。而这对于我们的信仰生活会有所帮助。

我们知道，在称义一事上，律法使我们绝望，然后使我们投入基督的怀抱。基督徒称义之后的信仰生活中，也有类似的动态：当我们在罪中挣扎的时候，律法责备我们，使我们的良心备受煎熬，对上帝的公义与圣洁产生惧怕（当然，此时律法已不能再使我们陷入信主之前时的那种完全的绝望中），这就促使我们再一次投入福音的怀抱，寻求在基督里的安慰与赦罪的平安。下面让我引用路德自己的话：

> 于是，每一个基督徒在内心中，会不断地经历到律法的时刻和福音的时刻。当我们感到心灵的沉重，对罪有鲜活的感受，并且有因律法而来的绝望感，我们就可以得知，我们正在经历律法的时刻。只要我们还活在世上，这种律法的时刻就会不断地重复出现。

---

[12] 在《论善工》的论文中，路德在一开始就说明善工的唯一标准就是上帝的诫命。"我们应当知道，除了上帝所命令的以外，没有善工，正如除了上帝所禁止的以外，没有罪恶一样。"

以我自己的经历为证。有很多时候，我对上帝不满，并且对他失去耐心。上帝的愤怒和上帝的审判使我不高兴，而我的怒气和我的缺乏耐心也使他不喜悦。这就是律法的活动期，这时"圣灵与情欲相争，情欲与圣灵相争"。

当我们的心再一次因上帝之慈爱的应许而苏醒的时候，恩典的时刻就回来了。我们的心独白说："我的灵啊，你为何忧郁？你为何在我里面烦躁不安？难道除了律法、罪、死与地狱，你就不能发觉别的吗？难道那里没有恩典，没有饶恕，没有喜乐，没有平安，没有生命，没有天堂，没有基督与上帝吗？我的灵啊，不要再搅动我令我不安。仰望上帝吧，他没有爱惜他的独生爱子，却因你的罪，舍了给你。"当律法令你不能自拔的时候，你要说："律法先生，你不是这场戏的全部。那里有比你更好更美的事情。它们告诉我，我当信靠上帝。"

律法有时，福音也有时。让我们学习成为优秀的计时员。这不容易。在本质上，律法和福音相差千里，但是在我们的心中，它们贴得很近。在心灵之中，畏惧与信靠，罪与恩，律法与福音，是不断交织在一起的。

这些时刻正是班扬所经历的，也是每个基督徒必然会经历的。

（五）

路德常常批评信徒这样的心态："我们必须凭着感觉良好的良心才能把自己带到上帝的面前；我们必须觉得自己已经无罪了，才会觉得基督是为我们的罪死了。"

路德在其他的著作中也大声疾呼：

你这可怜人哪！你若折断了一条腿，或遭遇生命危险，你便呼求上帝，或某个圣徒，并不会等到你的腿痊愈以后，或危险过去以后；你并非愚不可及，以为上帝不听断了腿的人，或有性命危险的人。你乃是相信，当你有最大需要和最大惧怕的时候，上帝最应该垂听。那么在你有无限大的属灵需要并有关乎永恒损失之威胁的时候，你为什么如此愚拙，非到你已经除去一切不信、疑惑、骄傲、悖逆、不贞、怒气、贪婪和不义以后，才肯祈求信、望、爱、谦卑、顺服、贞洁、温柔、和平和公义呢？其实你发现自己越缺乏这些德行，就越应该更加殷勤祈求。

我们真是瞎了眼。身体若有疾病和需要，我们便跑到上帝那里；灵魂若有疾病，我们便从上帝那里跑开，非在我们痊愈以后才愿意回转……好像在属灵的需要中——这是大于身体的需要——我们要自助一般。这种办法乃是出于魔鬼的。

我的朋友，你错了！你若愿意使罪恶得医治，你就必须不离开上帝，反要跑到他那里，又要比在身体有需要时更用信心祈祷。上帝并不敌视罪人，只敌视不信的人，这种人不承认、不哀痛他们的罪恶，也不求上帝帮助抵挡罪恶，反倒要擅自先自洁，不愿要他的恩典，不让他作一位施与人而不向人索取什么的上帝。[13]

路德的一句名言便是："让我们在上帝面前老老实实做一个罪人。"在路德看来，信心是一种"冒险"，就是在看到我们全然败坏、完全不配上帝一丝怜悯的情况下，我们仍然勇敢地信靠上帝在基督里对我们所施的怜悯和恩典，相信上帝是那一位愿意"称罪人为义的上帝"，（罗4:5）相信上帝在基督里对我们的悦纳和无比的慈爱。意味深长的是，恰恰是这样超越理性的、勇敢的信心的行动，是讨上帝喜悦的，甚至是唯一讨上帝喜悦的途径，因为这高举了耶稣基督，高举了上帝的义，而不

---

[13] 见路德的《论善工》。

是人的义,"藉着人的信,要显明神的义"。(罗3:25)"人非有信,就不能得上帝的喜悦"。(来11:6)什么使我们称义?什么使我们讨上帝的喜悦?不是我们自己在上帝面前有什么"可称赞的",而是我们承认我们是无能、无助、绝望的罪人,但是我们愿意投靠上帝,满心相信并投靠他在基督里为我们预备的赦罪、帮助、恩典、慈爱,这就算为我们的义,这便使我们蒙上帝的悦纳!感谢上帝!

(六)

路德强调信心,是处在有关因信称义这一福音真理的争辩的大环境下。若我们以为路德忽略基督徒的行为或成圣,那就大错特错了。

路德说:"信心当然必须是真诚的。它必须是一个能凭着爱产生善工的信心。一个缺乏爱的信心不是真信心。这样,使徒就从两个方面堵住了假冒为善者自以为能进天国的道路。一方面,保罗宣告:……不是善工,而单单是信心,在功德之外的信心,使我们能够站住上帝面前。另一方面,使徒宣告:不结果子的信心是没用的。若有人想:'既然信心使人在行为以外称义,那么我们就不要行为了。'这就是蔑视上帝的恩典。闲懒的信心不是能使人称义的信心。保罗以这种严厉的态度,展示了一个基督徒整全的生命。在内里,它由对上帝的信心组成;在外面,它彰显出对弟兄姊妹的爱。"[14]

对那些以自由为借口放纵私欲的人,路德说:"我们要告诉他们,不管他们觉得自己是多么的自由,实际上他们不是自由的。相反,他们是魔鬼的肮脏的奴仆,他们比教皇的奴仆还要糟糕七倍。"[15] "对于那些一头扎进放荡污秽当中的猪类,我们也不能做什么。我们做我们所能做的"。

---

[14] 详见《〈加拉太书〉注释》5:6。
[15] 详见《〈加拉太书〉注释》5:13。

（七）

路德在讲解这卷书时，也非常关注保罗的教牧风格与方式，及其表现出来的牧者心肠，并且用了相当的篇幅来解说。

例如，路德在注释《加拉太书》1：6"我希奇你们这么快离开那藉着基督之恩召你们的"这句经文时，很敏锐地观察到，保罗在这里没有直接叱责加拉太人，对他们说"我对你们很失望"，或"我对你们很气愤"这一类的话，而是对他们说"我希奇"，用这种比较委婉、不刺伤对方、留有余地的方式来劝勉加拉太信徒。而当保罗讲到引诱他们离开真道的假使徒们的时候，是极其严厉的，乃至直接地咒诅了这些人若干次。路德注意到保罗在这里表现出来的牧者心肠：他对入了迷惑的加拉太信徒始终持有盼望，仍愿接纳他们，很温柔地劝勉，希望他们回转，而对传讲错谬的假教师，保罗态度坚决，声色俱厉，恨不得他们"把自己割绝了"。

对于第四章中的内容，路德也花了相应的篇幅来讲解保罗的牧者心肠——他向加拉太人提起往日相处的温情，他们对自己的爱，当初对他无怨无悔的接待，现在他盼望能够到他们那里去，与他们面对面交谈，等等。路德评论道："保罗渴想以温柔的情怀来缓和自己严厉的言辞，以能够将他们重新赢回。每一个牧者和传道人都应该像保罗那样，对迷失的羊有着深切的关怀，并以温柔的心引导他们。他们是不能以别的方式来归正的。过度严厉的话语会激起恼怒和绝望，但是不能带来悔改……"⑯

总之，路德的注释不仅关注教义，也关心教牧的实践操作层面。这与路德本身是一位牧者有关，在维腾堡的时候，他不仅在学校教学，也

---

⑯ 详见《〈加拉太书〉注释》4：12。

牧养当地的会众。我们在读本注释书的时候，也当留意在这方面的宝贵信息。

（八）

路德在结束他的《〈加拉太书〉注释》的课程时说："惟有我们的上帝的话语，必永远立定。"

又感叹过："若我们不爱上帝的话语，却说我们爱任何别的事情，这又有什么意义呢？"

"我们必须要留心把真理和生活分开。真理是天上的一部分，是纯净无瑕的，而生活是地上的一部分，充满悲惨、错误和罪恶。真理中最小的一点，其重要性也超过整个天地。所以，我们绝不能允许真理里最小的一条被破坏"。

一个爱真理，捍卫真理的人在这个世界上是一定要受到逼迫的，因为魔鬼和世界最仇视的就是上帝的话语，并恨一切不属自己而属真理的人。

路德作为真理的战士，一生充满了患难，经历过无数的迫害。上帝也正是借着这些试炼与争战，激发出他仆人最大的才能和对他的信靠而为真道打美好的仗。路德就曾感谢教皇对他的围剿，否则他不能写成那些脍炙人口的战斗檄文。伟大的布道家怀特菲尔德在评论清教徒力量来源的时候说："神的仆人从来不能像在十字架下的时候那样更好地写作、传道；在这时候，基督的灵和荣耀的灵落在他们身上……他们被赶逐，要在粮仓和田野里，在大路和篱笆旁讲道，他们写作、传道时有一种特别的气质，是大有权柄的人。"[17]这话用在路德身上也正合适。

不仅路德，凡历世历代中坚守真理的圣徒，都要遭遇患难逼迫，"逼迫总是随着上帝的道接踵而来。世界把真基督徒看作最恶劣的冒犯

---

[17] 见巴刻的文章"我们为什么需要清教徒？"

者……我们一刻也不容这些逼迫影响我们对基督的忠诚。只要我们经历这样的逼迫，我们就知道，福音是完好无损的"。圣伯尔纳（St. Bernard）即观察到，当撒旦从各个方向以诡计和强暴攻击教会的时候，是教会最健康的时候；而当一切太平的时候，是教会最糟的时候。

魔鬼和世界从未停止过对真理和教会的逼迫，对今天的中国教会也是如此，但可能不再是初期教会时那种外在的迫害形式，而是转用更微妙也更具杀伤力的形式，最主要的就是世俗化（比如寻求凯撒的庇护、与世界联合的诱惑，贪图世界和"主流社会"对自己的认可，期待在今生就实现的荣耀，等等）。世俗化的结果就是使我们所传讲的福音失去了那种超然的"冒犯性"和"令人讨厌之处"，（加5:11）使教会失去了分别为圣的见证和圣洁的能力。

路德说："世间的敌视预示着教会的成熟与成长，因为教会在受到逼迫时发展得最好。如果十字架令人讨厌的地方没有了，如果十字架仇敌的咆哮消停了，如果一切都安安静静的了，这就说明，撒旦已经成了教会的看门人，上帝话语纯正的教义已经丧失了。"

愿今日的中国教会和信徒也能够如历世历代的圣徒一样不惜以生命持守真道、捍卫真道，绝不妥协地走十字架的道路，走窄路，进窄门，放胆为福音作美好的见证，为真道打美好的仗，直到见主面，与主永永远远在无穷喜乐中度过永恒的时候！阿们！

本书译自 *A Commentary on St. Paul's Epistle to the Galatians* by Martin Luther（1535），translated by Theodore Graebner（Grand Rapids, Michigan：Zondervan Publishing House, 1949）

李漫波

2011.1.21